寧夏珍稀方志叢刊

胡玉冰◇主編

國家社會科學基金項目「寧夏地方文獻整理與研究」成果

弘治 寧夏新志

胡玉冰 曹陽 ◇校注

中國社會科學出版社

圖書在版編目（CIP）數據

（弘治）寧夏新志／胡玉冰，曹陽校注．—北京：中國社會科學出版社，2015.10

ISBN 978-7-5161-5754-1

Ⅰ.①弘…　Ⅱ.①胡…②曹…　Ⅲ.①寧夏—地方志—明代　Ⅳ.①K294.3

中國版本圖書館 CIP 數據核字（2015）第 059433 號

出 版 人	趙劍英
選題策劃	張　林
責任編輯	張　林
特約編輯	馮廣裕
責任校對	韓海超
責任印製	戴　寬

出　　版	中國社會科學出版社
社　　址	北京鼓樓西大街甲 158 號
郵　　編	100720
網　　址	http：//www.csspw.cn
發 行 部	010-84083685
門 市 部	010-84029450
經　　銷	新華書店及其他書店
印　　刷	北京市大興區新魏印刷廠
裝　　訂	廊坊市廣陽區廣增裝訂廠
版　　次	2015 年 10 月第 1 版
印　　次	2015 年 10 月第 1 次印刷
開　　本	710×1000　1/16
印　　張	17.25
插　　頁	2
字　　數	293 千字
定　　價	66.00 元

凡購買中國社會科學出版社圖書，如有質量問題請與本社營銷中心聯繫調換
電話：010-84083683
版權所有　侵權必究

總　序

胡玉冰

地方舊志在中國傳統的古籍"四分法"中屬於史部地理類，但它所記載的內容遠遠超出了歷史學、地理學範疇，舉凡政治、經濟、語言、文學等亦多有涉及，故舊志往往被稱為一地之全史，其學術研究價值也就不言而喻。對舊志進行規範整理與研究，既有助於準確理解其內容，也有助於客觀分析其價值，從而達到古為今用、推陳出新的目的。規範的舊志整理會為今人研究提供極大的便利，否則就會有誣古人，貽誤後人。開展陝甘寧三省地方舊志整理與研究工作，是以筆者為學術帶頭人的學術團隊長期堅持的學術方向。2012年，筆者著《寧夏地方志研究》由中國社會科學出版社正式出版。該書首次對寧夏舊志進行了系統全面的研究，基本摸清了寧夏舊志的家底，尤其梳理清楚了寧夏舊志的版本情況。同年，筆者主持的"寧夏地方文獻整理與研究"獲批為國家社科基金重點項目。以此為契機，筆者提出了全面整理寧夏舊志的科研設想，計劃用三年左右（2015—2018）的時間，將傳世的寧夏舊志全部規范整理，成果分批出版，匯編為叢書《寧夏珍稀方志叢刊》。

自元迄清，嚴格意義上的寧夏舊志有38種，[1] 傳世的寧夏舊志有33種，[2] 其中9種為孤本傳世。寧夏舊志中，元代《開成志》成書時代最早，惜已亡佚，完整傳世者最早編修於明代，清代編成者傳世數量最多。傳世舊志中，成於明代者6種，成於清代者20種，成於民國者7種。從

---

[1] 參見胡玉冰《寧夏地方志研究》，附錄一《寧夏地方文獻（舊志）基本情況一覽表》，中國社會科學出版社2012年版，第524頁至527頁。

[2] 參見胡玉冰《寧夏地方志研究》，附錄二《傳世的寧夏地方文獻（舊志）基本情況一覽表》，中國社會科學出版社2012年版，第528頁至529頁。

舊志編纂類型看，有通志 7 種，分志（州志、縣志）26 種。除中國外，日本、美國等也藏有寧夏舊志。日藏數量最多，種類較全，8 家藏書機構共藏有 13 種原版舊志，其中兩種為孤本，主要通過商貿活動與軍事掠奪這兩種方式輸入寧夏舊志。寧夏舊志整理研究工作主要始於 20 世紀 80 年代，在文獻著錄、綜合或專題研究、文本整理刊佈等方面取得了一定的成就，① 為寧夏文史研究奠定了資料基礎。但也要實事求是地認識到，隨着各種與寧夏有關的新資料的不斷發現，尤其是多學科研究視角的不斷創新，已有成果中存在的諸多不足越來越明顯。如在文獻著錄時因部分舊志未能目驗，或者學術見解不同，致使著錄內容存在分歧甚至錯誤。研究成果多為概括性、提要式介紹，多角度、多學科深入分析的成果缺乏。整理成果只是部分解決了舊志存在的文字或內容問題，整理方法不規範、質量不高的現象較為突出。學術發展的需要，要求舊志整理要更加規範化，整體質量要進一步提高。整理研究寧夏舊志，需要科學的理論與方法來指導。在充分吸收他人學術經驗的基礎上，通過整理研究實踐工作，我們也形成了一些自己的認識，在此想總結出來，與大家一起探討。

一　整理前的準備工作

整理舊志，前期需要全面了解整理對象，對其編修者、編修經過、主要內容、文本的語言風格、版本傳世情況等要深入研究。規範整理舊志，要以扎實的研究成果為基礎，以便選擇最佳底本，準備合適的參校文獻，制定規範的整理方法。

（一）確定整理對象

為保證舊志整理工作的順利開展，提高工作效率，確定整理對象是正式開始舊志整理前首先要做的，也是必須要做的工作。確定整理對象時，要綜合分析其學術價值、史料價值、傳世情況及今人閱讀理解該對象的困難程度等，一方面要認真通讀原作，另一方面，要同步查檢古今目錄文獻對原作的著錄情況。

---

① 參見胡玉冰《寧夏地方志研究》，附錄三《寧夏舊志整理出版情況一覽表》、附錄四《寧夏舊志及其編纂者研究論文索引》，中國社會科學出版社 2012 年版，第 530 頁至 542 頁。

通讀原作，有助於全面了解志書的內容及其史源、結構體例及其語言特點等情況。對內容及其史源的了解，可以幫助我們確定該志有無整理的必要。如傳世的民國十四年（1925）朱恩昭修纂6卷本《豫旺縣志》一直被學界當作寧夏同心縣重要的地方文獻在利用。實際上，這部舊志是撮抄之作，並非編者獨立編修。編纂者直接把（民國）《朔方道志》中與同心縣前身鎮戎縣有關的內容撮抄出來，參考《朔方道志》的體例，再雜以（光緒）《平遠縣志》的部分內容，把資料匯為一編，取名《豫旺縣志》行世。在明晰了《朔方道志》與《豫旺縣志》的關係後，我們認為沒有必要再整理《豫旺縣志》，只需將《朔方道志》整理出來即可。

對舊志結構體例的了解有助於對舊志存真復原。如天津古籍出版社1988年版《寧夏歷代方志萃編》、海南出版社2001年版《故宮珍本叢刊》等叢書都影印出版了明朝楊壽等纂修的（萬曆）《朔方新志》，所據底本原有補版現象，某些版面的內容重複，特別在卷二有幾處嚴重的錯頁、錯版現象，天津、海南的影印本都未能給予糾正。這些問題若不能發現，整理成果就會出現內容錯亂現象。

每種舊志的編修都有其具體的時代背景，舊志的語言與內容一樣具有時代性，通讀舊志，了解其語言特點，掌握其語言規律，有助於更好地開展標點、分段工作。凡古籍，遣詞造句都有一定的時代風格和特點，只要其內容或文字無誤，就不能按當代行文習慣或理解對原文進行增、刪、改等，否則就是替古人寫書。有些舊志語句原本就是通順的，符合特定時代的語言規範，若整理者在原志語句中隨意增加"之""於""以"等字，看似符合當代人的閱讀習慣了，實則畫蛇添足。

同步查檢古今目錄文獻對舊志原作的著錄情況，將著錄內容與通讀舊志時了解的情況相對照，一方面，可以加深對舊志基本情況的了解，使得對舊志的了解更具條理性。另一方面，可以驗證著錄是否準確，糾正存在的問題，以求對舊志基本信息的了解更符合實際。如朱栴編修的《寧夏志》，明朝周弘祖編《古今書刻》上編中就有著錄，這是目錄學著作中最早著錄《寧夏志》的。張維1932年編《隴右方志錄》時，據（乾隆）《寧夏府志》所載內容著錄《寧夏志》，由於他未經眼《寧夏志》，以為該書已佚，故著錄其為佚書，且將書名誤著錄為《永樂寧夏志》，《寧夏地方志存佚目錄》《稀見地方志提要》等，都沿襲了張維的錯誤。較早披露日藏《寧夏志》信息的是《日本主要圖書館研究所所藏中國地方志總合目錄》，但將"朱㭍"誤作"朱㭨"。《中國地方志聯合目錄》《寧夏地方文獻聯合目錄》《甘肅省圖書館藏地方志目錄》《中國地方志總目提要》等對《寧夏志》也作了著錄或提要。其中《中國地方志聯合目錄》以《寧夏志》重刻時間定其書名為《萬曆寧夏志》，巴兆祥《中國地方志流播日本研究》下編《東傳方志總目》沿襲此說。

（二）了解整理對象的研究現狀

確定整理對象，並對其有基本的認識和了解後，還需要梳理、分析整理對象的學術研究現狀，主要包括目錄著錄、研究論著、整理成果等三方面的信息。

1. 目錄著錄

查檢古今目錄的著錄內容，可以對舊志修纂者、卷數、流傳、內容、館藏、版本等情況有基本的了解。對著錄的每一條信息，都要結合原志進行核查，發現問題，一定要深入研究。如《中國地方志聯合目錄》《甘肅省圖書館藏地方志目錄》均著錄了一部（乾隆）《平涼府志》，為"清乾隆間修，光緒增修，抄本"。[①] 此書孤本傳世，原抄本藏於南京圖書館，甘肅省圖書館有傳抄本，筆者在開展陝甘舊志中寧夏史料輯校工作時，最初設想把此志作為重要的參校文獻。國家圖書館出版社 2012 年版《南京圖書館藏稀見方志叢刊》第十五和第十六冊即為《平涼府志》。筆者通過研究發現，古代目錄書中沒有著錄過乾隆時期編修的《平涼府志》，且乾隆以後的平涼各舊志的編纂者也未曾提到過乾隆時期編修《平涼府志》一事，通過對比發現，南圖藏本實際上是撮抄（乾隆）《甘肅通志》中的平涼府部分而成，且成書時間不會早於同治十三年（1874），故其雖為孤本，但無校勘整理價值，所以我們放棄了以此書做參校本的最初設想。

2. 研究論著

充分梳理、分析他人對整理對象的研究成果，一方面，可以使我們清晰地看到學界對整理對象研究的角度及深入程度，避免重複勞動。另一方面，發現已有成果中存在的問題，結合自己的研究糾正這些問題，提高對整理對象的研究水準。如現藏於日本東洋文庫的海內外孤本（光緒）《寧

[①] 中國科學院北京天文臺編：《中國地方志聯合目錄》，中華書局 1985 年版，第 212 頁。

靈廳志草》是研究寧靈廳的一手材料，張京生最早撰文研究，① 巴兆祥研究最爲詳實，② 胡建東、張京生提供了整理文本。③ 各家整理研究各有優長，部分整理研究成果亦多值得商榷之處。通過研究，我們的結論是：該本係編纂者稿本，正文內容有 67 頁。是書類目設置上全同《甘肅通志》，撰寫方法及輯錄內容則多同（嘉慶）《靈州志蹟》。因其非定稿，故編修體例、內容、文字等方面尚需進一步完善、充實、修訂，但其在研究寧靈廳歷史、地理、經濟、教育、語言等方面的價值還是應該值得肯定。

3. 整理成果

充分重視研讀已有的整理成果，可以幫助我們了解目前整理所達到的水準，明確重新整理所要達到的目標。如《寧靈廳志草》出版過兩種整理本，通過比較研究，我們發現，兩種整理本在整理體例、整理方式、整理結論等方面都存在缺憾。兩書出現多處標點錯誤，誤識原抄本文字，任意剪接原書內容，變亂原書體例，校勘粗糙，原稿中的多處錯誤未能校出，注釋不嚴謹，出現多處誤注現象，等等。有鑒於此，儘管《志草》已出版了兩種整理本，但我們決定還是要重新整理它。

（三）確定底本，選擇參校本及其他參考文獻

通過查檢目錄著錄，實地開展館藏調查，將目驗的各本進行分析比較，梳理出舊志的版本系統後，最終確定一種爲工作底本。原則上，底本當刊刻或抄錄質量較優，內容最全。底本確定後，還要確定一批參校本和他校資料。一般而言，若舊志版本系統不複雜，建議將傳世各本都列爲參校本，以最大限度地發現底本中存在的問題，整理出最優的文本。

他校資料的選擇，在通讀舊志時就開始着手進行。整理者可在通讀原本的基礎上，將舊志中明確提到的他書文獻進行梳理，列爲基本參考文獻，並在其後的整理實踐中不斷充實、完善。他校資料的確定，有的可以根據舊志本身提供的信息來選擇。如《弘治寧夏新志·凡例》言："宦蹟在前代者據正史，在國朝者序其時之先後而不遺其人，備參考也。"這就

---

① 張京生：《〈寧靈廳志草〉考述》，《圖書館理論與實踐》1992 年第 1 期；《歷史的見證——日本藏清稿本〈寧靈廳志草〉的學術價值探析》，《圖書館理論與實踐》2008 年第 6 期。
② 巴兆祥：《日本藏孤本寧夏〈寧靈廳志草〉考述》，《寧夏社會科學》2002 年第 5 期。
③ 《寧靈廳志草》，寧夏人民出版社 2008 年版胡建東整理本；陽光出版社 2010 年版張京生整理本。

提示我們，校勘《弘治寧夏新志》的《人物志》《宦蹟》時，一定要以正史如《史記》《漢書》等為他校材料。《凡例》又說："沿革、赫連、拓跋三《考證》，悉據經史及朱子《通鑒綱目》、本朝《續綱目》摘編。"這提示我們，《弘治寧夏新志》的三卷考證內容，必須要以宋朝朱熹、趙師淵撰《資治通鑒綱目》、明朝商輅撰《續資治通鑒綱目》為基本的對校資料。《凡例》之後的《引用書目》列舉了編修《弘治寧夏新志》所引的42種文獻，基本按引書成書時代排序。這些文獻，只要有傳世，就一定要將其列入參考文獻之中，因為它們都是《弘治寧夏新志》最直接的史料來源。

　　選擇他校資料時，切不可畫地為牢，只關注某一地區，而是要結合一地的地理沿革情況，擴大他校資料的搜集範圍。歷史上，西北地方陝甘寧三地的地緣關係和政治、文化等關係都非常密切。寧夏在明朝隸屬陝西布政使司管轄，在清朝則隸屬甘肅省管轄，成於明清時期的陝西、甘肅地方文獻特別是舊地方志中，散見有非常豐富且重要的寧夏歷史資料。（嘉靖）《陝西通志》、（萬曆）《陝西通志》、（康熙）《陝西通志》等三志是陝西舊通志中寧夏史料最豐富者。（嘉靖）《平涼府志》所載明朝固原州、隆德縣史料非常系統、豐富。（乾隆）《甘肅通志》、（宣統）《甘肅新通志》是甘肅舊通志中寧夏史料最豐富者。上述六種陝甘舊志中的寧夏史料，為明清寧夏舊志編纂提供了最豐富、最系統的基本史料。明清寧夏舊志多因襲陝甘通志的材料和編纂體例。如寧夏（萬曆）《朔方新志》自（嘉靖）《陝西通志》取材，嘉靖、萬曆《固原州志》自（嘉靖）《平涼府志》取材，（光緒）《花馬池志蹟》自（嘉慶）《定邊縣志》取材，（乾隆）《寧夏府志》、（民國）《朔方道志》從體例到內容分別受（乾隆）《甘肅通志》、（宣統）《甘肅新通志》的影響，等等。同時，明清時期的寧夏舊志也是研究陝甘文史、整理陝甘舊志的重要資料，如明朝正德、弘治、嘉靖三朝《寧夏志》成書時間均早於（嘉靖）《陝西通志》，都可為整理後者提供重要的參校資料。所以，整理陝、甘、寧任何一省的舊志，尤其是通志及相鄰地區的舊志，確定他校資料一定要同時關注另外兩省的舊志資料。

　　另外，出土文獻和檔案材料也是重要的他校資料，過去的研究者均未予重視。如慶靖王朱㮵之名，文獻中還出現過"朱栴""朱㫋"等兩種寫法，筆者據出土於寧夏同心縣的《慶王壙志》，結合明清傳世文獻，考證認爲，慶王之名當爲"朱㮵"而非"朱栴"，更非"朱㫚"。再如，《寧夏府志》卷十三《人物》載，寧夏鄉賢謝王寵"壽七十三卒"，而據寧夏靈武出土的《清通義大夫謝觀齋墓志銘》載，謝王寵生於康熙十年（1671），卒於雍正十一年（1733），享年六十三（虛歲），故可據以改正《寧夏府志》記載的錯誤。

（四）編寫校注說明

校注說明的主要作用有二，一是規範整理方法，二是方便利用整理成果。校注說明要扼要、準確，方法力求易於操作，切忌繁瑣。一篇規範的校注說明是需要反復完善的。舊志正式整理之前，可先據常規的古籍整理規範，就標點、注釋、校勘等工作草擬出基本的校注要求，選擇部分舊志內容先開展預備性整理工作。再結合遇到的具體問題，對校注說明不斷完善。凡多人合作開展舊志整理工作，或在相對固定的時間內整理多部舊志時，校注說明的這些完善步驟尤其重要。必要時，可選擇典型問題，集體討論，形成統一意見。待整理方法合乎規範、易於操作之後，再最後定稿校注說明，讓它成爲大家都要遵守的原則要求，不能輕易改變。

二　整理的具體環節及方法

整理的前期準備工作結束後，就進入具體的整理環節了。下面主要從"錄文""標點""校勘""注釋"等幾方面談談具體的整理方法。

（一）錄文、標點

具體整理舊志的第一個環節就是錄文。高質量地將底本文字轉錄爲可以編輯的文檔，可以有效減少由出版機構照原手稿重新錄排造成的錯誤。一般來說，錄文要求在內容上一仍底本原貌（包括卷帙、卷次、文字、分段等），不改編，以保持內容的原始性、完整性和獨立性，便於整理者與底本對校。將以繁體字出版的舊志，特別需要重視底本存在的異體字、俗體字、通假字、古今字等用字現象，除因特殊的出版要求外，志書原字形不當以意輕改。如有的整理者改"昏"爲"婚"，改"禽"爲"擒"，改"地里"爲"地理"，等等，均顯係誤改。利用軟件進行繁簡字轉換時，要注意其識別率。有些簡體字，軟件無法將其轉換成繁體字，有些甚至會轉換錯誤，如動詞"云"誤轉作"雲"，地支"丑"誤轉作"醜"，職官名"御史"誤轉作"禦史"，表示距離的"里"誤轉作"裏"。因出版要求，還要注意新舊字形問題，如"戶""呂""吳""黃""彥"等為舊字形，相對應的新字形則是"户""吕""吴""黄""彦"。舊志用字，常有字形前後不一現象，如"強、彊、强""蹟、跡、迹""敕、勑、勅""為、爲"等幾組字，可能會在同一部舊志中交替出現，這類字的字形統一當慎重。整理時原則上遵從舊志原版的用字習慣，盡量用原書字形（俗字或異體字）。多種字形混用者，可統一為出現頻次較多的字形。但有的整理者將"並、并、竝、併""采、彩、綵、採""升、陞、昇"三組字分別統改為"並""采""升"，就很值得商榷了。

不同的字形，若有其特殊的用途或意義，就不能隨意地合并統改。特別是地名用字，一定不能以今律古。如寧夏平羅縣之"平羅"係清朝開始使用的地名用字，（萬曆）《朔方新志》卷一《地理》中作"平虜"，（康熙）《陝西通志》卷二《疆域·寧夏衛》避清朝諱改作"平羅"。整理時不能將《朔方新志》的"平虜"改為"平羅"，因為明朝原本就叫"平虜"，清朝因避諱而改，因此不能因其今名而改動明朝舊志的地名用字。同樣，整理清朝舊志，就需要把明朝的地名回改為當時的用字。如《乾隆寧夏府志》卷二《地里·疆域·邊界》"北長城"條"雖有平虜城""以故於平虜城北十里許"兩句，"平虜"原均作"平羅"，當據《朔方新志》卷二《外威·邊防》回改為"平虜"。

整理者錄文時對文稿要做一定的文檔編輯工作，認真閱讀原志，合理區別內容層次及隸屬關係，規範標注各級標題。舊志常用不同的版式風格和大小字體來區分不同類型的內容，錄文時要給予充分的考慮。舊志常用不同類型的符號來標示內容的層級隸屬關係，充分理解了這一點，有助於錄文時對內容進行分段。舊志原版中多雙行小字，有的雙行小字是補充說明性質的文字，有的雙行小字是解釋性文字。錄文排版舊志原版中的雙行小字，若字體、字號同正文文字，就有可能使讀者不能正確判斷原志內容的隸屬關係，有的還可能造成標點符號的混亂，影響對文意的理解。故錄文時，最好以不同的字體、字號把舊志原版雙行小字與正文區別開來。

處理舊志中的地圖等圖像文獻時要注意，舊志往往不用一整幅版面來呈現完整的圖像，而是分兩個半版來呈現，今人整理時最好能將其合二為一。合成後的圖像文獻盡可能保持版面清晰，必要時可將原版中模糊不清的字蹟、綫條等修飾清晰，以便他人的正確利用，但有一個原則，那就是不能以意亂改。不要改變原字體，不能改變原綫條走向等，盡量保持原版原貌。有些整理者會請專業的繪圖人員照舊圖另外繪製新圖，上述原則也應該遵守。修飾原版中模糊不清的文字時，盡量結合正文中的相應內容如《疆域》《城池》等內容，避免出錯。

舊志標點，可根據現行標點符號的用法，結合古籍整理的通例，進行規範化標點，具體可參考中華書局編寫的《古籍校點釋例（初稿）》（原載《書品》1991年第4期）。為統一舊志的標點工作，某些要求可以細化。如整理寧夏舊志時統一規定，凡原書中用以注明具體史料出處的"通志""府志""郡志""縣志""新志""舊志"之類，能考證確定所指文獻者，在正文中均加書名號，標點作《通志》《府志》《郡志》《縣志》《新志》《舊志》，並腳注說明具體所指文獻。如："府志：指（乾隆）《寧夏府志》。"凡不能確定具體所指者，則不加書名號，亦腳注說明。如："縣志：具體所指文獻不詳。"

（二）注釋

以往舊志整理，多注重對疑難字詞、典故、人名、地名等的注解，為進一步提高舊志的利用價值，還應加強以下幾方面內容的注釋工作：

1. 史料出處的注釋。舊志於行文中有時會注明史料出處，但無定制，如朱栴《寧夏志》卷上《河渠》所引史料出處包括："酈道元水經""周禮""西羌傳""唐吐蕃傳""李聽傳""地理志""會要""元和志""元世祖紀""張文謙傳""郭守敬傳"等，考諸其文，分別指酈道元《水經注》、《周禮·地官司徒·遂人》、《後漢書》卷八七《西羌傳》、《新唐書》卷二一六下《吐蕃傳》、《新唐書》卷一五四《李晟傳附李聽傳》、《新唐書》卷三七《地理志》、《唐會要》、《元和郡縣圖志》、《元史》卷五《世祖本紀》、《元史》卷一五七《張文謙傳》、《元史》卷一六四《郭守敬傳》，如果整理者不對其引文細加考究並給予注明，讀者恐怕很難判斷引文的具體出處。

2. 原文體例中資料互見者的注釋。地方舊志行文時，常常會出現"見前""見《進士》""見《藝文》""詳見《人物》""詳見《鄉賢》"等字樣，對這些內容進行注釋，一方面可以驗證原志記載是否可信，另一方面，省去讀者查檢之勞。

3. 干支紀年及缺省内容的注釋。舊志紀年多以干支為主，有的会承前省略帝王年号，有些行文中常常不出現人物全名，只稱某公，或只稱其职官名，具體年代及人物在原文中没有交代，故整理者當結合上下文來注釋，以幫助讀者正確理解。如多種寧夏舊志中均收錄有唐朝楊炎《靈武受命宮頌并序》一文，其中有"丁卯，廣平王俶、太尉光弼、司徒子儀、尚書左僕射冕、兵部尚書輔國"句。"丁卯"指何時，廣平王等具體指何人，若不熟悉該序寫作時間及歷史背景的話，很難搞清楚。整理者通過查檢文獻注明，"丁卯"即唐玄宗李隆基開元十五年（727），人物分別指廣平王李俶、太尉李光弼、司徒郭子儀、尚書左僕射裴冕、兵部尚書李輔國，這樣的說明顯然有助於更好地理解原文。

（三）校勘

以往寧夏舊志的整理本中，有價值的校勘成果非常少見，由此更說明，舊志整理一定要加強校勘工作。校勘的方法，常用的是校勘四法，即對校、本校、他校、理校，此四法往往需要綜合運用，不能只是简单地運用其中的某一種方法。筆者校勘《寧夏志》卷上《祥異》"永樂甲戌歲金波湖產合歡蓮一"句，查明成祖"永樂"年號紀年干支名（自癸未至甲辰，1403—1424）中無"甲戌"。《寧夏志》卷下《題詠》錄有凝真（朱㮛之號）七律《戊戌歲金波湖合歡蓮》一首，所詠即為永樂年間金波湖出"祥瑞"合歡蓮一事。故知"永樂甲戌歲金波湖產合歡蓮一"句中"甲戌"當作"戊戌"，永樂戊戌歲即永樂十六年（1418）。

古籍整理要充分吸收已有研究成果，以最大限度地減少原始文本中存在的錯誤，避免利用者以訛傳訛。朱㮛編修《寧夏志》卷下錄有兩篇重要的西夏文獻，其中《大夏國葬舍利碣銘》有"大夏天慶三年八月十日建"句，朱㮛考證後認為，葬舍利時間"乃夏桓宗純佑天慶三年、宋寧宗慶元二年丙辰也"。寧夏舊志編者甚至許多當代學者都認同這一結論。據牛達生《〈嘉靖寧夏新志〉中的兩篇西夏佚文》考證，"天慶三年"句當作"大慶三年"，故朱㮛的考證結論當改作"乃夏景宗元昊大慶三年、宋仁宗景祐五年戊寅也"。

校勘所用他校資料不能失之過簡，亦不能失之過濫，某些關係明確的他書資料當作為重要的他校資料重點利用，如《寧夏府志》大量内容來自（萬曆）《朔方新志》和（乾隆）《甘肅通志》，我們就要將這兩種舊志作爲《寧夏府志》最主要的他校資料。關於這一點，可以結合整理前要進行參校文獻篩選工作來理解。校勘成果的表達要規範、簡練，術語使用要準確。校勘時凡改必注，改動一定要有堅實的證據，否則只出異文即可。

三　整理研究舊志規範

（一）整理力求存真復原

整理舊志，不能變亂舊式，隨意在原文中增加原本沒有的文字內容，切忌以今律古。舊志，特別是明清舊志，都有一定的編修體式，不應隨意去變亂它。如許多舊志每條凡例之前都會有"一"這一符號，以使凡例眉目清晰，可有的整理者誤認為其為序號，將其改成阿拉伯數字或漢語數目字等。有舊志整理者為便於讀者統計，往往在山名、河名、人名、詩題、文題等之前添加序數詞，看似眉目清晰了，實則違反了古籍整理的原則。實際上，古人在刻舊志時，往往有一套符號系統表示層次及隸屬關係，今人的隨意增加，實在有畫蛇添足之嫌。更有甚者，會調整原書內容的次序、位置，任意刪併原志，這就完全變成是當代整理者編修的地方志了。宋人彭叔夏在其《文苑英華辨證自序》中記載："叔夏嘗聞太師益公先生（指宋人周必大）之言曰：'校書之法：實事是正，多聞闕疑。'"舊志整理要力求做到存真復原，按照一定的整理原則對舊志進行規範的整理。

（二）研究需要實事求是

評價舊志，一定要事實求是，充分了解舊志編纂的時代性特點，不可苛求古人、求全責備。評價一部舊志的價值，常常從體例、內容兩方面著手，而內容猶重。譚其驤先生曾說過："舊方志之所以具有保存價值，主要在於它們或多或少保留了一些不見於其他記載的原始史料。"[1]這實際上要求我們，在評價舊志內容價值時，要區別看待，只有獨見於志書的內容價值才更高些，而那些因襲其他志書，或者自其他史書中摘抄的內容，

---

[1] 譚其驤：《地方史志不可偏廢，舊志資料不可輕信》，載《中國地方史志論叢》，中華書局1984年版，第12頁。

其價值就要另當別論了。如寧夏舊志，其科舉、賦稅、公署、學校、藝文等資料多獨見於志書者，而人物類資料多自他志承襲，評價內容價值時，就要慎言人物類資料的價值。另外，寧夏舊志承襲前代史料時多未加以辨別考證，致使其中的錯誤也被承襲，甚至錯上加錯。如隋朝人柳彧徙配地在"朔方懷遠鎮"，自明朝《弘治寧夏新志》始，一直被作為流寓寧夏的歷史名人而載之史冊。明朝胡侍《真珠船》"懷遠鎮"條考證認為，柳彧徙配地"朔方懷遠鎮"在遼東，與今寧夏無關。《弘治寧夏新志》《嘉靖寧夏新志》《嘉靖陝西通志》《朔方新志》等均誤以為柳彧流放在今寧夏故地，故載柳彧為寧夏流寓者。（乾隆）《甘肅通志》亦襲其說。過去研究寧夏舊志者都僅限於舊志本身談其價值，沒能從史料流傳上分析其價值。如評價《銀川小志》內容及學術價值時，有學者認為該志幾乎將與寧夏有關的歷代詩文全部輯錄在志書中，所輯錄的水利、學校、風俗等資料都很有研究價值，等等，這些觀點值得進一步商榷。實際上，《銀川小志》相當多的內容都是照錄明朝人所編寧夏舊志，並非汪繹辰的獨創。從內容的完整性和全面性來看，該志尚不能與明朝所編的寧夏舊志相比。有學者認為，寧夏舊志中以資料而論有三條最為珍貴，其中的一條就是《寧夏府志》中的《恩綸記》。可事實上此段史料最早出自《平定朔漠方略》，《寧夏府志》還將左翼額駙"尚之隆"誤抄作"尚之龍"。

　　加強舊志的比較研究，會有助於提升舊志的研究水準。比如，以往從事西北古代文史研究特別是寧夏古代文史研究者常將寧夏舊志當作第一手資料來利用，而從史源學角度看，這些資料實際上並非"一手"，而多是從陝甘地方志中輯錄的。從現有的寧夏舊志整理成果看，學者也多沒有把陝甘方志資料當作必需的參校資料來利用，致使寧夏舊志沿襲自陝甘方志的文字錯訛衍倒、內容遺漏及新增的文字、內容錯誤問題都沒有得到糾正，使後人以訛傳訛。同時，從事陝甘古代文史研究、開展陝甘舊方志整理研究，也要注意借鑒寧夏舊志的整理研究成果。辨明史料正誤，以避免以訛傳訛。

　　（三）成果確保完整呈現

　　一部完整的舊志整理之作，至少要包括五部分內容：第一，前言。主要介紹舊志的整理研究現狀、編修始末、編修者、版本、內容、價值等方面。第二，校注說明。說明底本、校本等選擇情況，列舉標點、注釋、校勘等原則。第三，新編目錄。舊志一般都有原編目錄，但不便今人利用，故要據整理成果編輯眉目清晰、層次分明、使用方便的新目錄。第四，舊志正文。第五，參考文獻。目前出版的舊志中，有些不列舉參考文獻，有些參考文獻或按文獻出版時間排序，或按在文中出現的順序排序，或按書名、作者名首字的音序排序，這些都起不到指導學術研究的作用。參考文獻要便於按圖索驥，最好能分類編排。依四庫法進行排列，就是很好的選擇。某些舊志，可根據需要增加索引、附錄等內容。編索引可方便使用者查找相關專題資料，附錄可在一定程度上彌補舊志正文內容不足的缺點。如民國時期寧夏地區對土地、資源等進行過較為詳細地調查，形成的調查報告是最原始的檔案資料，這些資料往往散見且不能單獨成書，但它們對有關舊志而言具有很好的補充作用，故應該在附錄中予以保留。

　　作為《寧夏珍稀方志叢刊》主編，筆者非常感謝對本叢書出版給予支持的各位學界同仁、學校領導、研究生、責任編輯及家人們。劉鴻雁、柳玉宏、邵敏、蔡淑梅等寧夏大學人文學院青年教師作為本叢書首批成果的作者，盡心盡力，不厭其煩，堅持不懈，保證了書稿的學術質量，為完成好本項目帶了個好頭。按計劃，田富軍、安正發等老師將會在本叢書計劃框架內陸續出版整理成果，期待他們也能推出高質量的學術成果。2011年為寧夏大學"學科建設年"，感謝何建國校長、謝應忠副校長，感謝部門領導王正英、李建設、陳曉芳等老師的大力支持，在他們的直接推動下，以筆者為學術帶頭人，配合學校開展的學科基層組織模式改革試點工作，組建了"寧夏地方民族文獻整理及阿拉伯伊斯蘭文化研究"學術團隊。寧夏大學提供的制度保障和經費支持促成本學術團隊不斷推出新成果，步入了良性發展階段，本叢書順利出版，當是本團隊對學校的最好回報。人文學院研究生在本叢書出版過程中也貢獻良多。孫佳、韓超、孫瑜、曹陽等是本叢書首批成果的作者，張煜坤、何玫玫、馬玲玲、魏舒婧、穆旋、徐遠超、孙小倩、李甜、李荣、张倩、曲絨、張娜娜、劉紅、蒲婧、王敏等同學在舊志整理、書稿校對過程中也付出了辛勤的勞動。這些同學中有的已畢業離校，有的還將繼續求學。無論他們將來身處何方，從事何種工作，大家共同追求學術的這段經歷應該是難忘的。研究生同學的青春朝氣讓我更加堅信：薪火相傳，學術常新。出版社張林等責任編輯的精心審讀，也讓本叢書學術質量得到了提升。本叢書的順利出版，也要感謝各位作者家人的理解與支持——你們默默無聞的奉獻精神，已幻化成萬千文字，在作者的成果中熠熠生輝。學術成績從來就不是無源之水，無本之木。有了巨人的肩膀，我們才會看得更高、更遠。在寧夏，有一批從事地方文獻整理與研究的學者，他們的探索和努力為我們今天的成績奠定了堅實的基礎，吳忠禮、陳明猷、高樹榆等老一輩學者更為我們樹立了治學的榜樣。因篇幅所限，對學界各位同仁，恕不一一列舉大名。

　　此次全面整理寧夏地方舊志，主要由我策劃並組織實施。舊志整理的每一個環節，由我提出具體建議，各舊志底本的選擇、《總序》《前言》《校注說明》的撰寫等也皆由我完成。具體整理過程中，各團隊成員所取得的注釋或校勘等學術成果大家互享，這也體現了我們團隊合作的特色。宋朝沈括在《夢溪筆談》卷二五《雜志二》記載："宋宣獻博學，喜藏異書，皆手自校讎，常謂'校書如掃塵，一面掃，一面生。故有一書每三四校猶有脫謬。'"宋綬（謚曰"宣獻"）家藏萬卷，博校經史，猶有"校書如掃塵"的感慨，我輩於整理寧夏地方舊志而言，只能說："盡心而已！"更如《诗經·小雅·小旻》所詠："战战兢兢，如临深渊，如履薄冰。"我們從主觀上力求圓滿，但因學識水平所限，成果中訛誤之處肯定在所難免，敬請學界同仁批評指正。

2015 年 7 月 23 日於寧夏銀川

目　　録

前言 …………………………………… 胡玉冰（1）
校注說明 ……………………………………（1）

寧夏新志序 …………………………………（1）
目錄 …………………………………………（1）
凡例 …………………………………………（1）
引用書目 ……………………………………（1）
寧夏城圖 ……………………………………（3）
國朝混一寧夏境土之圖 ……………………（3）
寧夏新志卷之一 ……………………………（1）
　寧夏總鎮 …………………………………（1）
　　建置沿革 ………………………………（1）
　　分野 ……………………………………（2）
　　郡名 ……………………………………（2）
　　形勝 ……………………………………（2）
　　風俗 ……………………………………（3）
　　界至 ……………………………………（3）
　　山川 ……………………………………（3）
　　城池 ……………………………………（4）
　　藩封 ……………………………………（5）
　　人品 ……………………………………（9）
　　物産 ……………………………………（10）
　　土貢 ……………………………………（11）
　　田賦 ……………………………………（12）

差役	(12)
户口	(13)
优赡	(13)
宝印	(13)
公署	(14)
坛壝	(15)
宫	(15)
园	(15)
轩	(16)
楼阁	(16)
亭	(16)
斋馆	(17)
坞榭	(17)
池沼	(17)
庄所	(17)
洲渚	(17)
桥渡	(17)
景致	(18)
街坊	(18)
市集	(18)
仓库	(19)
驿铺	(19)
学校	(20)
寺观	(21)
祠庙	(21)
水利	(22)
关隘	(23)
斥候	(23)
边防	(23)
屯戍	(24)
属城	(24)
营堡	(24)

官吏 …………………………………………………………（25）
　　軍馬 …………………………………………………………（26）
　　禄俸 …………………………………………………………（26）
　　軍餉 …………………………………………………………（26）
　　輸運 …………………………………………………………（26）
　　古蹟 …………………………………………………………（27）
　　陵墓 …………………………………………………………（28）

寧夏新志卷之二 ………………………………………………（30）
　　人物 …………………………………………………………（30）
　　　隋 …………………………………………………………（30）
　　　唐 …………………………………………………………（30）
　　　西夏 ………………………………………………………（31）
　　　元 …………………………………………………………（32）
　　　國朝 ………………………………………………………（33）
　　宦蹟 …………………………………………………………（42）
　　　元魏 ………………………………………………………（42）
　　　唐 …………………………………………………………（42）
　　　五代 ………………………………………………………（43）
　　　宋 …………………………………………………………（43）
　　　元 …………………………………………………………（44）
　　　國朝 ………………………………………………………（44）
　　俘捷 …………………………………………………………（57）
　　祥異 …………………………………………………………（58）
　　儺釋 …………………………………………………………（59）
　　鄉飲 …………………………………………………………（60）
　　祭祀 …………………………………………………………（60）
　　經籍 …………………………………………………………（61）

寧夏新志卷之三 ………………………………………………（62）
　靈州守禦千户所 ………………………………………………（62）
　　建置沿革 ……………………………………………………（62）
　　郡名 …………………………………………………………（63）
　　形勝 …………………………………………………………（63）

風俗 …………………………………（63）
界至 …………………………………（63）
山川 …………………………………（63）
城池 …………………………………（64）
公署 …………………………………（64）
廨宇 …………………………………（64）
學校 …………………………………（65）
壇壝 …………………………………（65）
祠廟 …………………………………（65）
寺觀 …………………………………（65）
祭祀 …………………………………（65）
印記 …………………………………（66）
官吏 …………………………………（66）
倉場 …………………………………（66）
土貢 …………………………………（66）
田賦 …………………………………（66）
水利 …………………………………（67）
戶口 …………………………………（67）
差役 …………………………………（67）
優贍 …………………………………（67）
寨堡 …………………………………（68）
斥候 …………………………………（68）
屯戍 …………………………………（68）
軍馬 …………………………………（68）
俸餉 …………………………………（68）
樓 ……………………………………（68）
橋 ……………………………………（68）
古蹟 …………………………………（69）
人物 …………………………………（69）
宦蹟 …………………………………（72）
俘捷 …………………………………（73）
祥異 …………………………………（74）

屬城 …………………………………… (74)
韋州 ……………………………………… (77)
　　建置沿革 ………………………………… (77)
　　風俗 ……………………………………… (77)
　　界至 ……………………………………… (77)
　　山川 ……………………………………… (77)
　　城池 ……………………………………… (78)
　　戶口 ……………………………………… (78)
　　賦役 ……………………………………… (78)
　　公署 ……………………………………… (78)
　　宮殿 ……………………………………… (78)
　　景致 ……………………………………… (78)
　　樓 ………………………………………… (79)
　　寺廟 ……………………………………… (79)
　　官吏 ……………………………………… (79)
　　軍兵 ……………………………………… (79)
　　俸餉 ……………………………………… (79)
　　墓 ………………………………………… (79)
　　祥異 ……………………………………… (79)
寧夏後衛 ………………………………… (79)
　　建置沿革 ………………………………… (79)
　　形勝 ……………………………………… (80)
　　界至 ……………………………………… (80)
　　城池 ……………………………………… (80)
　　戶口 ……………………………………… (80)
　　賦役 ……………………………………… (80)
　　公署 ……………………………………… (80)
　　樓 ………………………………………… (80)
　　符印 ……………………………………… (80)
　　街坊 ……………………………………… (81)
　　壇壝 ……………………………………… (81)
　　祠廟 ……………………………………… (81)

斥候 …………………………………… (81)
屯戍 …………………………………… (81)
屬城 …………………………………… (81)
官吏 …………………………………… (81)
軍馬 …………………………………… (81)
俸餉 …………………………………… (81)
宦蹟 …………………………………… (82)
節婦 …………………………………… (82)

興武營守禦千戶所 ………………… (82)
建置沿革 ……………………………… (82)
形勝 …………………………………… (83)
界至 …………………………………… (83)
城池 …………………………………… (83)
戶口 …………………………………… (83)
賦役 …………………………………… (83)
公署 …………………………………… (83)
樓 ……………………………………… (83)
符印 …………………………………… (83)
官吏 …………………………………… (83)
街坊 …………………………………… (84)
祠廟 …………………………………… (84)
斥候 …………………………………… (84)
屯戍 …………………………………… (84)
屬城 …………………………………… (84)
軍馬 …………………………………… (84)
俸餉 …………………………………… (84)
宦蹟 …………………………………… (84)
天池寨 ………………………………… (85)

寧夏中衛 …………………………… (85)
建置沿革 ……………………………… (85)
郡名 …………………………………… (85)
形勝 …………………………………… (86)

風俗 …………………………………………（86）
界至 …………………………………………（86）
山川 …………………………………………（86）
城池 …………………………………………（87）
物産 …………………………………………（87）
土貢 …………………………………………（87）
田賦 …………………………………………（87）
差役 …………………………………………（88）
户口 …………………………………………（88）
優贍 …………………………………………（88）
符印 …………………………………………（88）
公署 …………………………………………（88）
壇壝 …………………………………………（88）
景致 …………………………………………（89）
樓 ……………………………………………（89）
橋渡 …………………………………………（89）
學校 …………………………………………（89）
寺觀 …………………………………………（89）
祠廟 …………………………………………（90）
水利 …………………………………………（90）
關隘 …………………………………………（90）
斥候 …………………………………………（90）
鹽池 …………………………………………（91）
屬城 …………………………………………（91）
屯戍 …………………………………………（91）
官吏 …………………………………………（91）
軍馬 …………………………………………（91）
俸餉 …………………………………………（91）
古蹟 …………………………………………（91）
人物 …………………………………………（92）
宦蹟 …………………………………………（93）
祥異 …………………………………………（93）

鄉飲 …………………………………………………… (93)
　　祭祀 …………………………………………………… (93)
　　廣武營 ………………………………………………… (93)
　　鳴沙州城 ……………………………………………… (95)
　　平虜城 ………………………………………………… (97)
寧夏新志卷之四 …………………………………………… (99)
　沿革考證 ………………………………………………… (99)
　　夏禹 …………………………………………………… (99)
　　漢 ……………………………………………………… (99)
　　南北朝 ………………………………………………… (101)
　　隋 ……………………………………………………… (101)
　　唐 ……………………………………………………… (101)
　　宋 ……………………………………………………… (105)
　　元 ……………………………………………………… (105)
寧夏新志卷之五 …………………………………………… (108)
　赫連夏考證 ……………………………………………… (108)
寧夏新志卷之六 …………………………………………… (114)
　拓跋夏考證 ……………………………………………… (114)
寧夏新志卷之七 …………………………………………… (148)
　文章 ……………………………………………………… (148)
寧夏新志卷之八 …………………………………………… (149)
　雜詠類 …………………………………………………… (149)
　　唐詩 …………………………………………………… (149)
　　　送李騎曹之靈武寧侍 ……………………… 郎士元 (149)
　　　送太常大夫加散騎常侍赴朔方 …………… 皇甫冉 (149)
　　　送鄖明府遊靈武 …………………………… 賈　島 (150)
　　　送李騎曹靈州歸覲 ………………………… 張　籍 (150)
　　　和裴舍人觀田尚書出獵 …………………… 楊巨源 (150)
　　　送靈州田尚書 ……………………………… 薛　逢 (150)
　　　送盧藩尚書之靈武 ………………………… 韋　蟾 (151)
　　宋詩 …………………………………………………… (151)
　　　西征二首 …………………………………… 張舜民 (151)

元詩 …………………………………………………… (152)
 題楊德章監憲賀蘭山圖 ………………… 貢泰父 (152)
國朝詩 …………………………………………………… (152)
 送王時敏之京 ……………………………… 邊　定 (152)
 邊城贈別 …………………………………… 錢　遜 (152)
 永樂二年春祭社稷山川禮成 ……………… 凝　真 (153)
 芳林宮夜宿擬古 …………………………… 前　人 (154)
 賀蘭大雪 …………………………………… 前　人 (154)
 梅所 ………………………………………… 潘元凱 (154)
 賀蘭九歌 …………………………………………… (156)
 古塚謠 ……………………………………… 樗　齋 (157)
 登宜秋樓 …………………………………… 凝　真 (158)
 巡撫難 ……………………………………… 馮　清 (158)
 邊人苦 ……………………………………… 前　人 (159)
 琴意軒 ……………………………………… 吳　謙 (160)
 蠡山疊翠 …………………………………… 劉　昉 (160)
 白塔晨煙 …………………………………… 前　人 (161)
 夏宮秋草 …………………………………… 王　遜 (161)
 黑水故城 …………………………………… 前　人 (161)
 漢渠春水 …………………………………… 前　人 (161)
 良田晚照 …………………………………… 前　人 (162)
 長塔鐘聲 …………………………………… 前　人 (162)
 官橋柳色 …………………………………… 前　人 (162)
 塞垣秋思 …………………………………… 樗　齋 (162)
 夏臺秋感 …………………………………… 唐　鑑 (162)
 東郊賞蓮 …………………………………… 馮　清 (163)
 別贈張都閫武 ……………………………… 保　勳 (163)
 梅所 ………………………………………… 承　廣 (163)
 登韋州城北擁翠亭 ………………………… 凝　真 (164)
 鹽池 ………………………………………… 周　澄 (164)
 鹽池道中 …………………………………… 馮　清 (164)
 鹽池 ………………………………………… 前　人 (164)

靈州道中二首	前　人	（164）
王宏堡道中二首	前　人	（165）
漢渠春漲	凝　真	（165）
黃沙古渡	前　人	（165）
黑水故城	前　人	（166）
月湖夕照	陳德武	（166）
黑水故城	前　人	（166）
官橋柳色	前　人	（166）
西夏重陽	王　遜	（166）
賡韻慶藩惠示雙橘	郭　原	（167）
西夏重九	唐　鑑	（167）
西夏漫興	林　季	（167）
將至寧夏望見賀蘭山	金幼孜	（167）
至寧夏	前　人	（168）
撫臨寧夏二首	馮　清	（168）
庭槐	馮　清	（168）
九日宴麗景園	金幼孜	（169）
出郊觀獵至賀蘭山	前　人	（169）
遊三清觀	前　人	（169）
塞垣秋興	承　廣	（169）
睡足軒	李　幹	（169）
白鷹	張克敬	（170）
麗景園避暑	凝　真	（170）
麗景園冬日步王忍辱韻	前　人	（170）
鎮守西園小會	馮　清	（170）
和張都憲夏日遊麗景園	樗　齋	（170）
秋曉過長湖	前　人	（171）
蘭山懷古	前　人	（171）
觀黃河	前　人	（171）
高臺寺八詠	前　人	（171）
蓮池小舟雅集	馮　清	（173）
和慶藩遊麗景園韻	路　昇	（173）

野亭東諸同志	前　人	（174）
感楊忠等事	馮　清	（174）
感咸寧伯仇鉞事	馮　清	（174）
三清觀閒步	路　昇	（174）
上曲中丞	保　勳	（175）
蘆溝煙雨	胡官升	（175）
東湖春漲	凝　真	（175）
石溝道中	馮　清	（175）
鹽池驛	前　人	（175）
沙井道中	前　人	（176）
望賀蘭山	徐　鍵	（176）
螽山秋色	前　人	（176）
韋州	王　越	（176）
夜宿韋州	劉長春	（176）
韋州故宮	路　昇	（177）
花馬池	馮　清	（177）
過安邊營憩劉隱士山庄	保　勳	（177）
贈都閫史公冢嗣榮中武舉	前　人	（177）
邊牆形勝	傅　釗	（177）
賀蘭山後大捷	王　越	（178）
寧夏射圃	楊一清	（178）
行臺視事	王　珣	（178）
開靖虜渠	前　人	（178）
擬造石壩	前　人	（178）
兩壩重修	馮　清	（179）
石溝道中	馬中錫	（179）
石溝驛次韻	馮　清	（179）
靈州再次前韻	前　人	（179）
次前韻	李遜學	（180）
寧夏	周　澄	（180）
靈州道中	馬中錫	（180）
興武營	楊一清	（180）

興武營次韻	馮　清	(180)
興武營東傳協參	丘　璐	(181)
新設靈州	王　珣	(181)
新開金積渠	前　人	(181)
巡視東路	前　人	(181)
高橋望寧夏	王　弘	(181)
靈州道中	前　人	(182)
靈州	前　人	(182)
寧夏寫懷	前　人	(182)
送歐陽繡衣	保　勛	(183)
大壩登眺	韓　文	(183)
感懷	前　人	(184)
行臺閒詠	石　玠	(184)
萌城道中	馮　清	(184)
萌城夜坐	薄彥徽	(184)
郊望	王崇文	(184)
賀蘭山	前　人	(185)
賀蘭山	馮　清	(185)
寧夏	孟　逵	(185)
黃河	前　人	(185)
過田州城	胡　璉	(185)
題寧夏	駱用卿	(186)
寧夏	李遜學	(186)
池上感秋	保　勛	(186)
奉和曲都憲韻	歐陽雲	(186)
又	前　人	(186)
都臺肅政堂二首	馮　清	(187)
初到寧夏	李守中	(187)
石空古寺	楊　郁	(187)
陳總兵鎮守四川	馮　清	(187)
夏城坐雨	李夢陽	(188)
賞牡丹	張　勛	(188)

和静菴賞牡丹韻 …………………………………… 保　勳（188）
欽差巡撫寧夏地方都察院右僉都御史十六字韻 …… 馮　清（188）
晚登章州樓 ………………………………………… 凝　真（190）
石溝驛 ……………………………………………… 前　人（190）
夜宿鴛鴦湖聞雁聲 ………………………………… 前　人（190）
總兵營 ……………………………………………… 前　人（190）
故宮秋感 …………………………………………… 唐　鑑（190）
杏塢朝霞 …………………………………………… 釋靜明（190）
金波湖棹歌 ………………………………………… 前　人（191）
東湖泛舟 …………………………………………… 劉　鼎（191）
中衛遇陳參戎輝 …………………………………… 戴　珊（191）
登鎮守西園樓 ……………………………………… 都　穆（191）
次韻二首 …………………………………………… 馮　清（191）
詞 ………………………………………………………… （191）
浪淘沙・塞垣秋思 ………………………………… 凝　真（191）
鷓鴣天・冬日漫興 ………………………………… 前　人（192）
長相思・秋眺 ……………………………………… 前　人（192）
風流子・秋日書懷 ………………………………… 前　人（192）
春雲怨・與吳謙 …………………………………… 前　人（192）
搗練子・西夏漫興 ………………………………… 前　人（192）
菩薩蠻・歸思 ……………………………………… 前　人（193）
臨江仙 ……………………………………………… 前　人（193）
朝中措・賀蘭懷古 ………………………………… 梧　齋（193）
浪淘沙・除夕偶成 ………………………………… 馮　清（193）
風入松・元旦偶成 ………………………………… 前　人（193）
好事近・上元夜作 ………………………………… 前　人（194）
謁金門・人日漫成 ………………………………… 前　人（194）
祭文 ……………………………………………………… （194）
諭祭總兵官張泰文 …………………………………………（194）
賜祭慶莊王文 ………………………………………………（194）
諭祭都指揮僉事李睿文 ……………………………………（194）

寧夏新志後序 …………………………………………（196）
參考文獻 ……………………………………………（197）
 一　古代文獻 ………………………………………（197）
 二　現當代文獻 ……………………………………（203）

前　言

胡玉冰

据（弘治）《宁夏新志》（简称《弘治宁志》）各序及卷端所题，明孝宗弘治十三年（1500），胡汝砺受宁夏巡抚王珣之命开始编修《宁夏新志》，十四年（辛酉年，1501）春编成初稿，李端澄对全稿校阅后呈送王珣，王珣阅毕同意其志刊行，是为《弘治宁志》。武宗正德八年（1513），宁夏巡抚冯清重纂《宁夏新志》。从天一阁藏孤本《宁夏新志》看，它很有可能是冯清重纂的（正德）《宁夏新志》，而不是通常认为的胡汝砺原刻初印本《弘治宁志》。

一　整理与研究现状

明人朱睦㮮《万卷堂书目》卷二《地志》最早著录《弘治宁志》曰："《宁夏卫志》八卷，胡汝砺。"清人对《弘治宁志》的著录内容多同明人。《天一阁书目》卷二著录："宁夏府《宁夏县新志》八卷，刊本。明胡汝砺编，王珣序。"《千顷堂书目》卷七《地理类》曰："胡汝砺《宁夏镇志》八卷，弘治间修。"《明史》卷九七《史部·地理类》著录曰："胡汝砺《宁夏新志》八卷。"[①] 从各著录可知，各家著录《弘治宁志》书名有异，或称《宁夏卫志》，或称《宁夏镇志》，或称《宁夏新志》。此同书异名现象的产生主要是由于明代宁夏地理沿革变迁所致。《天一阁书目》著录为《宁夏县新志》显然是基于清朝宁夏地理沿革而言，是错误的。据《清实录·世宗雍正皇帝实录》卷二五载，雍正二年（1724）十月丁酉，议复川陕总督年羹尧奏言，改明朝的卫所制为州县志，改宁夏

---

① （清）张廷玉等：《明史》第 8 册，中华书局 1974 年版，第 2410 页。

衛爲寧夏府，改寧夏左屯衛爲寧夏縣。①

張維較早對《弘治寧志》進行過考辨，其《隴右方志錄》曰："弘治《寧夏新志》八卷，佚，明弘治十四年衛人胡汝礪著。"② 又引《明史·藝文志》《萬卷堂書目》、（乾隆）《寧夏府志》等對《弘治寧志》卷數、著者、成書年代等問題加以介紹。張維因不知《弘治寧志》見藏於寧波天一閣，故著錄其爲佚書。最早對天一閣藏《弘治寧志》進行介紹的學者是駱兆平，在其《天一閣藏明代方志考錄》一書中對《弘治寧志》的成書時間、志書內容、版本流傳等情況加以扼要介紹，稱《弘治寧志》是"現存最早的寧夏志"。③《中國地方志聯合目錄》、《寧夏地方文獻聯合目錄》、《甘肅省圖書館藏地方志目錄》、《中國地方志總目提要》、《新編天一閣書目》等方志書目對《弘治寧志》都有著錄或提要。④《方志與寧夏》第二章《寧夏歷代修志綜覽》對《弘治寧志》也進行了綜述。

20世紀80年代開始，有學者撰文對《弘治寧志》進行介紹或研究。朱潔撰《介紹寧夏明代地方志五種（上）》（《寧夏大學學報》1980年第2期），高樹榆《寧夏方志考》（《寧夏圖書館通訊》1980年第1期）、《寧夏方志錄》（《寧夏史志研究》1988年第2期）、《寧夏方志評述》（《圖書館理論與實踐》1993年第3期）、《寧夏回族自治區地方志述評》（載金恩暉、胡述兆編《中國地方志總目提要》，漢美圖書有限公司1996年版），王桂雲《銀川方志述略》（《銀川市志通訊》1988年第3期），這些文章主要是在全面介紹寧夏舊志修纂情況時扼要概述了《弘治寧志》的基本情況。胡迅雷《〈弘治寧夏新志〉成書年代

---

① 改寧夏府、置寧夏縣之時間，《大清一統志》卷二六四、《銀川小志》均同《清實錄》，（乾隆）《寧夏府志》卷二、《清史稿》卷六四《地理志》等誤載爲雍正三年（1725）。參見魯人勇等《寧夏歷史地理考》卷十五《清朝》，寧夏人民出版社1993年版，第282—289頁。

② 張維：《隴右方志錄》，《中國西北文獻叢書》據北平大北印刷局1934年版影印，蘭州古籍書店1990年版，第77冊第529頁。

③ 駱兆平：《天一閣藏明代方志考錄》，書目文獻出版社1982年版，第174頁。按：現存成書時間最早的寧夏志書當爲日本國立國會圖書館藏《正統寧志》，駱先生因未見日本藏本，故有此說。

④ 《寧夏地方文獻聯合目錄》將天一閣刻本時間"弘治十四年"誤著錄爲"弘治十一年"，《甘肅省圖書館藏地方志目錄》將"胡汝礪"誤著錄爲"胡汝勵"。甘肅省圖書館於1959年傳抄天一閣刻本，《天一閣藏明代方志考錄》誤載爲1958年傳抄。

考》（《寧夏大學學報》1988年第4期）一文，對《弘治寧志》成書年代提出新見，認爲其書至早當成於正德九年（1514）。另有《胡汝礪與〈弘治寧夏新志〉》一文，詳考胡汝礪生平，並就《弘治寧志》史料價值進行了深入分析。徐莊《明代寧夏慶藩刻書考略》（《寧夏史志研究》1996年第1期）、《寧夏出版志》第五章《明清時期》（上）第二節《慶藩刻書》，及刁俊、劉文燕《明代慶藩著述及慶府刻書》（《寧夏大學學報》2010年第3期）等均以《弘治寧志》爲重要史料，結合《古今書刻》《千頃堂書目》等文獻所載，對明朝寧夏慶藩所刻典籍進行了系統、深入的梳理。陳健玲《〈（弘治）寧夏新志〉考》（《寧夏社會科學》2002年第6期）一文，就《弘治寧志》著者、編纂目的及體例等問題作介紹，特別着力於《弘治寧志》史料價值的分析。薛正昌《地方志書與寧夏歷史文化（上）》（《固原師專學報》2004年第5期），主要從歷史學、文化地理學等學科角度對《弘治寧志》進行探討，亦多新見。霍麗娜《明清時期的寧夏集市及其發展》（《寧夏社會科學》2008年第6期）一文，引《弘治寧志》材料，分析明朝弘治年間寧夏鎮城集市貿易已頗具規模。

爲方便學者更充分地利用《弘治寧志》，甘肅省圖書館、寧夏大學等單位分別於1959年、1963年抄録天一閣刻本《弘治寧志》。1968年，臺灣成文出版社出版的《中國方志叢書·塞北地方卷》影印所謂"明抄本"《弘治寧志》，吴忠禮先生從形式、内容等六方面考證其"是一部地地道道的偽作"，此論甚確。[①] 1988年，吴忠禮主編《寧夏歷代方志萃編》第一次將《弘治寧志》影印出版。同年，寧夏圖書館編輯《寧夏地方志叢刊》，亦影印《弘治寧志》。1990年，上海書店出版《天一閣藏明代方志選刊續編》，《弘治寧志》亦被影印。這些影印本爲學者的研究提供了可靠文本。

范宗興《弘治寧志》的整理本於2010年12月正式出版。該本以寧夏人民出版社影印寧波天一閣本爲底本進行注釋、校勘，爲學者利用該志提供了便利。范宗興認爲，《弘治寧志》由胡汝礪編成於弘治十四年（1501），馮清於正德年間對該志首次進行補修，嘉靖七年（1528）翟鵬

[①] 参見吴忠禮《臺灣本明代〈寧夏新志〉偽作考》，《寧夏社會科學》1986年第4期，第80—88頁。

曾託馬宗大對該志進行再次補修，故《弘治寧志》稿應有三種，均未刊刻。① 筆者認爲，前兩種版本當刊刻行世過，但《弘治寧志》的原刻初印本已亡佚，傳世本爲馮清補修本。下文會詳述，此不贅述。另，整理本在標點、注釋、校勘等方面存在一定的問題，利用時要注意辨明。

二　編修始末

有關《弘治寧志》編修的具體情況，可以通過王珣、胡汝礪、管律等人的序來了解。

王珣《〈寧夏新志〉序》載："弘治己未，予奉命巡撫是方。經理邊備之餘，考古遺蹟，漫無足徵，病之，恒歎以爲缺典。會鎮人地官郎中胡公良弼丁外艱家居，乃託之重爲纂修。胡公博學多識，慨然考經史，參舊志，詢之稗官故老，采以金石之文、諸家之說。古今事有關於地方者，上而天文，下而地理，中而人物，收録無遺，不逾年而成書，爲類若干，爲目若干，釐爲若干卷，用心勤且勞矣。"② 由王序可知，明孝宗弘治十二年（己未年，1499）王珣被任命爲寧夏巡撫，③ 爲了解當地地理風情等事，他試圖從地方文獻中查找有關資料，但讓他失望的是，寧夏地方文獻缺乏，已有的文獻亦多語焉不詳。有鑒於此，他委託正因父喪居家守制的胡汝礪重新纂修寧夏地方志書。胡汝礪不辱使命，從接受修志任務到完成文稿，用了不到一年的時間。

胡汝礪《〈寧夏新志〉後序》談及編書經過時說："歲弘治庚申，適邊氓安堵，巡撫寧夏都憲王公進庠之諸生謂曰：'地郡之有志，猶家之有譜系也，猶公曹之有案牘也。考興亡，辨是非，求隱賾，即小可以占大，據政可以知德。由紀載之粗近可以窺性道之本根，是宜以易易視之哉？比觀寧夏舊志，乃慶先靖王所作，固無容疑。然歲久而事遺，人俗、政治之趨革，而舊志難以株據，欲作新志，以表裏之，今昔美事也。'諸生領教

---

① 參見范宗興《弘治寧夏新志箋注說明》《弘治寧夏新志的史料價值及版本辨正》，載《弘治寧夏新志》，寧夏人民出版社 2010 年版。
② （明）王珣：《〈寧夏新志〉序》，載《弘治寧夏新志》，《天一閣藏明代方志選刊續編》第 72 册，據明朝弘治刻本影印，上海書店 1990 年版，第 129—130 頁。
③ 《明實録·孝宗敬皇帝實録》卷一四二、《嘉靖陝志》卷十九《職官》均載，王珣於弘治十一年（1498）以右副都御史巡撫寧夏。

唯唯，且以予陋劣，而憂服已闋，俾總其事，辭弗獲。呵筆如椎，翻紙如雲。越辛酉春稿成，而謬固觸目，乃請校於陝憲僉李公。公夙學也，忘爾我。公批摘稿既脫，諸生奉獻王公，公閱而喜曰：'可以板行矣。'公自序於首，囑予以後序。……功寔嚴乎三月，志僅成乎七卷……"① 由胡序可知，弘治十三年（庚申年，1500），胡汝礪受命於寧夏巡撫王珣，編修《寧夏新志》，次年即弘治十四年（辛酉年，1501）春三月，胡汝礪完成了《寧夏新志》書稿，請陝西按察司僉事李端澄校稿。李端澄校畢書稿後，諸生將定稿呈送給王珣，王珣閱畢後非常滿意，令刊行於世。同年四月，《弘治寧志》正式刊行。

管律《重修〈寧夏新志〉後序》載："《寧夏志》，當弘治庚申冬，巡撫御史中丞曹南王公德潤禮懇竹山胡先生良弼編輯之者。"②

綜上所述，王珣巡撫寧夏後就有編纂《寧夏新志》之意，弘治十三年（1500）胡汝礪受王珣之命開始編修《寧夏新志》，弘治十四年（1501）春編成初稿，同年，李端澄對全稿進行校閱，校畢後呈送王珣，王珣閱畢同意其書刊行，這樣，弘治年間所修《寧夏新志》正式修成時間當為弘治十四年（1501），同年該書開始傳世。

《弘治寧志》傳世本為孤本，藏於寧波天一閣，上海書店影印本稱："據明弘治刻本影印。原書版框高二二〇毫米，寬一五七毫米。卷二有缺頁，第七卷佚。"因天一閣特殊的藏書制度，我們無法看到《弘治寧志》的原版，故僅據影印本對其版本形態略作如下介紹：四周雙邊，闊黑口，雙、黑、對魚尾。書口題書名、卷次、頁次。序及卷一至卷六正文行款一般皆為每半頁 8 行，但也有不同（詳見後述），行字數不固定。王珣《〈寧夏新志〉序》行 11—13 字不等，胡汝礪《〈寧夏新志〉後序》行 11—12 字不等，卷一至卷六的大部分正文大字、雙行小字均為每行 13 字。《弘治寧志》卷二缺第 1、第 2 兩頁，卷七全缺，其他各卷內容基本完整。從天一閣藏本內容及版本特徵看，《弘治寧志》當不是原版初印本，而是（正德）《寧夏新志》初印本。

---

① （明）胡汝礪：《〈寧夏新志〉後序》，載《弘治寧夏新志》，《天一閣藏明代方志選刊續編》第 72 冊，據明朝弘治刻本影印，上海書店 1990 年版，第 687—690 頁。

② （明）管律：《重修〈寧夏新志〉後序》，載《嘉靖寧夏新志》，陳明猷校勘，寧夏人民出版社 1982 年版，第 457 頁。

三　編修者生平

（一）王珣

王珣（？—1508）字德潤，山東曹縣人。《明實錄·武宗毅皇帝實錄》卷三八、《萬姓統譜》卷四五載王珣事甚詳。另外，《弘治寧志》卷二、（嘉靖）《寧夏新志》（簡稱《嘉靖寧志》）卷二、（萬曆）《朔方新志》卷二、中國國家圖書館藏清康熙五十五年（1716）《兗州曹縣志》卷十三等均有王珣專傳，《山東通志》卷十五、卷二八、卷三四等亦錄有王珣事。

據《兗州曹縣志·王珣傳》載，王珣在明憲宗成化五年（1469）登進士第，授河南太康縣。二十年（1484）陞知浙江湖州府。孝宗弘治六年（1493）陞河南布政司右參政，尋陞本司布政使。據《明實錄·孝宗敬皇帝實錄》卷一四二載，弘治十一年（1498）十月戊子，陞河南布政司左布政使，王珣爲右副都御史，巡撫寧夏。同書卷一八七載，弘治十五年（1502），王珣自陳有疾，乞致仕，許之還鄉。① 據《明實錄·武宗毅皇帝實錄》卷三八載，正德三年（1508）五月甲子，王珣卒。《兗州曹縣志·王珣傳》載，王珣嘗陳寧夏十事、備邊六事、應議八事，皆見允。對於王珣治理寧夏的政績，《弘治寧志》評價曰："寬嚴得中，邊人服之。"② 編修《湖州府志》24卷，著有《邊備奏稿》《邊務奏稿》各10卷，《應議奏稿》《南野詩稿》各2卷。

據《千頃堂書目》《四庫全書總目》載，王珣於弘治四年（1491）官湖州知府時曾重修《湖州府志》。《千頃堂書目》卷七、《四庫全書總目》卷七三《史部·地理類存目》、《續通志》卷一五九、《續文獻通考》卷一七〇等載，《弘治湖州府志》24卷。《千頃堂書目》卷三〇、《明史》卷九九、《山東通志》卷二八和卷三四均載，王珣撰寫有《奏稿》10卷。《明史》卷九九載，王珣撰寫有《詩》2卷。《千頃堂書目》卷二〇載詩

---

① 《明實錄·孝宗敬皇帝實錄》卷一八八、《嘉靖陝志》卷十九《職官》載，弘治十五年（1502），劉憲以右僉都御史巡撫寧夏。

② （明）胡汝礪：《弘治寧夏新志》，《天一閣藏明代方志選刊續編》第72册，據明朝弘治刻本影印，上海書店1990年版，第294頁。

集名《南軒詩稿》,《山東通志》載詩集名《南野詩稿》。《千頃堂書目》卷二〇、《山東通志》卷二八載詩集卷數同《明史》,爲 2 卷,但《山東通志》卷三四著録卷數爲 10 卷,疑誤。《浙江通志》卷二五六《碑碣》録王珣於弘治四年(1491)撰寫的《孝豐創縣碑記》,《弘治寧志》卷八録其《行臺視事》《開靖虜渠》《新設靈州》等詩。

(二) 胡汝礪

胡汝礪(1465—1510)字良弼,號竹巖,又號竹山,原爲應天溧陽(今江蘇溧陽縣)人,其父謫戍寧夏,遂爲寧夏人。《弘治寧志》卷二《人物・科目》載,胡汝礪"中丙午鄉試,登丁未進士。由户部主事陞兵部尚書"[①]。明憲宗成化二十二年(1486)中舉人,二十三年(1487)中丁未科進士,二甲第八十二名,累官至兵部尚書。著述有《竹巖集》《弘治寧志》等。

《國朝獻徵録》卷三八《兵部尚書胡汝礪傳》記載其生平最詳,王鴻緒《明史稿》卷一七二有《胡汝礪傳》。其傳記材料亦散見於《弇山堂別集》卷五〇《兵部尚書表》,《國朝列卿紀》卷三六《户部左侍郎年表・胡汝礪》、卷四八《兵部尚書行實・胡汝礪》,《明實録・孝宗敬皇帝實録》卷六一,《萬姓統譜》卷十一,《明史紀事本末》卷四三《劉瑾用事》,《山西通志》卷九三《名宦》,《甘肅通志》卷三六《人物》,《嘉靖寧志》卷二,(萬曆)《朔方新志》卷三,(乾隆)《寧夏府志》卷十三《人物》等文獻中。所著《竹巖集》在《千頃堂書目》卷二〇有著録,卷數不詳,已佚。唯《弘治寧志》傳世。

(三) 李端澄

李端澄(1445—1515)字學溥,別號知非子,世爲懷慶武陟(今屬河南焦作市)人。明(萬曆)《武陟志》卷七《按察使李公墓表》(何瑭撰)載其事甚詳。

墓表載,端澄生於正統十年(1445)農曆五月十六日,卒於正德十年(1515)農曆正月十九日,享年 70 歲。治戴氏經,成化七年(1471)

[①] (明)胡汝礪:《弘治寧夏新志》,《天一閣藏明代方志選刊續編》第 72 册,據明朝弘治刻本影印,上海書店 1990 年版,第 260 頁。

領鄉薦，二十三年（1487）與胡汝礪同年中丁未科進士，二甲第七十七名，考選南京福建道監察御史。端澄爲官正直，曾彈劾守備太監蔣宗。於弘治十一年（1498）、十四年（1501）、十六年（1503），正德元年（1506）屢立戰功。弘治十二年（1499）陞陝西僉事，督理寧夏糧儲；十四年（1501）陞副使，整飭甘肅兵備。正德三年（1508）陞雲南按察使。因得罪宦官劉瑾而被貶陝西並受罰。正德五年（1510）秋，劉瑾被族後獲釋致仕，後卒於家鄉。《河南通志》卷五八《人物·李端澄》、卷四五《進士》，《雲南通志》卷十八上《秩官》，《弘治寧志》卷二《人物·宦蹟·都儲》，《嘉靖寧志》卷二、卷二七亦載其事。① 《河南通志》卷四九《陵墓》載，李端澄墓在武陟縣城西 40 里王順村。《甘肅通志》卷九《學校》載，正德元年（1506），副使李端澄重建直隸肅州儒學；卷十二《祠祀》載，甘肅涼州府有忠烈祠，祀李端澄等。

（四） 馮清

馮清字汝揚，別號濯庵，浙江余姚縣人，② 生卒年不詳。據《弘治寧志》卷二載，弘治六年（1493）中癸丑科進士。《明實錄·武宗毅皇帝實錄》卷八六載，正德七年（1512）四月癸未，"陞陝西按察使馮清爲都察院右僉都御史，巡撫寧夏等處"③。卷一一一載，九年（1514）四月辛酉，"陞巡撫寧夏都察院右僉都御史馮清爲戶部右侍郎，仍兼左僉都御史，督理陝西糧餉"④。（嘉靖）《陝西通志》卷十九《職官》載，馮清官至兵部左侍郎。由這些材料可知，馮清於正德七年（1512）巡撫寧夏，九年（1514）離任。正德八年（1513）也就是馮清巡撫寧夏的第二年，他就開始主持重纂《寧夏新志》，重纂延續到正德九年（1514）他離開寧夏時止。天一閣本《弘治寧志》的記事時間最晚到正德九年（1514）也正是這個原因。

---

① 弘治、嘉靖《寧夏新志》均載李端澄"在任四年"，當指其在任陝西僉事一職的時間。據《按察使李公墓表》所載，李端澄出任陝西僉事一職應該是在弘治十二年（1499），《嘉靖寧志》載爲"弘治十年"，疑誤。
② 《嘉靖陝志》卷十九《職官》載，馮清爲順天府宛平縣人。
③ 楊新才、吳忠禮主編：《〈明實錄〉寧夏資料輯錄》（上冊），寧夏人民出版社 1988 年版，第 483 頁。
④ 同上書，第 488 頁。

《嘉靖寧志》卷二《宦蹟·巡撫》載，馮清"優於邊略，鋤惡植良，地方蒙福"①。《千頃堂書目》卷二一載，馮清著有《濯庵集》2卷。惜著作不傳於世。

四　天一閣藏（弘治）《寧夏新志》當刊行於明朝正德年間

　　學者通常認爲，天一閣藏《寧夏新志》當爲明朝弘治年間刻本，前文所引上海書店影印說明即持此說。據筆者勘驗，傳世本《弘治寧志》記事最晚至明朝正德九年（1514），版本上也表現出明顯的補版特徵，至晚於正德九年（1514）補版。故知，天一閣藏《弘治寧志》必非弘治十四年（1501）原刻初印本，據補寫的内容及補版特徵可知，該本很可能是正德九年（1514）刊印的馮清重纂本。下面我們就從版本形式特徵及内容這兩個方面來考辨天一閣藏《寧夏新志》版刻時間問題。

　　首先，從版刻形式特徵看，《弘治寧志》有多處墨丁或空白，這些墨丁、空白出現得比較有規律，一般是在涉及弘治十四年（1501）以後（即胡汝礪《寧夏新志》編成後）史事的地方出現。如卷二《人物》類内容雕版版式特徵是，人名均爲大字單行，名下用雙行小字說明其科舉、仕履情況，仕履情況中若有陞遷，一般會注明"由某官陞某官"。但《科目》"胡汝礪"條之後却空四格，然後接叙"邢通"等人。人名依然用大字單行，其科舉、仕履情況也用小字，但小字的體例不一。如"梅信"條，科舉及仕履情況說明文字"中壬子鄉試由知縣"等8字按照原版式當爲雙行，每行4字，却雕成單行小字。而且按照文義，梅信的仕履情況當發生過變化，由知縣轉某官，小字中未注明。《恩例》中張經、虎文、王松年等人人名下空格也很多，不像其他緊密相連。從所記人物看，多在弘治十四年（1501）之後科舉或仕履發生變化，由於種種原因，未將其準確的年代輯入志書中。我們認爲，這些現象很好地說明了傳世的天一閣本《弘治寧志》當非弘治原刻初印本。出現這些情況的原因是，在重新刷印《弘治寧志》時，因爲編纂的需要，要將新中科舉者的事蹟補入，而這些人目前還在任，他們的仕履情況還暫時未發生變化或者還未考察清

---

①　（明）管律：《嘉靖寧夏新志》，陳明猷校勘，寧夏人民出版社1982年版，第111頁。

楚，故留空以便補足。人名與人名之間留空格很多，這也說明刻版者是留空以便補足，可能刷印新志時仍未有新的情況出現，或者資料仍未調查清楚，但補刻的版已雕好，所以只好依樣刷印，故而在傳世本中就出現了這些大量留空的現象，有的空白在文本刷印後即形成墨丁。

從行款看，有各卷行數、字數不一的現象，甚至同一卷某些頁面當中出現行數、字數不一的現象。卷四《沿革考證》共 15 頁，本卷自第 1 頁至第 12 頁右半頁均爲每半頁 8 行，每行大字或雙行小字均爲 13 字。本卷記載元朝寧夏歷史沿革考證的內容結束處爲第 12 頁左半頁第 4 行，但本頁却爲半頁 9 行，自第 5 行起，界行比前 4 行略窄，所刻字體比此行前正文字體略小、比雙行小字字體略大，每行 14 字。本卷第 13、第 14 兩頁，第 15 右半頁等兩頁半均爲每半頁 10 行，第 15 頁左半頁行款爲半頁 8 行。從內容看，依次爲宋人洪邁《容齋三筆》、魏酈道元《水經注》中關於寧夏水利特別是黃河水利方面的資料，[①] 最後附"汝礪論曰"。《容齋三筆》《水經注》內容均爲每行 14 字，胡汝礪之語爲每行 13 字。本卷自第 12 頁左半頁起行款變化是很明顯的，很顯然是後人補刻的結果。

卷六《拓跋夏考證》以編年體例述西夏國興亡事，共 58 頁，第 1 頁至 48 頁右半頁均爲每半頁 8 行，每行大字、雙行小字均爲 13 字。在記西夏國亡之事的最後一頁即第 48 頁右半頁最後一行起，又依次從《宋史·孫甫傳》《容齋三筆》等文獻中輯錄西夏遺事，雕版字體明顯比此前正文文字的字體小。自第 48 頁左半頁起到本卷最後一頁即第 58 頁，行款均爲每半頁 10 行，行 16 字。同一卷正文行款字數不同的現象說明，傳世的《寧夏新志》肯定有補修情況存在。特別是第 48 頁左、右兩半頁行款不同，右半頁 8 行，左半頁却是 10 行，這在一次刻成的書版上不應該出現。卷八《雜詠》整卷行款又與全書其他各卷不同，爲每半頁 10 行，行 18 字。所錄馮清《謁金門·人日漫成》一詞未與其他幾首詞連綴在一起，而是單刻在本卷最後一頁上，這也說明，這首詞與前面的詞不是同時雕版的。

從版刻形式看，各卷最末一頁左半頁最後一行一般均標明本卷爲《寧夏新志》卷之幾，以示此頁之後爲另一卷內容，但傳世本《寧夏新志》全書體例不一。卷一至卷五最末一頁標注格式爲"寧夏新志卷之

---

① 酈道元《水經注》，原文注明史料出處爲"酈道元水經"。

×",卷六、卷八的標注格式却爲"寧夏新志卷之×終",多了一個"終"字。另外,這種標注文字,卷一至卷三、卷五至卷八均標注在本卷左半頁最後一行,而卷四却標注在本卷最後一頁左半頁倒數第 4 行。這些現象都説明了,傳世本《寧夏新志》定非弘治原刻初印本。

第二,從所記述内容來看,傳世本中有多處記述内容爲弘治十四年(1501)之後發生的史事,如卷二《宦蹟》記載明朝潘浩於正德九年(1514)鎮守寧夏,趙文於正德七年(1512)陞寧夏副將,鎮守内臣張昭於正德八年(1513)鎮守寧夏,馮清於正德七年(1512)任寧夏巡撫,鄭廉於正德八年(1513)充遊擊將軍,黎堯清於正德九年(1514)六月至寧夏督儲,監槍内臣董忠於正德五年(1510)就任,東路參將尹清於正德五年(1510)任職。還録有楊一清等人事蹟。特别是正德五年(1510)安化王寘鐇謀反事,亦載於本志中。卷二《人物》部分録楊忠、李睿、張欽等在寘鐇謀反中被殺後朝廷賜卹事,《俘捷·平叛之捷》詳述平定寘鐇之亂始末。卷八録有巡撫寧夏的馮清詩詞多首。這些内容顯然都不可能出現在胡汝礪於弘治十四年(1501)就編成的《弘治寧志》原刻初印本中。

天一閣藏《弘治寧志》到底刊刻於什麽時候呢?《嘉靖寧志》編纂者管律爲我們提供了重要綫索。他曾言:"律時受業竹山之門,嘗與筆劄。越辛酉春稿成,未壽梓而竹山東上。及將鏤之,役欠掌正,乃人出己見,競加點竄,遂失其真。夫志四方者尚簡,簡貴弗遺。志一方者尚詳,詳貴弗冗。以其點竄之失真也,故綱領不振,視匪良志。正德癸酉,中丞濯菴馮公汝揚嘗重纂於夏庠,惜師生隘於聞見,制於勢分,牽於私昵,愈涉於泛且陋,君子益厭之。"[1] 故知,胡汝礪編修的《寧夏新志》可能於弘治十四年(1501)刻版初印傳世,但在刊行時胡汝礪已離任東上,故未及見初印本,且在其書刊刻過程中,由於刊刻者的不負責任,致使初次刊印出來的文本已非胡汝礪原稿原樣,且多訛誤,也就是説,管律所知見的《寧夏新志》非胡汝礪原編原刊之原貌。正德八年(癸酉,1513)時距胡汝礪修成《寧夏新志》已 12 年,巡撫馮清重纂《寧夏新志》,由於纂修

---

[1] (明)管律:《重修〈寧夏新志〉後序》,載《嘉靖寧夏新志》,陳明猷校勘,寧夏人民出版社 1982 年版,第 457 頁。按:標點未盡從校勘本。校勘本"稿成"二字下衍"而","匪"誤作"非","菴"誤作"庵","聞見"誤倒作"見聞",均據上海古籍書店 1982 年影印本改。

質量差，時人對他的重修本評價不高。長期以來，馮清重纂的《寧夏新志》文本一直不被人所知。從天一閣傳世本《寧夏新志》看，它很有可能就是馮清重纂本。

一般地方志的編纂及刊行往往是在當地最高行政長官的督促與任期內完成的。胡汝礪編纂《弘治寧志》是王珣任巡撫的次年，弘治十四年（1501）書即編纂完成。從天一閣藏《弘治寧志》所錄寧夏巡撫看，在王珣之後，又錄有7位弘治十五年（1502）以後歷任巡撫者，而這7位巡撫是不可能出現在弘治十四年（1501）就成書的胡汝礪編纂的《寧夏新志》中，肯定是其後有人增補所致。

7位巡撫中馮清位列最後一位。他於正德七年（1512）巡撫寧夏，九年（1514）離任。據前引管律語可知，正德八年（1513）也就是馮清巡撫寧夏的第二年他就開始主持重纂《寧夏新志》，正德九年（1514）他離開寧夏時止。天一閣本《弘治寧志》的記事時間最晚到正德九年（1514）也正是此因。另外，從卷八所錄詩詞數量可以看出，明朝人詩詞入《弘治寧志》最多者是馮清（詳後文），特別是所錄最後16首詩，馮清記詩序曰："奉命撫巡，愧靦負荷，閑中以此命題，仍析其字爲韻，共得一十六首，用寓警勉之意。"① 將這16首七言律詩用韻之字聯成一句話，是"欽差巡撫寧夏地方都察院右僉都御史"，這恰爲馮清職官名。由此看來，天一閣藏《寧夏新志》極有可能就是在馮清任寧夏巡撫期間補充編纂並補版後刊刻傳世的。胡汝礪《寧夏新志》編成於弘治十四年（1501），當年即刻版傳世，由於刊本文字内容已經與胡汝礪原稿有差異，且多訛誤，故正德七年（1512）到任寧夏巡撫的馮清主持於正德八年（1513）重修《寧夏新志》，補入弘治十五年至正德九年間（1502—1514）寧夏諸事，馮清離任前，也即最晚於正德九年（1514）依弘治時期原版《寧夏新志》的版式進行補版，由於某種原因，所補之版中有多處留空未刻文字，直到正式刷印時仍未補足内容，故刷印出來的新版《寧夏新志》出現多處墨丁。這應該就是今傳天一閣本《寧夏新志》的真實面貌。

---

① （明）胡汝礪：《弘治寧夏新志》，《天一閣藏明代方志選刊續編》第72冊，據明朝弘治刻本影印，上海書店1990年版，第667頁。

五　志書內容

　　傳世本《弘治寧志》末附胡汝礪《〈寧夏新志〉後序》曰："予生長茲土，愧學力之孔卑，憾識見之云陋，剽遺編之斷苴，資故老之緒論。功寔嚴乎三月，志僅成乎七卷，是誠可思也。又重以序，重其過也。"[1] 胡序所言志書只有 7 卷的內容，這與傳世本《寧夏新志》現存內容只有 7 卷的事實的確相合。但考諸公私目錄著錄及《寧夏新志·目錄》可知，胡汝礪編修的《寧夏新志》全帙當爲 8 卷而非 7 卷。前文提及，現在仍然傳世的《寧夏新志》已非胡汝礪所修之書的原貌了，在其傳世過程中不斷被修版、補版，在這些修補過程中，原書原有的部分內容由於種種原因散佚了，某些原編所沒有的內容又被補入其中，所以胡汝礪編修的《寧夏新志》雖成於弘治十四年（1501），但傳世本記述的內容已包含正德九年（1514）之事了。也就是說，傳世本《寧夏新志》實際上又被補寫了原書成書之後 13 年間的史事。由於《寧夏新志》在傳世過程中卷七內容全部亡佚了，故傳刻者很可能爲使胡序所言志書的內容卷數要與傳本內容僅存 7 卷的事實相符，故將胡序之"八卷"改作"七卷"，這樣的做法顯然是不妥的。管律重修《寧夏新志》末附胡汝礪《〈寧夏新志〉後序》，將"七卷"改回作"八卷"，顯然更爲可信些。

　　傳世本《寧夏新志》按原書內容順序主要包括：王珣《〈寧夏新志〉序》《目錄》《凡例》《引用書目》《寧夏城圖》《國朝混一寧夏境土之圖》、正文卷一至卷八（其中卷二《人物》部分內容殘缺，卷七《文章》整卷亡佚）、胡汝礪《〈寧夏新志〉後序》。

　　王珣《〈寧夏新志〉序》撰成於弘治十四年（1501）夏四月，序言介紹了編修《寧夏新志》的緣由及主要經過（前文已述），還談及自己對於地方志書文獻價值的認識及對《寧夏新志》的評價。對於地方志書的文獻價值，王珣認爲："志書，一方之史也。所以備紀載、便歷覽，使人得以觀感於前而興起於後，關係攸大，豈曰小補之哉？……惟我朝有

---

[1]（明）胡汝礪：《弘治寧夏新志》，《天一閣藏明代方志選刊續編》第 72 冊，據明朝弘治刻本影印，上海書店 1990 年版，第 690 頁。

《大明一統志》，至於一省、一郡、一邑，亦各有志。是知志者，世之大典，不可闕，亦不可略。不闕不略，凡沿革、廢置可得而識，山川、地理可得而考，風俗、物產可得而知，城郭、疆域、藩封、關隘、橋梁、軍壘、祠廟、學校、人物、貞烈、文獻、宦蹟，事事物物，亦可得而徵。"①對於胡汝礪編修的《寧夏新志》，王珣這樣評價："是志也，不傷煩，不傷簡，詳略適宜，去取攸當，開卷一覽，寧夏千百年已然之蹟，殆不出戶庭，瞭然於心目間。嗚呼！盛典也，嗣是而有作焉，推廣附益，使前有傳而後有繼，又不能無望於有道之君子。"②

《寧夏新志·目錄》採用二級標目法，共21大類75小類。由於傳世本非原刻，所以《目錄》標注的類目名稱與相對應的正文標注的類目名稱有出入，有些《目錄》中標注有類目名稱，正文中沒有具體內容，有的正文中有類目名稱，也有具體內容，但《目錄》中却沒有標注出來。具體來說，卷一《寧夏總鎮》下設《建置沿革》等53小類。《水利》，《目錄》標注出類目名稱了，正文有具體內容但沒有標目。《營堡》，《目錄》重複標注。《牧馬監苑》，正文中沒有具體內容，亦未標目。卷二包括《人物》等9大類，其中《人物》下設《宗室文學》《流寓》等11小類，正文中《恩例》《節婦》《直衛》等3小類類名在《目錄》中沒有標注。《宦蹟》下設《主將》《副將》等8小類，正文中《監槍內臣》下《東路參將》《西路參將》《東路協同》《西路協同》《欽依守備》等5小類類名《目錄》中沒有標注。卷三包括《靈州》等6大類，其中《靈州》下設《鹽池》《牧馬監苑》等2小類。《靈州》，正文標目作"靈州守禦千戶所"。《花馬池營》，正文標目作"寧夏後衛"。《興武營》，正文標目作"興武營守禦千戶所"。《平虜城》，《目錄》中未標出類目名稱。卷四《沿革考證》、卷五《赫連夏考證》、卷六《拓跋夏考證》，《目錄》標注的類目名稱與正文都相同。卷七《文章》，由於正文均亡佚，具體情況不可考。卷八《雜詠》，正文標目作"雜詠類"。

《凡例》共8條，主要介紹《寧夏新志》具體的編修方法。第一條，

---

① （明）胡汝礪：《弘治寧夏新志》，《天一閣藏明代方志選刊續編》第72冊，據明朝弘治刻本影印，上海書店1990年版，第127、130—131頁。

② 同上書，第133—134頁。

交代了《寧夏新志》是在對朱栴《寧夏志》進行"增補""考核"的基礎上編修而成。第二條,說明編修《寧夏新志》,在内容詳略上既要區别於《大明一統志》這樣的全國性志書"宜略而不詳"的特點,又要區别於《陝西志》這樣的一省之志"宜詳而不悉"的特點,指出:"《寧夏志》志一方也,故特加詳焉,見者幸勿誚其冗碎。"① 第三條至第八條是說明《寧夏新志》各類目編修的原則及取材特點。第三條,說明《寧夏新志》編修人物事蹟時當取材一手材料,以寫實爲主,不飾虛言,彊調:"事蹟若多涉於簿會,蓋志所以識其實也。凡關於國家、切於生民者所必志。若嫌於簿會,飾以虛文,是欺世之爲也,何以取信於人哉?"② 第四條,說明"分野"小類歸於"總鎮"大類,"屬城"小類因爲在其後會有詳細的内容,所以在"總鎮"部分"屬城"類目下只列屬城名,而没有具體内容,這主要是爲避免行文上的重複。第五條,說明"節孝"類人物事蹟取材"悉據正史及考諸遺編,徵諸耆宿,參諸公論,有遺志,無濫志也"③。第六條,說明編修"宦蹟"類材料,取材"在前代者據正史,在國朝者序其時之先後,而不遺其人,備參考也"。同時說明,"宦蹟"中涉及的人物有賢者,有未賢者,有賢而未純者,對於這些人物的褒貶,編修者不加主觀意見,"明哲者據志自見"。④ 第七條,說明卷二"屬城"類編修内容詳略取捨的原則。最後第八條,說明卷四、卷五、卷六共3卷"考證"的内容取材範圍"悉據經史及朱子《通鑒綱目》、本朝《續綱目》摘編"。⑤

《凡例》之後爲《引用書目》。本書目列舉編修《寧夏新志》所引42種文獻,基本按引書成書時代排序。按四庫分類法來分類,這些文獻包括:經部《書》類有《禹貢》(即《尚書·禹貢》)1種。史部紀傳體"正史"類有《漢書》《晉書》《隋書》《唐書》(即《舊唐書》)、《宋史》《金史》《遼史》《元史》8種;編年體史書有司馬温公《通鑒》(即《資治通鑒》)、朱子《通鑒綱目》(即朱熹《資治

---

① (明)胡汝礪:《弘治寧夏新志》,《天一閣藏明代方志選刊續編》第72册,據明朝弘治刻本影印,上海書店1990年版,第148頁。
② 同上書,第148—149頁。
③ 同上書,第149頁。
④ 同上書,第150頁。
⑤ 同上書,第151頁。

通鑒綱目》)、李燾《長編》(即《續資治通鑒長編》)、《通鑒續編》4種；地理類總志之屬有《輿地廣記》《方輿勝覽》《大明一統志》3種，都會郡縣之屬有《陝西志》《寧夏志》《夏國樞要》3種，河渠之屬有酈道元《水經》(即《水經注》)1種，職官類官制之屬《唐六典》《大明官制》2種，政書類通志之屬有《唐會要》《文獻通考》《皇明祖訓》《元經世大典》(亦名《皇朝經世大典》)4種。子部兵家類有《武經總要》1種，天文類有《清類天文》(即《國朝天文清類分野之書》)1種，雜家類有《夢溪筆談》《容齋三筆》《自警編》3種，小說家類有《桯史》1種，類書類有《山堂考索》(亦名《山堂先生群書考索》)1種。集部別集類有《范文正公文集》《夏城詩集》《凝真稿》《樗齋隨筆錄》《滄洲愚隱錄》《忍辱文集》6種，總集類有《文苑英華》《宋文鑒》《元文類》3種。

從《凡例》《引用書目》及前文所引王珣之序看，胡汝礪《弘治寧志》的編修參考了明朝慶靖王朱㮵《寧夏志》，但編修水平比朱㮵有了很大的提高。胡汝礪編修寧夏方志，能多方搜集資料，注意甄別其真偽，並儘量利用最原始的史料，如王珣所言："慨然考經史，參舊志，詢之稗官故老，采以金石之文、諸家之說。古今事有關於地方者，上而天文，下而地理，中而人物，收錄無遺。"① 胡汝礪修寧夏志，既考諸傳世文獻，又考諸金石文獻，既有典籍材料，還有口傳材料，這樣大範圍的取材和調查，都保證了志書的編修質量。胡汝礪引書時多引宋元文獻，就使他編選的史料更加可信。尤其像《夏國樞要》之類由宋人孫巽編著的西夏專書文獻，② 胡汝礪將其作為引用文獻，無疑會使《寧夏新志》史料價值更高。同時，胡汝礪還引明朝人著述，除朱㮵《寧夏志》外，還徵引《皇明祖訓》《大明官制》《陝西志》《大明一統志》《夏城詩集》《凝真稿》《樗齋隨筆錄》《滄洲愚隱錄》《忍辱文集》等，尤其是後5種集部文獻，由於原書皆已不傳，其價值更加突出。

---

① (明)王珣：《寧夏新志序》，載《弘治寧夏新志》，《天一閣藏明代方志選刊續編》第72冊，據明朝弘治刻本影印，上海書店1990年版，第129—130頁。

② 《夏國樞要》於明朝弘治之後佚失。詳見胡玉冰《傳統典籍中漢文西夏文獻研究》第一章第四節《宋代漢文西夏地理文獻》，中國社會科學出版社2007年版，第99—101頁。

《引用書目》後有兩幅地圖，第一幅圖題爲《寧夏城圖》，第二幅圖題爲《國朝混一寧夏境土之圖》。這兩幅地圖是寧夏專題地圖中成圖時間最早的，故而有重要的文獻研究價值。[1]《寧夏城圖》對於明朝弘治年間寧夏官府所在地圖繪得非常清楚，在圖中標注有慶王府、真寧王府等重要府第，按察司、帥府等重要官衙，三清觀、文廟、山川壇等重要宗教祭祀場所，馬營、草場等重要軍事場所也有標注。這些資訊對了解寧夏府城建築佈局有重要意義，同時也爲銀川古城重建提供了很直觀的一手材料。《國朝混一寧夏境土之圖》繪製較爲簡單，圖形符號主要包括表示山脈走向的山形符號、表示水系的雙實綫符號和表示城池所在地的正方形符號。圖中標注了黃河、金積渠、賀蘭山、金積山、韋州、鹽池等，這些地圖信息也爲了解明朝弘治時期寧夏地理提供了第一手材料。

兩幅地圖之後就是《寧夏新志》正文。卷一《寧夏總鎮》，主要記載寧夏自然地理、經濟地理、風土人情、名勝古蹟等內容。下設《建置沿革》《分野》《郡名》《形勝》《風俗》《界至》《山川》《城池》《藩封》《人品》《物產》《土貢》《田賦》《差役》《户口》《優贍》《寶印》《公署》《壇壝》《宮》《園》《軒》《樓閣》《亭》《齋館》《塢榭》《池沼》《莊所》《洲渚》《橋渡》《景致》《街坊》《市集》《倉庫》《驛鋪》《學校》《寺觀》《祠廟》《水利》《關隘》《斥候》《邊防》《屯戍》《屬城》《營堡》《牧馬監苑》《官吏》《軍馬》《禄俸》《軍餉》《輸運》《古蹟》《陵墓》等53小類。其中《藩封》下小字注"圖係附"。《分野》《形勝》《風俗》等3小類中注明引用的文獻包括：《唐天文志》（即《新唐書·天文志》）、《廣雅》《國朝天文清類分野》（即《國朝天文清類分野之書》）、《赫連夏京都頌》、舊志（具體書名不詳）、《宋史·夏國傳》《金史》"夏國贊"、新志（具體書名不詳）等。《城池》載："城池，元昊所居興州

---

[1] 傳世的明清輿圖中寧夏專題地圖數量不多，國家圖書館藏《寧夏鎮戰守圖略》《明代彩繪固原州輿圖》、臺灣"中研院"傅斯年圖書館藏《寧夏河渠圖》等與今寧夏直接相關，遼寧省大連市圖書館藏有清朝康熙、雍正、乾隆時期彩繪《甘肅圖繪》，意大利地理協會藏有彩繪《甘肅全鎮圖册》等也當圖繪有今寧夏轄境的地理信息。參見李孝聰《國立故宮博物院圖書文獻處藏清代輿圖的初步整理與認識》，《故宮學術季刊》2007年第1期，第151—178頁。寧夏舊志中附繪的寧夏專題地圖數量最多，筆者初步統計有160多幅。

故址也，週迴十八餘里，東西倍於南北，相傳以爲人形。"① 此條史料爲學者研究西夏都城興慶府的規模及佈局提供了綫索。

《藩封》引《皇明祖訓》，說明慶靖王朱㮵後世子孫命名時需要按祖訓規定取字，並且給出了20個取名用字，包括：秩、邃、寘、台、肅、倪、伸、帥、倬、奇、適、完、因、巨、衍、隙、眷、發、需、毘。《藩封》引文與《四庫》本《明會典》有異文："宗人府"，《四庫》本作"宗正院"；"至二十後"，《四庫》本作"至二十世後"。更重要的異文是慶藩命名用字："衍"，《四庫》本作"衎"；"隙"，《四庫》本作"隤"。據《明史》卷一〇〇《諸王世表》載："明太祖建藩，子孫世系預錫嘉名，以示傳世久遠。……洪武中，太祖以子孫蕃眾，命名慮有重複，乃於東宮、親王世系，各擬二十字，字爲一世。子孫初生，宗人府依世次立雙名，以上一字爲據，其下一字則取五行偏旁者，以火、土、金、水、木爲序，惟靖江王不拘。……慶府曰：秩邃寘台肅，倪伸帥倬奇，適完因巨衎，隤眷發需毘。"② 故知，天一閣藏《弘治寧志》載慶王後世子孫取字有誤，"衍"當作"衎"，"隙"當作"隤"。

《藩封》後附《慶藩宗係之圖》，用綫圖的方式繪列出慶藩子孫中名字上字爲"秩""邃""寘""台"的後代共42人。其中"秩"字輩6人，有2人史失其名；"邃"字輩9人，有2人史失其名；"寘"字輩人數最多，有16人，其中安化王寘鐇因其於正德五年（1510）謀反被誅，故其名下小注"除名"；"台"字輩11人。由於受到雕版版面所限，綫條繁多，有的世系關係指示不明。

《人品》依次列舉出宗藩、鎮巡三司、學校出身、王府官、府衛官、儒釋道、女德、庶民、武列、書辦、供役、商販、匠作、賤役、賤女等15類。值得注意的是，"庶民"中列有"回回"，說明明朝弘治時期寧夏已有回族生活的事實。匠作中列有"刊字人"，說明弘治時期寧夏有活字印書的事實。

---

① （明）胡汝礪：《弘治寧夏新志》，《天一閣藏明代方志選刊續編》第72冊，據明朝弘治刻本影印，上海書店1990年版，第168頁。按：關於西夏都城興慶府的規模及佈局，眾說紛紜，參見王天順主編《西夏地理研究》第七章《興慶府地理》第三節《興慶府的規模與"人形"佈局》，甘肅文化出版社2002年版，第146—156頁；汪一鳴：《寧夏人地關係演化研究》第四篇《寧夏首府銀川城的建設和演化》，寧夏人民出版社2005年版，第285—404頁。

② （清）張廷玉等：《明史》第9冊，中華書局1974年版，第2503—2504頁。

《物產》包括貨類、穀類、花類、果類、木類、瓜葉類、藥類、畜獸類、禽類、介類、蟲類等11類。《優贍》載有"女户之家全免雜差"的規定，説明當時對於家無男丁者的照顧。《公署》列舉寧夏府城内各主要官衙機構的名稱及地理位置，如"帥府，德勝門内大街西。總兵官宅，帥府東。"其他《壇壝》《園》《軒》《樓閣》《亭》《齋館》《塢樹》《池沼》《莊所》《洲渚》《橋渡》《市集》《倉庫》《寺觀》《祠廟》等也都對於名稱及所處地理方位進行介紹，這些都可以與正文前所附《寧夏城圖》相比對。值得注意的是，《市集》記載在遵化坊有專門的"羊肉市"，説明寧夏不僅盛產羊肉，而且由於回族肉食以牛羊肉爲主，故當時回族很可能也聚集於遵化坊附近。《寺觀》記載在寧静寺北有"回紇禮拜寺"，説明當地回族人口可能已有相當的規模了，因爲宗教功修的需要，才修建了專門的禮拜場所。

《古蹟·西寶塔》載："在承天寺内，偽夏所建，一十三級，有殘碑可考。"[1]（乾隆）《寧夏府志》卷十八録明朝杭泰《承天寺塔倒影説》亦曰塔高十三級。《嘉靖寧志》卷二《寺觀·承天寺》載："在光化門内東北，夏諒祚所建。洪武初，一塔獨存。慶靖王重修之，增創殿宇。懷王增昆盧閣。"[2] 文後又録楊守禮、高翀、陶希皋等人《遊寺詩》3首，並録漢文《夏國皇太后新建承天寺瘞佛頂骨舍利軌》《大夏國葬舍利碣銘》各1篇，文後附凝真（慶靖王朱㮵之號）考證語。據考證，西寶塔於清乾隆三年十一月二十四日（1739年1月3日）全毁於大地震，現立於銀川市承天寺内之塔即西寶塔，爲嘉慶二十五年（1820）重建，是一座八角11層密檐式磚塔。據明人所記，明初承天寺塔原高可能爲13層。

卷二包括《人物》《宦蹟》《朝使》《俘捷》《祥異》《仙釋》《鄉飲》《祭祀》《經籍》等9大類，其中《人物》下設《宗室文學》《流寓》《科目》《監生》《恩例》《恩封》《武階》《孝行》《忠節》《烈婦》《孝婦》《義民》等12小類，《宦蹟》下設《主將》《副將》《鎮守内臣》《巡撫》《遊擊將軍》《督儲》《監槍内臣》《都指揮》等8小類。本卷缺第1、第

---

[1] （明）胡汝礪：《弘治寧夏新志》，《天一閣藏明代方志選刊續編》第72册，據明朝弘治刻本影印，上海書店1990年版，第244頁。

[2] （明）管律：《嘉靖寧夏新志》，陳明猷校勘，寧夏人民出版社1982年版，第152頁。按：標點未盡從校勘本。

2 兩頁，據本志《目錄》及《嘉靖寧志》，所缺部分當爲《人物》類，隋至宋代與寧夏相關的歷史人物均缺，元代部分殘存高睿、李恒等人物事蹟。除胡汝礪本人入《人物》之外，其祖父、父母及兩兄弟也都入《人物》類。在《人物·科目》類錄胡汝礪之弟胡汝楫，《人物·恩例》類錄有胡汝礪之弟胡汝翼，《人物·恩封》類錄胡汝礪之祖父胡雄、父胡璉，《人物·孝婦》類錄有胡汝礪之母、胡璉之妻陳氏。在《祥異》中，還錄有成化二十二年（丙午年，1486）其父胡璉家發生的"黑豬變白"之事，而胡汝礪正是於丙午年中鄉試，次年即丁未年（1487）又中登進士科。將其家人和其家發生的富有神異色彩的事情都入志書中，很微妙地反映出了胡汝礪編纂志書的某種心態。當然，這些內容也許是後人在補版時輯入的。

卷二《經籍》著錄文獻名時多用省稱，分類方式也比較特殊，按文獻的版本將其分爲四大類：第一類爲"無板，俱江南所貨者"，包括《易》《書》《詩》《春秋》《禮記》5種；第二類爲"有板，俱在慶府內"者，包括崔豹《古今注》1冊、《三元延壽書》2冊、《壽親養老書》4冊、《飲膳正要》1冊、毛晃《增注禮部韻》5冊、《文章類選》21冊、《樗齋隨筆錄》6冊、《滄洲愚隱錄》4冊、《忍辱文集》2冊、《夏城詩集》1冊、《寧夏志》1冊、《集句閨情》1冊；第三類爲"無板，在慶府內"者，包括《文苑英華》105冊；第四類爲"有板，俱在憲司內"者，包括《悟真篇》3冊、《參同契》1冊、《陶淵明詩集》2冊、《詩林廣記》9冊、《忍書》1冊、《筆籌》1冊。共著錄24種文獻，慶王府藏13種154冊，憲司藏6種17冊。

關於慶府刻書情況，周弘祖《古今書刻》上編共著錄了13種文獻，包括《文章類選》《飲膳正要》《增廣唐詩》《養生雜纂》《陶淵明集》《毛晃韻》《參同契》《悟真篇》《麗景園記》《文苑英華》《唐詩鼓吹》《唐詩古今注》《詩林廣記》等。[1] 其中《毛晃韻》即《弘治寧志》著錄的毛晃《增注禮部韻》，《陶淵明集》即《弘治寧志》著錄的《陶淵明詩集》。另外，《增廣唐詩》《養生雜纂》《麗景園記》《唐詩鼓吹》《唐詩古今注》5種慶府刻書僅見《古今書刻》有著錄。《古今書刻》爲研究慶藩刻書情況提供了很好的研究資料。

―――――――――

[1] （明）周弘祖：《古今書刻》，上海古籍出版社2005年版，第382頁。

從文獻內容、編纂者看，這些在寧夏境內傳世的文獻基本可分爲4大類。第一大類爲"士子所習"的經部文獻，包括《易》《書》《詩》《春秋》《禮記》《增注禮部韻》（即《增修互注禮部韻略》的省稱）6種。前5種即儒家經典中的"五經"，它們是參加科擧考試的士人必須研讀的經典，所以自然在寧夏境內也廣爲流傳。寧夏流傳的這幾種經典的版本情況是："無板，俱江南所貨者。"① 也就是說，寧夏流傳的"五經"非當地雕版印刷的，全部都購自南方。這反映了江南地區刻書事業的發達，同時，連讀書人常用的典籍都要自南方購買，這也說明寧夏刻書事業是遠遠落後於南方的。《增注禮部韻》是解讀儒家經書時要參考使用的重要韻書，《四庫全書總目》卷四二《經部·小學類》載："《增修互注禮部韻略》五卷，宋毛晃增注，其子居正校勘重增。諸家所稱《增韻》，即此書也。"②

第二大類爲與修生養性有關的子部雜家、道家、醫家文獻。如《古今注》，舊本題晉崔豹撰。按四庫分類法，屬子部雜家雜考事之屬。《世說新語》卷上《言語》"崔正熊詣都郡"事，劉孝標注曰："《晉百官名》曰：崔豹，字正熊，燕國人，惠帝時官至太傅丞。"③ 此書三卷，卷上包括《輿服》《都邑》，卷中包括《音樂》《鳥獸》《魚蟲》，卷下包括《草木》《雜注》《問答釋義》。它對我們了解古人對自然界的認識、古代典章制度和習俗，有一定幫助。《三元延壽書》即元朝李鵬飛撰《三元參贊延壽書》（一作《三元延壽參贊書》）的省稱。《四庫全書總目》卷一四七《子部·道家類存目》載："《三元參贊延壽書》五卷，元李鵬飛撰。鵬飛，至元間人，自稱九華澄心老人，所言皆攝生之事。凡節嗜欲、慎飲食、神儒導引之法、俚俗陰陽之忌、因果報應之說，無不悉載。其說頗爲

---

① （明）胡汝礪：《弘治寧夏新志》，《天一閣藏明代方志選刊續編》第72冊，據明朝弘治刻本影印，上海書店1990年版，第319頁。
② （清）永瑢等：《四庫全書總目》，中華書局1965年版，第361頁。
③ 楊勇校箋：《世說新語校箋》（修訂本），（南朝宋）劉義慶撰，（梁）劉孝標注，中華書局2006年版，第78頁。按：崔豹之字與職官名史書記載有異。《四庫全書總目》卷一一八《古今注》提要載："考劉孝標《世說》注，載豹字正能，晉惠帝時官至太傅。馬縞稱爲正熊。能、熊二字相近，蓋有一誤。"考《世說新語》今傳諸本，劉孝標注作"字正熊"而非"字正能"，蓋四庫館臣所考有誤。太傅丞，楊勇校箋稱宋本作"太傅丞"，但據清人李慈銘《越縵堂讀書簡端記》（王利器纂輯本）改作"太僕丞"。

叢雜，要其指歸，則道家流也。前有自序，亦稱得之飛來峯下道士云。"①
該書卷一《人說》及《天元之壽精氣不耗者得之》，卷二《地元之壽起居有常者得之》，卷三《人元之壽飲食有度者得之》，卷四《神僊救世却老還童真訣》，卷五《神僊警世》，卷末附有《陰德延壽論》《函三爲一圖歌》。本書載調攝修養以袪疾延年之說及諸家養生要語皆有一定參考價值。《壽親養老書》即《壽親養老新書》的省稱，《四庫全書》將其書收入子部醫家類。《四庫全書總目》卷一〇三《子部·醫家類》載："《壽親養老新書》四卷，第一卷爲宋陳直撰，本名《養老奉親書》，第二卷以後則元大德中泰寧鄒鉉所續增，與直書合爲一編，更題今名。……然徵引方藥，類多奇秘，於高年頤養之法，不無小補，固爲人子所宜究心也。"②該書主要關注的是老年人養生問題，舉凡老年人的衣、食、住、行、性情、娛樂、防病、用藥、禁忌等各方面内容均有涉及。《飲膳正要》3卷，元朝忽思慧撰，該書記載藥膳方和食療方非常豐富，特别注重闡述各種飲撰的性味與滋補作用，並有妊娠食忌、乳母食忌、飲酒避忌等内容，是我國現存第一部完整的飲食衛生和食療專書，也是一部頗有價值的古代食譜。《悟真篇》是道教内丹丹法之經典，北宋張伯端撰，成書於熙寧八年（1075），以詩詞歌頌形式闡發内丹丹法，分正編（詩詞93首）和附録（歌頌詩曲雜言32首）兩部分。《悟真篇》之丹法總結宋以前内丹之理論及方術，對後來金丹派影響很大，爲歷代道士所推崇。《悟真篇注疏》（宋翁葆光注，元戴起宗疏）是其重要的注本。《參同契》即《周易參同契》的省稱，相傳爲東漢魏伯陽著，3卷，是道教内丹氣功重要經典，被譽爲"萬古丹經之王"。由於文辭艱深難懂，歷代注家甚多，多已佚失。宋朱熹《周易參同契考異》1卷等有傳。《忍書》（一作《忍經》）是比較特殊的一類文獻。元成宗大德十年（1306），杭州人吳亮彙集歷代名人有關"忍"的言論和歷史上隱忍謙讓、忠厚寬恕的人物、事例彙編而成《忍書》一書，共計156條。《筆疇》（一作《筆籌》）2卷，明朝王達撰，"是書多抑鬱憤世之談。前有題詞，稱遠居塞外，蓋官大同時作也"。③

  第三大類爲文學文獻。如《文苑英華》《陶淵明詩集》《詩林廣記》。

---

① （清）永瑢等：《四庫全書總目》，中華書局1965年版，第1261頁。
② 同上書，第861頁。
③ 同上書，第1067頁。

《文苑英華》是文學總集，宋李昉等編，宋朝四大書之一，1000卷，錄唐五代以前詩文近兩萬篇。陶淵明是東晉著名詩人，其詩集《陶淵明詩集》在寧夏亦有傳，足見其影響深遠。《詩林廣記》是集部詩文評類文獻，有前集10卷、後集10卷，宋蔡正孫編。

第四大類爲寧夏鄉邦文獻。《經籍》著錄的《文章類選》21册、《樗齋隨筆錄》6册、《滄洲愚隱錄》4册、《忍辱文集》2册、《夏城詩集》1册、《寧夏志》1册、《集句閨情》1册等7種36册，均爲慶王府所刻："有板，俱在慶府内。"① 據《弘治寧志》卷二《國朝宗室文學》載，慶靖王朱㮮"長於詩文，所著有《寧夏志》二卷、《凝真稿》十八卷、《集句閨情》一卷"。② 安塞宣靖王朱秩炅"苦於問學，從事几案日久，胸起頑肉。通五經子史，愛接賓客。傾懷忘勢，至有契合者，留之書齋，歡洽連句。不釋後宫之色，淡然不爲有無，竟乏嗣，薨，才四十七。所著有《滄洲愚隱錄》六卷、《樗齋隨筆錄》二十卷。"③ 據《千頃堂書目》卷三一、《明史》卷九九《藝文志·集部·總集》《四庫全書總目》卷一九一《總集類存目》等載，慶靖王朱㮮編有《文章類選》40卷。《忍辱文集》《夏城詩集》著者名不詳。但據《弘治寧志》著錄文獻的特點看，這兩種文獻亦當爲朱㮮或朱秩炅所作。《弘治寧志》於普通人物事蹟的叙述中僅有一次提及其具體的著述名稱，在卷二《恩封》"胡璉"條提及其著有《槐堂禮俗》3卷、《耕隱集》5卷。胡璉乃胡汝礪之父，在志書中提及乃父著述，可能是出於私心，但也爲我們了解寧夏人著述提供了難得的史料。

綜合來看，卷二《經籍》部分具有多方面的研究價值。第一，爲我們了解明朝弘治時期寧夏文獻典籍流傳及版本情況提供一手材料。第二，爲了解寧夏歷史人物著述提供了一手材料。第三，爲研究明朝藩府刻書提供了補充材料。

卷三主要記載靈州、韋州、花馬池營、興武營、寧夏中衛、廣武營等6處州營沿革、界至、户口、賦役、公署、人物、宦蹟等。《靈州·古蹟》

---

① （明）胡汝礪：《弘治寧夏新志》，《天一閣藏明代方志選刊續編》第72册，據明朝弘治刻本影印，上海書店1990年版，第319頁。
② 同上書，第253頁。
③ 同上書，第253—254頁。

記有"漢御史尚書光禄三渠",此襲朱㮮之誤,衍"光禄"二字。胡汝礪編纂《弘治寧志》時主要參考了慶靖王朱㮮的《寧夏志》,朱㮮失考之處,胡汝礪亦有沿襲。

《弘治寧志》共有3卷《考證》,《凡例》曰:"沿革、赫連、拓跋三考證,悉據經史及朱子《通鑒綱目》、本朝《續綱目》摘編。然事有賓主,文非一事,則固不能免乎僭爲去取之罪。"① 卷四《沿革考證》,主要對寧夏元朝以前的歷史進行簡單梳理。卷五《赫連夏考證》,主要對赫連勃勃建立之大夏國興亡歷史進行簡單梳理,末附胡汝礪史論。卷六《拓跋夏考證》對於研究明朝漢文西夏文獻而言有重要價值。

《拓跋夏考證》實際上就是西夏簡史,内容分四大部分。第一部分爲西夏歷史概説,從拓跋赤辭歸唐叙起,迄於末主睍被元主縶歸,介紹了西夏立國前後22位重要人物的生平事蹟,重點介紹了夏太祖繼遷開基後夏國12位國主的事蹟。叙事非常簡練,綫條清晰,不枝不蔓。在叙事中還引《文獻通考》等文獻對史料略加考證。第二部分,採用編年體的方式,順叙西夏歷史上比較重要的大事。叙事起自"唐太宗文武皇帝貞觀三年冬閏十二月,党項别部拓跋赤辭降"。② 迄於宋理宗寶慶"三年夏六月,蒙古鐵木真滅夏,以夏主睍歸"。③ 這是《拓跋夏考證》中内容最爲豐富的部分,史料價值也最高,可以説是對第一部分内容作更爲詳盡的拓展叙述。第三部分是9則遺事,胡汝礪從《宋史·孫甫傳》《容齋三筆》《桯史》《夢溪筆談》和《自警編》等文獻中輯録與西夏有關的史料。這部分内容可以説是第一、第二部分西夏史的很好的補充史料。第四部分内容是胡汝礪的"論曰",即他的史論部分。胡汝礪在史論中對西夏歷代國主的治國思想及特點進行了簡短的概述性的評價,並申明,自己撰寫《拓跋夏考證》,不是想"哀多逞富",不是"好異",他的目的是希望當權者能通過對西夏歷史的了解,從中吸取歷史經驗,從而充分認識到西北邊陲特别是寧夏對於維護國家統一、保證國家安全具有的重要戰略意義。關於這一點,管律在(嘉靖)《寧夏新志·拓跋夏考證》胡汝礪《論曰》之後

---

① (明)胡汝礪:《弘治寧夏新志》,《天一閣藏明代方志選刊續編》第72册,據明朝弘治刻本影印,上海書店1990年版,第151頁。
② 同上書,第479頁。
③ 同上書,第557頁。

所加的評論中已經揭示出來，他說："寧夏之爲邊，襟喉秦雍，扼塞京師，顧豈輕於斷匈奴之臂者。視延綏負山澗之險阻，又且不侔。苟或任匪其人，使民業不安，兵力不振，一旦失守，其能弭中原之禍哉？閱茲已徃之蹟，用注將來之思，庶幾保厥盛而不墮，則億載可一時矣！此吾竹山之隱意，孰謂其好異也歟？"①

《弘治寧志》引用他書資料主要以節錄爲主，部分内容非節錄，以概述爲主。以卷六《拓跋夏考證》引《夢溪筆談》爲例，《弘治寧志》共引4則《夢溪筆談》所記與西夏有關的史料。分析引文可以看出，這部分史料基本上爲原文節錄，個別語句則爲引用者的概述之語，轉引時出現了脫、訛、衍、倒等文字錯誤。胡汝礪未對引用材料進行考辨，故引用時沿襲了原材料中存在的錯誤。管律重修《寧夏新志》時亦未及明辨，遂以訛傳訛了。②

卷七《文章》，由於正文均亡佚，具體情況不可考。

卷八《雜詠》，正文標目作《雜詠類》，錄詩詞文共207篇。錄唐、宋、元、明四朝與寧夏有關的詩歌共191首，其中唐詩7首，宋詩2首，元詩1首，明詩181首。明詩中朱栴詩14首，朱秩炅詩15首，馮清詩46首，3人詩歌占全部詩歌數量的41%，馮清一人詩歌數量就占全部詩歌數量的四分之一。錄詞13首，其中凝真（即朱栴）7首，樗齋（即朱秩炅）2首，馮清4首。錄文3篇，文題分別是《諭祭總兵官張泰文》《賜祭慶莊王文》《諭祭都指揮僉事李睿文》。其中第3篇原缺文題，筆者據文例擬寫。卷八之後爲胡汝礪《〈寧夏新志〉後序》。

六　文獻價值

胡汝礪編《弘治寧志》在傳世的寧夏志書中成書時間僅次於朱栴《寧夏志》，從編纂體例看，遠比《寧夏志》規範、成熟。從志書內容上看，也遠豐富於《寧夏志》。特別值得一提的是，胡汝礪採用編年體這種最古老的史書編纂形式來編寫西夏專史，以時間爲中心，按年月順序編排西夏史事，比較容易反映出西夏同一時期各個歷史事件之間的聯繫，這就

---

① （明）管律：《嘉靖寧夏新志》，陳明猷校勘，寧夏人民出版社1982年版，第353頁。
② 詳見胡玉冰《寧夏地方志研究》第二章第三節，中國社會科學出版社2012年版。

增彊了史料編輯的系統性。但這種編年體編纂方式也有不足。在編選史料時，只以政治、軍事爲主要記叙内容，而對西夏的禮儀、職官、刑罰、食貨、地理等典章制度、經濟文化方面的内容很少顧及，這就不能全面反映西夏歷史的各個層面。另外，記載一事，往往散見數年間，讀者很難一下子就弄清事情發生的來龍去脈及其前因後果。這些不足都影響了《弘治新志·拓跋夏考證》的史料價值。但我們不應對古人求全責備，不管怎麽說，胡汝礪繼承並發揚朱栴首開明人編寫西夏專史之風的功績還是應值得肯定的。同時，他對其後編修寧夏志書者的影響也是很明顯的。嘉靖十九年（1540）八月，在寧夏巡撫楊守禮的督請下，管律重修、孟霦重校之《寧夏新志》完稿，並正式刊印行世，此志正是在胡汝礪《弘治寧志》的基礎上進行重修的。

　　清人汪繹辰於乾隆二十年（1755）編修完成《銀川小志》初稿一卷，其《竊據》由3部分内容組成，内容全部襲自《弘治寧志》。由此也可見胡汝礪影響之一斑。另外，汪繹辰在《銀川小志》中輯録《弘治寧志》，增加了新的訛誤，利用時要注意辨明其材料來源及真僞。[①]

[①] 詳見胡玉冰《寧夏地方志研究》第三章第一節，中國社會科學出版社2012年版。

校注說明

一　本書主要以標點、校勘、注釋等方式對（弘治）《寧夏新志》進行整理，以上海書店1990年版《天一閣藏明代方志選刊續編》影印本为底本，以明萬曆二十九年（1601）重刻本（正統）《寧夏志》（日本國立國會圖書館藏）、上海古籍書店1961年版《天一閣藏明代方志選刊》影印（嘉靖）《宁夏新志》等爲對校本，部分整理成果參考寧夏人民出版社2010年版范宗興箋證《弘治寧夏新志》。

二　整理成果以繁體橫排形式出版。校勘和注釋條目均以當頁脚注形式注明，用圈碼①②③之類排序，圈碼均放在表示停頓的標點之後。正文或脚注中以"□"符号表示原本漫漶不清或破損的文字，一個"□"符號代表一個字；原本缺漏內容較多者脚註說明，並以"……"符號標明；正文中以"〔　〕"符號括注的文字，均係整理者增加；"■"符號爲原書墨丁。

三以"〔校〕"字樣當頁脚注校勘成果。校勘以校異文爲主，酌校內容異同。因用字習慣不同而出現人名、地名、族名等同名異寫現象，均出校說明。底本或對校本中存在明顯的誤、脫、衍、倒等現象，於正文中校改後出校說明。雖有異文但意可兩通者，不改正文，僅在校記中說明。除特殊需要外，校本有誤，一般不出校。

四　《寧夏新志》在刊刻時明顯誤刻之字，如"己""巳"誤作"已""戊""戌"誤作"戍"，"母"誤作"毋"等，校勘時徑改，不一一出校說明。"飢渴""飢寒""飢餓"等詞語之"飢"誤作"饑"，"征伐"之"征"誤作"徵"，年號用字"祐"誤作"佑"，等等，皆徑改，不一一出校。

五　底本用字中存在的異體字、俗體字、通假字、古今字等現象，如"敕勅勑""疋匹""鷄雞""勗勖""館舘""煙烟"之类，一律不出校說明其字形相異。某些不規範的異體字、俗體字、古今字等，或前後用字不一者，均按出版要求適當統改成規範、統一的字體，不出校記。《寧夏新志》轉引他書文字內容，引文若與該書通行版本文字不同，除引文確實有誤，如誤錄人名、地名、時間等需要出校說明外，凡不影響文意理解者一般不改動引文。

六　當頁腳注徑出注釋條目。注釋內容主要包括：原文易致惑者（如文獻簡稱或省稱、干支紀年等）、原文提及的詩文或史料出處、原文體例中資料互見者、整理者對輯補史料的出處說明和整理者的補充文字等。

七　腳注中，凡言"本志"者，均指（弘治）《寧夏新志》。凡言"本志書例"者，均指《寧夏新志》編修體例。徵引文獻之版本，凡"中華書局點校本"簡稱"中華本"，"文淵閣《四庫全書》本"簡稱"《四庫》本"。書名較長者沿用習慣簡稱，具體簡稱參見《參考文獻》。

八　腳注中，凡引古代文獻，均只注明書名、卷次、篇名等，其作者、版本等詳見《參考文獻・古代文獻》。凡引現當代文獻，均只注明作者、書名或論文篇名、頁碼等，其出版社、刊物名、發表時間等詳見《參考文獻・現當代文獻》。若被引用古代文獻已有整理成果，一般直接吸收其合理意見，不再重複敘述校注理由，注明"參見××"字樣。注明引文出處、他校資料或他人校勘、考證成果，亦注明"參見××"字樣。

九　《參考文獻》分《古代文獻》和《現當代文獻》分別著錄。其中，《古代文獻》分陝甘寧舊志、經部、史部、子部、集部等五類著錄，《現當代文獻》分著作、論文兩類著錄。

寧夏新志序

志書，一方之史也，所以備紀載、便歷覽，使人得以觀感於前而興起於後，關係攸大，豈曰小補之哉？寧夏當陝右西北三邊其一重鎮也，遠在河外，本古戎夷之地，歷代來叛服不常，入我聖朝，混一寰宇，尺天寸土，盡歸職方。兵燹之後，圖志無可考者。宣德中，藩府慶靖王問學宏深，好古博雅，創編寧夏一志，到今七十餘年，事多不悉。蓋前無所傳，後無所繼故耳。弘治己未，[①] 予奉命巡撫是方。經理邊備之餘，考古遺蹟，漫無足徵，病之，恒歎以爲缺典。會鎮人地官郎中胡公良弼丁外艱家居，乃託之重爲纂脩。胡公博學多識，慨然考經史，叅舊志，詢之稗官故老，采以金石之文、諸家之說，古今事有關於地方者，上而天文，下而地理，中而人物，收錄無遺，不逾年而成書，爲類若干，爲目若干，釐爲若干卷，用心勤且勞矣。

予惟圖經其來也遠，《周禮》有《職方圖》，[②] 漢有《郡國志》，[③] 唐有《十道圖》，[④] 宋有《九域志》肆，[⑤] 惟我朝有《大明一統志》，[⑥] 至於一省、一郡、一邑，亦各有志。是知志者，世之大典，不可闕，亦不可畧。不闕不畧，凡沿革、廢置可得而識，山川、地理可得而考，風俗、物

---

① 弘治己未：明孝宗朱祐樘弘治十二年（1499）。
② 《周禮》卷三三："職方氏掌天下之圖，以掌天下之地，辨其邦國、都鄙、四夷、八蠻、七閩、九貉、五戎、六狄之人民與其財用、九穀、六畜之數，要周知其利害。"
③ 《後漢書·志》十九至二十三爲《郡國志》。
④ 《直齋書錄解題》卷八載："唐《十道圖》一卷，唐宰相趙郡李吉甫宏憲撰。首載州縣總數、文武官員數、俸料。唐志云'十卷'，今不分卷。"《新唐書》卷五八《藝文志》著錄李吉甫《元和郡縣圖誌》54卷，又《十道圖》10卷。另，《新唐書》卷五八《藝文志》\《舊唐書》卷四六《經籍志》著錄有《長安四年十道圖》13卷，《開元三年十道圖》10卷。
⑤ 九域志：指宋朝王存等撰《元豐九域志》，共10卷。
⑥ 大明一統志：指明朝李賢等撰《大明一統志》，共90卷。

產可得而知，城郭、疆域、藩封、關隘、橋梁、軍壘、祠廟、學校、人物、貞烈、文獻、宦蹟，事事物物，亦可得而徵。且寧夏地方千里，有中路，有東路，有西路，雖古夷域，亦實雍州之地。然自秦歷漢逮唐，郡國其地舊矣。左黃河，右賀蘭，山川形勝，魚鹽水利，在在有之。人生其間，豪傑挺出，後先相望者濟濟，況今靈州之建，靖虜渠之開，利邊亦博且遠矣。誠今昔勝槩之地，塞北一小江南也。圖志之作豈可少哉？是志也，不傷煩，不傷簡，詳畧適宜，去取攸當。開卷一覽，寧夏千百年已然之迹，殆不出户庭，瞭然於心目間。嗚呼！盛典也。嗣是而有作焉，推廣附益，使前有傳而後有繼，又不能無望於有道之君子。

弘治十四年辛酉，夏四月吉旦，賜進士第、通議大夫、都察院右副都御史、曹南王珣識。

目　錄

卷第一
　寧夏總鎮
　　建置沿革
　　分野
　　郡名
　　形勝
　　風俗
　　界至
　　山川
　　城池
　　藩封　　附系圖
　　人品
　　物產
　　土貢
　　田賦
　　差役
　　戶口
　　優贍
　　寶印
　　公署
　　壇壝
　　宮
　　園
　　軒

樓	閣
亭	館
齋	榭
塢	沼
池	所
莊	渚
洲	渡
橋	致
景	坊
街	集
市	庫
倉	鋪
驛	校
學	觀
寺	廟
祠	利
水	監
關	候
斥	防
邊	戍
屯	城
屬	堡①
營	吏
官	馬
軍	俸
祿	餉
軍	運
輸	
古	蹟

---

① [校]營堡：此類目下原有"牧馬監苑"、"營堡"二目，本志卷一正文中無"牧馬監苑"類目及內容，"營堡"類目屬重出，皆據以刪。

陵墓

卷第二
人物
　　宗室文學
　　流寓
　　科目
　　監生
　　恩封
　　武階
　　孝行
　　忠節
　　烈婦
　　孝婦
　　義民
宦蹟
　　主將
　　副將
　　鎮守內臣
　　巡撫
　　遊擊將軍
　　督儲
　　監槍內臣
　　都指揮
朝使
俘捷
祥異
僊釋
鄉飲
祭祀
經籍

卷第三
 靈州①
  鹽池
  牧馬監苑
 韋州
  花馬池營②
  興武營③
  寧夏中衛
  廣武營
卷第四
 沿革考證
卷第五
 赫連夏考證
卷第六
 拓跋夏考證
卷第七
 文章
卷第八
 雜詠

目錄終

---

① ［校］靈州：本志正文類目標題作"靈州守禦千户所"。
② ［校］花馬池營：本志正文類目標題作"寧夏後衛"。
③ ［校］興武營：本志正文類目標題作"興武營守禦千户所"。

凡　例

　　一，《寧夏志》板行已久，① 然作於宣德初年，其事蹟簡畧，必有待於今日增補也。但考核不敢以不嚴，去取不敢以不公，於舊志，則固不能無功罪於其間矣。

　　一，仰覿《大明一統志》及《陝西志》，② 固皆盡善盡美。然志一統者，宜畧而不詳；志一省者，宜詳而不悉。今《寧夏志》，志一方也，故特加詳焉，見者幸勿誚其冗碎。

　　一，事蹟若多涉於簿會，蓋志所以識其實也。凡關於國家，切於生民者所必志。若嫌於簿會，飾以虛文，是欺世之爲也，何以取信於人哉？有志於邊事者觀此，未必無小補云。

　　一，分野具總鎮，屬城不重志。

　　一，節、孝悉據正史及考諸遺編、徵諸耆宿、叅諸公論，有遺志，無濫志也。

　　一，宦蹟在前代者據正史，在國朝者序其時之先後而不遺其人，備叅考也。然有賢者，有未賢者，有賢而未純者。賢者固不敢没其賢，未賢與未純者，居鄉而非其大夫，尤所不敢也。明哲者，據志自見。

　　一，屬城有衙門者大書，無衙門者畧書之。其小者，但書其名爾。

　　一，沿革、赫連、拓跋三《考證》，悉據經史及朱子《通鑑綱目》、③本朝《續綱目》摘編。④ 然事有實主，文非一事，則固不能免乎僭爲去取之罪。

---

　① 寧夏志：指明朝朱栴撰《寧夏志》，共 2 卷。
　② 陝西志：《千頃堂書目》卷六《地理志上》載，明朝成化十一年（1475）伍福編修《陝西通志》35 卷，今佚。本志所謂《陝西志》或即此志。
　③ 朱子通鑑綱目：指宋朝朱熹、趙師淵撰《資治通鑑綱目》，共 59 卷。
　④ 本朝續綱目：指明朝商輅撰《續資治通鑑綱目》，共 27 卷。

引用書目

　　《禹貢》，《漢書》，《晉書》，《隋書》，《唐書》，[1]《唐會要》，《唐六典》，酈道元《水經》，[2] 司馬溫公《通鑑》，[3]《通鑑續編》，朱子《通鑑綱目》，《輿地廣記》，《宋史》，《遼史》，《金史》，《自警編》，《武經總要》，《容齋三筆》，《宋文鑑》，《夏國樞要》，《范文正公文集》，《山堂考索》，李燾《長編》，[4]《夢溪筆談》，《桯史》，《文苑英華》，《文獻通考》，《元史》，《元文類》，《元經世大典》，《清類天文》，[5]《方輿勝覽》，《皇明祖訓》，《寧夏志》，《大明官制》，《陝西志》，《大明一統志》，《夏城詩集》，《凝真稿》，《樗齋隨筆錄》，《滄洲愚隱錄》，《忍辱文集》。

---

[1] 唐書：指宋朝歐陽修、宋祁撰《新唐書》，共225卷。
[2] 酈道元水經：指魏朝酈道元撰《水經注》，共40卷。
[3] 司馬溫公通鑑：指宋朝司馬光撰《資治通鑑》，共294卷。
[4] 長編：指宋朝李燾撰《續資治通鑑長編》，原本980卷，今存520卷。
[5] 清類天文：指明朝劉基等撰《大明清類天文分野之書》，又名《國朝清類天文分野之書》，共24卷。

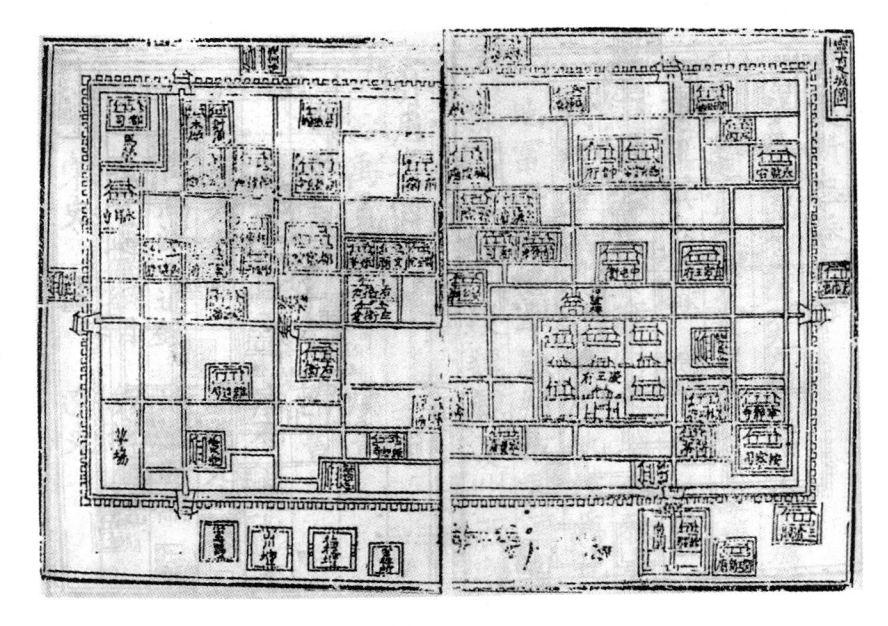

〔寧夏城圖〕

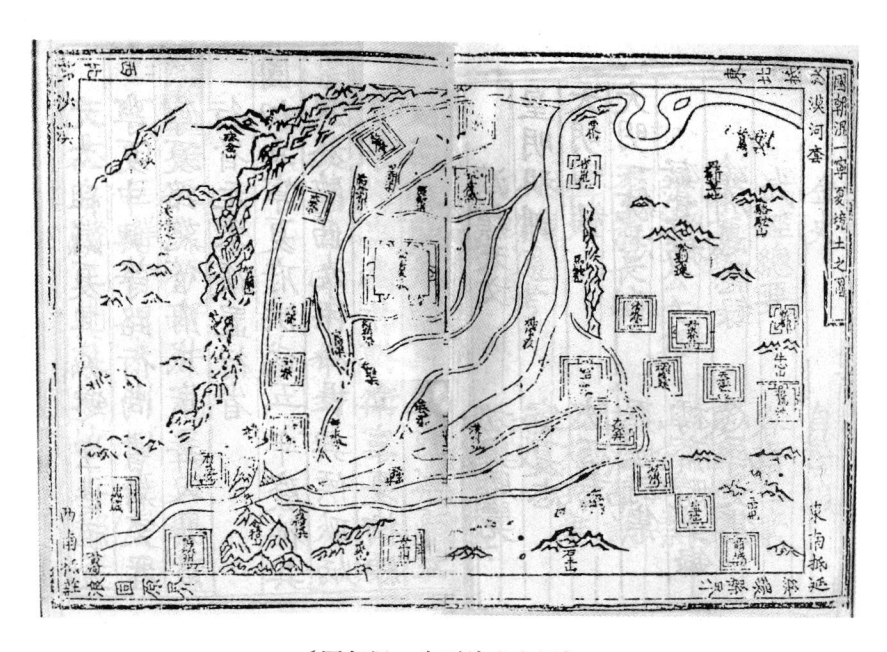

〔國朝混一寧夏境土之圖〕

寧夏新志卷之一

賜進士出身、奉議大夫、户部郎中、鎮人胡汝礪　編
賜進士出身、奉政大夫、陝西按察司僉事、中州李端澄　校

寧夏總鎮

建置沿革

《禹貢》雍州之域。① 春秋，羌戎所居。秦爲北地郡地。漢爲北地富平縣地，尋隸朔方郡。② 晉亂，赫連夏都之。後魏隸夏州。西魏隸弘化郡。後周爲懷遠郡。隋開皇三年，郡廢，隸靈州，爲懷遠縣。唐隸靈州，仍爲懷遠縣。唐末，拓跋思恭鎮夏州，③ 世有其地。宋天禧間，其五世孫德明自夏州遷以懷遠鎮，④ 改爲興州居之。元昊陞州爲興慶府，又改爲中興府，遂爲夏都，與宋延慶、涇原分界。元太祖滅夏，其城遂空。世祖立西夏中興等路行尚書省，⑤ 又置寧夏路總管府。成宗并入甘肅行省。元末，復置行省。

----

①　參見《尚書·夏書·禹貢》。
②　西漢、東漢之朔方郡在今内蒙古境内，均與今寧夏無關，彼時寧夏處於北地郡與安定郡轄下。下文所列赫連夏之政權及後魏之夏州、西魏之弘化郡、唐之夏州等均在今陝西轄境内，均與今寧夏無涉。
③　唐朝夏州之轄境與今寧夏無關，明清史特别是寧夏舊志均言唐朝之夏州轄今寧夏地，蓋襲《元史》卷六〇《地理志》之誤，參見吴忠禮《寧夏志箋證》，第4—5頁《箋證》［七］。
④　據新舊《五代史》《資治通鑒》《長編》《宋史》及内蒙古烏審旗出土的五代至北宋夏州拓跋部李氏家族墓志銘等文獻記載，拓跋思恭始，其弟思忠爲李繼遷之高祖，仁顔爲繼遷曾祖，彝景爲繼遷祖父，光儼爲繼遷父，德明爲繼遷子，恰爲思恭第五世孫。
⑤　［校］西夏：原作"寧夏"，據《元史》卷六〇《地理志》改。

國初，① 立寧夏府。洪武五年廢，徙其民於陝西。九年，② 命長興侯耿炳文弟耿忠爲指揮，立寧夏衛，隸陝西都司，後增寧夏前、寧夏左屯、右屯、中屯，爲五衛。尋并中屯於左、右二衛，爲四衛。三十四年，宗室慶藩自韋州徙封。

分野

按：天文分野，井、鬼星曰鶉首，宮曰巨蠏，時曰未，州曰雍。《唐·天文志》：③ 自漢三輔及北地、上郡皆秦分。又上郡、北地入尾十度。④《廣雅》：⑤ 北斗樞爲雍州。

《國朝清類天文分野》：⑥ 自井九度至柳三度屬秦分。⑦ 西夏之西偏，秦分也。寧夏爲井、鬼之分，兼得尾、柳度斗樞。

郡名

朔方，漢名。

懷遠，後周名。

賀蘭，以山名。

西夏，夏國舊稱。

形勝

背名山而面洪流，左河津而右重塞。《赫連夏京都頌》。⑧

左距豐勝，右帶蘭會。舊志。⑨

---

① 《明史》卷四二《地理志》載，寧夏衛於"洪武三年爲府"。

② 《明史》卷四二《地理志》載，洪武二十六年（1393）七月置立寧夏衛，與本志載洪武九年（1376）置立寧夏衛之時間有異。《明史》有誤。參見吳忠禮《寧夏志箋證》，第13頁《箋證》[二四]。

③ 參見《新唐書》卷三一《天文志》。

④ 參見《晉書》卷十一《天文志》。

⑤ 參見《廣雅·釋天·異祥》。

⑥ 參見《大明清類天文分野之書》卷十三《秦分野》。

⑦ [校] 九度：《漢書》卷二八下《地理志》作"十度"。

⑧ 參見《晉書》卷一三〇《載記第三十·赫連勃勃》、《十六國春秋》卷六九《夏錄四·胡義周》、《大明一統志》卷三七《寧夏衛》。

⑨ 舊志：文獻具體名稱不詳。《大明一統志》卷三五《平涼府》轉引元朝《開成志》載："左控五原，右帶蘭會。黃流在其北，崆峒阻其南。"

風俗

篤信機鬼,① 尚詛咒。《宋史·夏國傳》。②

彊梗尚氣,重然諾,敢戰闘。《金史》夏國贊。③

雜五方,尚詩書,攻詞翰。舊志。

重耕牧,閑禮義。新志。④

界至

東至省嵬墩外境二百里,西至賀蘭山外境一百里,南至慶陽府界三百六十里,北至西瓜山外境二百九十里,東南至延綏界三百五十里,西南至固原衛界四百里。至京師三千六百四十里,南京三千八百四十里。

山川

賀蘭山,在城西六十里。峯巒蒼翠,崖壁險削,延亘五百餘里,邊防倚以爲固。上有頹寺百餘所。成化二十年以前,爲居人畋獵樵牧之場。自醜虜爲患,遂設嚴禁,惟官兵得至矣。

莎羅摸山,城西南一百里,近賀蘭山之靈武口,水自地湧出。舊有龍王祠,禱旱多應。

峽口山,城西南一百四十里。兩山相夾,黃河經其間,古名"青銅峽",有古塔一百八座。

省嵬山,城東北一百四十里,過黃河。

黃草山,城北二百二十里,其上草色多黃。

石觜山,城東北二百里,山石突出如觜。

黑山,城東北二百里,賀蘭東北尾也。其形如虎踞,下飲黃河,亦一阬隘也。

西瓜山,城北二百八十里;麥垛山,城東北三百里。俱以形似名。

---

① [校] 機鬼:此同《四庫》本《宋史》卷四八六《夏國傳》、《嘉靖寧志》卷一《寧夏總鎮·風俗》、《朔方新志》卷一《地里·風俗》,中華本《宋史》卷四八六《夏國傳》、《嘉靖寧志》卷六《拓跋夏考證》均作"機鬼"。

② 參見《宋史》卷四八六《夏國傳》。

③ 參見《金史》卷一三四《西夏傳》"贊曰"。

④ 新志:文獻具體名稱不詳。

快活林，在城西四十餘里。豐水草，可畜牧。

黃河，自蘭會界來，經中衛入峽口，經鎮城東北而去。引渠溉田數萬頃，又東北過東勝，抵雲中界，由延綏折入關中，因有河套之地。

黑水河，在城東，蕃名"哈剌兀速"，西流注於黃河。

金波湖、連碧湖，俱在麗景園內。

三塔湖，在城東北三十里。

高臺寺湖，在城東十五里。

巽湖，在城東南三十五里。

觀音湖，在城西北九十三里，賀蘭山大水口下。

月湖，在城北七十五里，① 以形似名。

長湖，在城南十五里。

煖泉，在城西北八十里。

沙湖，在城東二十里。

靖虜渠，自唐壩西起，至黑山營止，長三百餘里。弘治十三年，都御史王珣奏設，以遏絕虜寇，興水利。②

城池

元昊所居興州故址也，週迴十八餘里，東西倍於南北，相傳以爲"人"形。元兵滅夏，攻廢之，已而修設省治。元末，寇賊侵擾，人不安居。哈耳把台叅政以其難守，棄其西半，③ 修築其東偏，高三丈五尺。洪武初，立衛因之。正統間，以生齒繁眾，復修築其西棄之半，即今所謂新城是也。故城四角皆刓削，修築歲久，非其舊制，今但存其東北一角。城門六：東曰清和，南曰南薰、曰光化，西曰鎮遠，北曰德勝、曰振武。池闊十丈，水四時不竭，產魚鮮。

---

① ［校］七十五里：《嘉靖陝志》卷四《土地二·山川下》、《嘉靖寧志》卷一《寧夏總鎮·山川》均作"三十五里"。

② 《明孝宗實錄》卷一五七載，弘治十三年（1500）二月乙未，王珣等奏，循故渠疏鑿成河，引水下流。《嘉靖陝志》卷三八《政事二·水利·三邊水利》載，此渠開鑿過程中，因"石堅沙深，竟不能成功，仍廢之"。

③ ［校］西半：《正統寧志》卷上《城垣》作"半"。

藩封

慶王府。洪武三十四年，① 慶靖王自韋州徙國於此，即寧夏衛公署也。蕭墻，高一丈三尺，週三里。欞星門，即蕭墻之南門。端禮門，即內城之南門。東過門，端禮門東。西過門，端禮門西。承運門，端禮門北。承運殿，承運門北，正南向。後殿，承運殿後。王宮，在後殿後。東宮，王宮左。西宮，王宮右。慶宗廟，王宮左。書堂，欞星門內東。迎薰閣，在書堂西。

廣濟倉、廣濟庫、承奉司、紀善所、典膳所、典寶所、良醫所、審理所、工正所、奉祠所、典儀所、儀衛司，俱端禮門內。長史司，俱欞星門內西。

真寧王府，鎮安坊東。

弘農王府，鞏昌府西。

豐林王府，慶府東。

鞏昌王府，凝和坊西，即安塞王故府修居之。

壽陽王府，慶府西。

慶藩宗系之圖②

《皇明祖訓》：③ 凡親王位下，各擬名二十字，曰後生子及孫，即以上聞，付宗人府所立雙名，④ 每一世取一字以爲上字，其下一字臨時隨意選擇，以爲雙名，編入玉牒，至二十後照例續添，⑤ 永爲定式。慶王位下：秩、邃、寘、台、鼐、倪、伸、帥、倬、奇、适、完、因、巨、衎，⑥ 隋、⑦ 眷、發、需、毘。

---

① ［校］三十四年：原作"三十五年"，據寧夏同心縣出土《慶王壙志》、《明史》卷一〇二《諸王世表》、《正統寧志》卷上《屬城》"韋州城"條改。

② 本志原圖以綫條指示世系關係，多漫漶不清，不便研究利用，整理者據原圖改繪以表格形式表述。

③ 《皇明祖訓》或即《皇明寶訓》，傳世本有《洪武寶訓》6卷、《永樂寶訓》5卷、《洪熙寶訓》2卷、《宣德寶訓》5卷、《正統寶訓》3卷、《成化寶訓》3卷、《弘治寶訓》3卷、《正德寶訓》2卷、《嘉靖寶訓》9卷、《隆慶寶訓》2卷。

④ ［校］宗人府：《明會典》卷一《宗人府·譜系》作"宗正院"。

⑤ ［校］二十：《明會典》卷一《宗人府·譜系》作"二十世"。

⑥ ［校］衎：原作"衍"，據《明史》卷一〇〇《諸王世表》、《明會典》卷一《宗人府·譜系》改。

⑦ ［校］隋：原作"隙"，據《明史》卷一〇〇《諸王世表》、《明會典》卷一《宗人府·譜系》改。

皇明太祖高皇帝第十五子慶靖王㮵。①

一世	二世	三世	四世	五世
慶靖王朱㮵	慶康王秩煃	慶懷王邃墼		
		慶莊王邃塀	慶恭王寘鋆	慶王台㳅
				壽陽王台濠
			鞏昌王寘鈉②	鞏昌王長子台清
				鞏昌王庶子台漂
				鎮國將軍台洧
				鎮國將軍台溦
		弘農安僖王邃㘽	弘農王寘鐧③	弘農王台泙
				鎮國將軍台灣
			鎮國將軍寘銘④	輔國將軍台涝⑥
				輔國將軍台湢
				輔國將軍台瀬⑦
			鎮國將軍寘鏐⑤	輔國將軍台潏
				輔國將軍台涅
				輔國將軍台浦
				輔國將軍台溫

① [校] 㮵：原作"栴"，據《慶王壙志》《明史》卷一〇〇《諸王世表》、卷一一七《庆王㮵傳》改。下同。參見胡玉冰《寧夏地方志研究》第二章第一節《（正統）〈寧夏志〉》。另，關於朱㮵排行問題，學界看法不一，有主張爲第十五子者，有主張爲第十六子者。參見胡玉冰《寧夏地方志研究》第二章第一节《（正統）〈寧夏志〉》，鍾侃《明代文物和長城》之《寧夏文物述略》，牛達生《寧夏同心縣出土明慶王壙志》《〈慶王壙志〉與朱棣"靖難之變"》，許成、吳峯雲《明代王陵區出土三盒墓誌疏證》，任昉《明太祖皇子朱㮵的名次問題》。

② [校] 本志原載鞏昌王寘鈉有二子，長子台清，次子台漂。《嘉靖寧志》卷一《寧夏總鎮·封建》載其有四子，長台清、次子台漂、三子台洧、四子台溦并封鎮國將軍。據補"鎮國將軍台洧"、"鎮國將軍台溦"。

③ [校] 本志原未載弘農王寘鐧子輩，《嘉靖寧志》卷一《寧夏總鎮·封建》載其有二子，長子台泙襲封弘農王，次子台灣封鎮國將軍。據補。

④ [校] 本志原載鎮國將軍寘銘有二子，長子台涝，次子台湢。《嘉靖寧志》卷一《寧夏總鎮·封建》載其有三子：長子台瀬、次子台涝、三子台湢并封輔國將軍。據補"輔國將軍台瀬"。

⑤ [校] 本志未載鎮國將軍寘鏐子輩。《嘉靖寧志》卷一《寧夏總鎮·封建》載其有四子，長子台潏、次子台涅、三子台浦、四子台溫并封輔國將軍。據補。

⑥ [校] 台涝：《嘉靖寧志》卷一《寧夏總鎮·封建》作"台汸"。

⑦ 《嘉靖寧志》卷一《寧夏總鎮·封建》載輔國將軍台瀬爲寘銘長子。

續表

一世	二世	三世	四世	五世
慶靖王朱㮵	慶康王秩煃	邃圲②		
		某		
		豐林王邃垹	豐林王長子寘鏌③	豐林王長子台澣⑥
				鎮國將軍台㳘
				鎮國將軍台㳠
				鎮國將軍台溜
			豐林王鎮國將軍寘銓④	輔國將軍台濳
				輔國將軍台涼
				幼，未封
	靖寧王秩費①	真寧康簡王邃埒	真寧王寘鐵	真寧王長子台淬
				鎮國將軍台汪⑦
			鎮國將軍寘鍾	
			鎮國將軍寘銷	
			輔國將軍寘錇⑤	奉國將軍台灃

---

① ［校］靖寧王秩費：原作"某"。《明史》卷一〇二《諸王世表》載，秩費爲慶靖王庶二子，"封後薨。無子，除。"據補。"靖寧王"，《明太宗實錄》卷二三六作"靜寧王"。另，"秩費"原排位在秩煃之後，據本志書例，當排位在秩煃後，據改。

② ［校］邃圲：《明英宗實錄》卷一〇〇"正統八年（1443）正月丙子"條載，賜慶王秩煃子名曰邃圲。據補。

③ ［校］寘鏌：此同《嘉靖寧志》卷一《寧夏總鎮·封建》《朔方新志》卷二《內治·藩封》，《明史》卷一〇二《諸王世表》作"寘鐷"。又，本志原載寘鏌有一子，即台澣。《嘉靖寧志》卷一《寧夏總鎮·封建》載其有四子：長台澣襲封豐林王，次子台㳘、三子台㳠、四子台溜並封鎮國將軍。據補。

④ ［校］本志原未載鎮國將軍寘銓子輩。《嘉靖寧志》卷一《寧夏總鎮·封建》載，寘銓共有三子，長子台濳、次子台涼並封輔國將軍，三子年幼未封。據補。

⑤ ［校］本志原未載寘錇子輩，《嘉靖寧志》卷一《寧夏總鎮·封建》載其有一子曰台灃，封奉國將軍。據補。

⑥ ［校］台澣：《嘉靖寧志》卷一《寧夏總鎮·封建》、《朔方新志》卷二《內治·藩封》，《明史》卷一〇二《諸王世表》、卷一一七《慶王㮵傳》均作"台瀚"。

⑦ ［校］鎮國將軍：此四字原無，據《嘉靖寧志》卷一《寧夏總鎮·封建》補。

8　(弘治)寧夏新志

續表

一世	二世	三世	四世	五世
慶靖王朱㮵	真寧莊惠王秩熒	鎮國將軍邃坤①	輔國將軍真鏉②	奉國將軍台澧
				奉國將軍台濃
				奉國將軍台瀾
			輔國將軍真鈐	奉國將軍台浩
			輔國將軍真鋜	
			輔國將軍真鎦	
			安化王真鐇③除名	奉國將軍台㳻
	安化惠懿王秩炵	贈謚安化恭和王邃墁	輔國將軍真鍌④	奉國將軍台潛
				奉國將軍台漳
				奉國將軍台源
				輔國將軍台濂
			輔國將軍真鎬⑤	奉國將軍台滐⑥
				奉國將軍台洽
				奉國將軍台潤

①　[校]本志原載鎮國將軍邃坤有二子，長子真錦，次子真鏉。《嘉靖寧志》卷一《寧夏總鎮·封建》載其有五子，長子真鏉、次子真錦、三子真鈐、四子真鋜、五子真鎦並封輔國將軍。據補"輔國將軍真鈐"、"輔國將軍真鋜"、"輔國將軍真鎦"。

②　[校]真鏉：《嘉靖寧志》卷一《寧夏總鎮·封建》作"真鍋"，且載其爲鎮國將軍邃坤長子。又，本志原未載真鏉子輩，《嘉靖寧志》卷一《寧夏總鎮·封建》載，真鍋有三子，長子台濃、次子台瀾、三子台浩，並封奉國將軍。據補。

③　[校]真鐇因被除名，故本志原不載其子輩。《明孝宗實錄》卷一七六載，台㳻嫡第四子曰肅材。《明武宗實錄》卷一三載，肅材乃真鐇之孫，故台㳻當爲真鐇之子。《明孝宗實錄》卷四三載，弘治三年(1490)閏九月戊戌，賜慶府奉國將軍台㳻嫡次子曰肅栝。同書卷八八載，七年(1494)五月癸巳，賜台㳻嫡第三子曰肅杬。據補"奉國將軍台㳻"。

④　[校]真鍌：本志原載真鍌有一子，即奉國將軍台潛。《嘉靖寧志》卷一《寧夏總鎮·封建》載其有四子，長子台潛、次子台漳、三子台源並封奉國將軍，四子台濂封輔國將軍。據補。同書又載，恭和王爲鎮國將軍時，其子鍌受封輔國將軍，故台潛、台漳、台源受封奉國將軍，及鍌轉鎮國將軍，故台源得受封輔國將軍。

⑤　[校]本志原載真鎬一子，即台滐，《嘉靖寧志》卷一《寧夏總鎮·封建》載其有三子，長子台滐、次子台洽、三子台潤，並封奉國將軍。據補。

⑥　[校]台滐：《嘉靖寧志》卷一《寧夏總鎮·封建》作"台淙"。

續表

一世	二世	三世	四世	五世
慶靖王朱㮵	悼莊王秩煉①			
	安塞宣靖王秩炅②	邃珨		
		邃塵		

人品

親王、世子、郡王、鎮國將軍、輔國將軍、奉國將軍、鎮國中尉、輔國中尉、奉國中尉。右宗藩。

太監、都御史、總兵官、副總兵、叅將、監槍監丞、奉御按察司副使僉事、協同、守備、都指揮。右鎮巡三司。

尚書、給事中、御史、郎中、進士、庶吉士、僉事、知府、府同知、推官、照磨、府知事、知州、知縣、縣丞、舉人、監生、河泊所官。右學校出身。其有同於游宦此地者不載。

承奉、儀賓、長史、內典寶、內典膳、典服、門正副、內使、儀正副、紀善、教授、伴讀、審理正副、典簿、典儀正副、奉祠、良醫、工正副、典膳、典寶、引禮舍人、典仗、典樂、庫大使、倉大使。右王府官。

府通判、指揮、正副千戶、衛鎮撫、衛經歷、知事、所鎮撫、百戶、優給。右府衛官。

教授、訓導、僧都綱正副、道都紀正副、生員、武生、館客、教讀、僧住持、僧人、道住持、道士。右儒、釋、道。

妃、夫人、郡主、縣主、郡君、縣君、鄉君、淑人、恭人、宜人、安人、孺人、宮人、繡女、節婦、孝婦、賢婦。右女德。

倉大使、副使、稅課局大使、驛丞、義官、陰陽官、醫官。右雜職。

耆老、農、醫、民、卜、相、星、命、陰陽、丹客、博局、圓社、園丁、毬社、樵、牧、獵、火居道士道人、巫、火夫、回回、土達、通事、

---

① 〔校〕悼莊王秩煉：原作"某"。《明史》卷一〇二《諸王世表》載，秩煉為慶靖王庶五子，"封後薨。無子，除"。據補。又，《明太宗實錄》卷一六八"永樂十三年九月甲寅"條載，秩煉為慶王第四子，誤，當從《明太宗實錄》卷二三六、《明英宗實錄》卷二三及《明史》卷一〇二《諸王世表》，其為慶王第五子。

② 〔校〕本志原未載秩炅子輩姓名，據《明英宗實錄》卷一六八"正統十三年（1448）七月乙巳"補邃珨、邃塵。

醫獸、仵作。右庶民。

　　將軍、舍人、舍餘、總小旗、總小甲、校尉、旗手、旗牌手、圍子手、馬軍、步軍、守城軍、夜不收、弓箭手、大砲手、神槍手、牌手、弩弓手、吹手、鼓手、屯軍、操丁、老幼、紀錄、老疾、備禦軍、伴當、軍牢。右武列。

　　掾史、令史、典吏、司吏、攢典、①□□、軍吏。右書辦。

　　齋郎、巡攔、斗級、庫子、秤子、厨子、門子、水手、馬夫、驢夫、牛夫、馬驢牛牌子、皂隸。右供役。

　　商、幹人、酒肉米布油魚雜貨行屠、店主、牙儈。右商販。

　　畫工、刊字人、金箔匠、銀匠、表背匠、箋紙匠、塑匠、金綫匠、織機匠、毛褐匠、繡匠、錫匠、帽匠、紙匠、絲綫匠、絨綫匠、釘磁匠、木匠、盔甲匠、裁縫匠、梳篦匠、鑷師、冠帶匠、碾玉匠、傘匠、筆匠、銷金匠、描金匠、磁窑匠、瓦窑匠、車匠、石匠、挑花匠、挽花匠、生熟鐵匠、打銅匠、鑄銅匠、弓匠、箭匠、刀匠、油漆匠、鋄銀匠、櫼匠、鞍子匠、鞦轡匠、護衣匠、氊匠、緣匠、刷牙匠、各色染匠、琵琶匠、弓絃匠、穿花匠、絨花匠、雕欒匠、篾匠、繩匠、柳斗匠、蘆蓆匠、籠甑匠、斜皮匠、熟皮匠、靴匠、鞾靸匠、火藥匠、泥水匠。右匠作。

　　媒人、家人、小脚、雇工、樂工。右賤役。

　　乳婆、尼僧、道婆、媒婆、師婆、穩婆、賣婆、乾婆、妓。右賤女。

物產

　　鉛、礬，俱賀蘭山出。鐵，麥垛山出。鹽，地生。

　　麻、碧瓀、馬牙䃉、絲、紅花、藍靛、綾、絹、駝褐、羊毛褐、鋄鐵器物、打鑄銅器物、鞍、弓、矢、尖刀、纏棱帽、馬尾帽、網巾。右貨類。

　　稻、穀、稷、青粱、大麥、小麥、豌豆、黑豆、綠豆、黃豆、青豆、扁豆、紅豆、胡麻、秫、青稞、蠶豆、豇豆、茶豆、刀豆、羊眼豆、鶯觜豆、黍、荍麥、菽。右穀類。

　　牡丹、芍藥、紅薔薇、黃薔薇、石竹、金盞、鳳仙、珍珠、鷄冠、玉簪、萱草、菊、荷、小竹、戎葵、黃葵、紅葵、白葵、石榴、山萱草、罌

────────

　　① ［校］攢典：此二字下原空兩格，疑有脫字。

粟、寶像、百合。右花類。

杏、桃、李、梨、花紅、白沙、桑椹子、菱、林檎、藕、核桃、葡萄、棗、柰、秋子、茨菰、地梨、芋、山藥、櫻桃、木瓜、沙棗。右果類。

松、栢、槐、樺、椿、暖木、白楊、青楊、①榆、柳、檉、梧、椁、青棡、駝褐。右木類。

芥、芹、葱、蒜、韭、胡蘿蔔、白蘿蔔、菠薐、馬齒莧、蕨、葫蘆、黃花、莙薘、芫荽、萵苣、莧、甘露子、蔓菁、白菜、沙葱、沙芥、茄、西瓜、蕫蒿、甜瓜、絲瓜、黃瓜、冬瓜、白菜瓜、瓠、薺、地椒、茄蓮、白花菜、蒲笋、葦芽。右瓜菜類。

荊芥、防風、蓯蓉、枸杞、芍藥、木瓜、川芎、桑寄生、甘草、桑白皮、柴胡、黃岑、連翹、葶藶、白蒺藜、黃蓍、麻黃、遠志、地骨皮、細辛、三稜、澤瀉、地黃、紫蘇、苦參、瞿麥、茴香、知母、升麻、大戟、菖蒲、青鹽、萹蓄、秦艽、黃精、百合、茵陳、鎖陽、薄荷、大黃、山茨菰、蛇床子、酸棗仁、白頭翁、牛蒡子、益母草、茅香草、草血竭、兔絲子、天仙子、寒水石、葫蘆巴、車前子、千金子、青木香。右藥類。

馬、駝、牛、羊、驘、驢、豬、貓、虎、狼、鹿、麝、麋、艾葉豹、土豹、野馬、羱羊、青羊、野豕、夜猴兒、獺、兔、跳兔、貛、狐、沙狐、狸、熊、豻、黑鼠、黃鼠、黃羊。右畜獸類。

鵬、鷹、鵑、鷗、山鷄、鷄、鵝、半翅、馬鷄、天鵝、鵪鶉、鷓鴣、燕、喜鵲、蚊母、沙鷄、雁、鳧、鵬鷓、鴛鴦、鸂鶒、鴨、鳩、白翎兒、鸚鵡、鴉、鴿、黃鶯、鷗、鷺、鷦鷯、雉。右禽類。

鯉、鯽、沙魚、鮎、白魚、蚌、鱉、石魚、泥蝦、螺螄、蝘蚖、蜣蜋。右介類。

蜂、蝶、蚯蚓、蚰蜒、蛇、蠍、蜥蜴、蠅、蚊、虻、果蠃、蝦蟇。右蟲類。

土貢

唐夏州貢氈、角、弓、拒霜薺，②靈州貢紅藍、甘草、蓯蓉、代赭、

---

① [校] 青楊：原作"責楊"，樹木名稱，《救荒本草》卷五《木部》、《農政全書》卷三八《木部》等均作"青楊"，據改。

② [校] 薺：原作"齊"，據《新唐書》卷三七《地理志》改。

白膠、青蟲、鵰、鶻、白羽、麝、野馬、鹿革、野豬黃、吉莫韡、鞾、氈、庫利、赤檉、馬策、印鹽、黃牛臆。①

國朝歲貢紅花、馬、錫。貢土豹、名馬、枸杞。

田賦

屯田一萬二千八百二十六頃四十五畝。洪武舊制，寧夏衛及左、右、中屯四衛，職專屯田。前衛以十分爲率，六分屯田，四分守城。宣德間，各衛通六分屯田，四分守城。今則城操者多，屯田者少，漫無分數其田。先年，②工部侍郎羅汝敬奉勑分理，每軍五十畝，舍餘三十畝爲一分。每五十畝存留種子六石，正軍自收食用，月糧一十二石，納餘糧豌豆三石、小麥二石、粟米一石、穀草九束。又勸借銀五分，以爲湊買戰馬之資，遂不可蠲矣。又河口壩草或壩木一分。

糧一十四萬八千四百餘石。

地畝銀一千二百八十三兩六錢四分五釐。

穀草二十三萬八百七十餘束。

秋青草歲於官湖內採，納草一百八十四萬九千八百束。

窰草歲採三十萬束，官窰收積，燒造修城磚瓦。

樣田二十頃。先年，羅侍郎畫立屯田，以此爲式，故曰樣田。撥有力者承種，每年納糧一千五百餘石，藥局收貯，備人馬藥餌及各公署公物支用，并給來降人衣襖。

紅花田六頃七十二畝。每年種收紅花進貢，太監、總兵領之。

敬祿田三百三十三頃。每畝征本色、折色糧四斗，共一萬三千三百零。慶府收用。

差役

挑渠。每年春，五衛軍丁唐、漢等渠壩挑浚。

修邊。每年秋，四衛官軍修理東西牆關。

---

① 《元和郡縣圖志》卷四《關內道》載，唐靈州土貢還有紅花、野馬皮、鳥翎、鹿角膠、雜筋、麝香。

② 《明宣宗實錄》卷七六載，宣德六年（1431）二月丁酉，遣行在工部右侍郎羅汝敬往陝西經理屯田之務。

車牛。每年運進貢紅花、灰石、秋青草、束哨軍口糧、器物及徃來移鎮官員行李、軍器。四衛軍丁，每名輪差一二次或四五次者。

採草。每年秋，四衛軍丁於各湖採運秋青草束。

燒窰。官窰六處，四衛軍餘共三百名，燒窰造磚瓦。

雜造軍器。各色軍匠二百八十名，歲造弓三百二十張，箭九千六百枝，刀三百二十把，槍三百二十條，甲三百二十副，盔三百二十頂，圓牌一百六十面，銃箭頭三千六百箇，信砲柒百箇，撒袋三百二十副，弦三百二十條。

燒荒。每年十月，副將及都指揮分領騎兵三千餘人，入山後河套點火燒草。

守瞭。每年分爲四季，每季用步軍九百四十四名。各墩守瞭人有提調巡墩官共一十六員，

爪空夜不收一百八十八名，俱支行糧。

巡哨。間月一差。玉泉營、大壩各五百員名，黑山營五十員名，威振堡三百員名，鎮朔堡三百員名，都御史王珣俱奏支行糧。

把門。南薰等六門，共三百一十一名。

户口

户：四萬一千四百七十四。

口：七萬四千。

優贍

凡舍餘，除糧差、冬操之外，俱免雜差生員二丁、耆老一丁、馬軍一丁。教讀生本身、仕宦之家，照例遞免。女户之家全免。

寶印

"慶王之寶""慶王世子之寶"，俱金。

"真寧郡王之印""弘農郡王之印""豐林郡王之印""鞏昌郡王之印""壽陽郡王之印"，俱金塗銀印。

"征西將軍之印"，銀。起馬符驗一道，旗牌一十面副。

"鎮守寧夏太監關防"，起馬符驗一道，旗牌五面副。

"巡撫寧夏關防"，起馬符驗一道，副總兵旗牌四面副。

寧夏衛起馬腳力符驗二道，五衛指揮使司印五顆，經歷司印五顆，衛鎮撫印五顆，在城千戶所印二十四顆，在城百戶所印二百四十一顆，京降銅牌一十六面，銅鈴二十箇。

"慶府長史司印"，起馬符驗一道，"慶府承奉司印""慶府典寶所印""慶府紀善所印""慶府良醫所印""慶府審理所印""慶府工正所印""慶府儀衛司印"，各典仗印十顆，"慶府典膳所印""慶府典儀所印""慶府奉祠所印"。

各郡王府教授印五顆，各郡王府典膳印五顆，"寧夏等衛儒學之印""寧夏衛漢僧綱司之印""寧夏衛番僧綱司之印""寧夏衛道紀司之印""陝西布政司寧夏倉印"。

寧夏在城等驛遞共七處，條記一十三顆。

韋州等倉印八顆。

公署

太監宅，在城內東北隅。

都察院，儒學西。

帥府，德勝門內大街西。

總兵官宅，帥府東。

副總兵宅，都察院北。

公議府，城隍廟南。

察院，公議府西。

按察分司，南薰門內東。

監槍宅，儒學東。

遊擊宅，養賢坊東。

領班都司宅二所，馬營內。

寧夏衛，南薰門內西。

左屯衛，太監宅後。

右屯衛，譙樓南。

前衛，城隍廟西。

四衛經歷司、各所、寧左鎮撫，俱隨各衛。

中屯衛鎮撫，泰和坊東。

前衛鎮撫，城隍廟後。

右屯衞鎮撫，感應坊北。
兵車廠，都察院西。
雜造局，光化門內大街東。
太監進貢紅花廠，太監宅東。
總兵進貢紅花廠，德勝門內東。
稅課局，南關內。
藥局，南薰門大街東。
演樂觀，遵化坊北。
養濟院，清寧觀東北。
演武教場，德勝門外東西三里，南北二里，將臺一座，神機營一所。
射圃，都御史韓文建，以教軍武生習射，在清寧觀後。
馬營，城西北隅，備禦官軍所居。
漢僧綱司，寧靜寺內。
番僧綱司，報恩寺內。
道紀司，清寧觀內。
醫學，即藥局，都御史王珣奏設。
陰陽學，與醫學同時設。

壇壝
社稷壇、山川壇，俱在南薰門外西南。
厲壇，德勝門外。

宮
元昊故宮，在賀蘭山中，遺址尚存。
芳林宮，在麗景園內。

園
麗景園，在清和門外。
小春園，麗景園南。
樂遊園，光化門外。
擷芳園，南薰門外。
盛實園，德勝門外東北八里許。

逸樂園，慶府欞星門內西。
右六園俱慶府所有。
永春園，鞏昌府內。

軒

清賞軒，在小春園內。
擬舫軒、凝翠軒、芳意軒、清暑軒，俱在麗景園內。
慎德軒，慶府內康園之號。
延賓軒，鞏昌府內。

樓閣

望春樓，在麗景園內，芳林宮前。
宜秋樓，麗景園內，金波湖南。
來青樓，樂遊園內。
擁翠樓，慶府延賓館內。
環翠樓，南薰門外，下臨荷池，張泰總兵之別墅也。
大壩樓，跨唐壩口。
漢壩樓，跨漢壩口。
舊譙樓，慶府後。
譙樓，即舊城西門樓也。
城樓，南薰、光化、鎮遠、振武、德勝、清和并角樓，共一十處。
迎薰閣，慶府內。
毘盧閣，承天寺內。
觀音閣，寧靜寺內。
圓通閣，報恩寺內。

亭

眺遠亭、芍藥亭、牡丹亭，俱在小春園內。
望春亭、宜春亭、水月亭、清漪亭、臨湖亭、蹴蹋亭、涵碧亭、湖光一覽亭，俱麗景園內。
荷香柳影亭、山光水色亭，俱樂遊園內。
具服亭，永通橋南，守臣迎接詔勑之所。

接官亭，城南七里許，迎送之所。

齋舘
清趣齋，在小春園內。
群芳舘，麗景園內。
延賓舘，慶府內，以待未婚之儀賓。
天使舘，慶府西南，以舘封祭持節之使。
皇華舘，在城南五里，諸王迎接詔書之所。

塢榭
月榭、桃蹊杏塢，俱在望春樓前。

池沼
鴛鴦池、鵝鴨池、碧沼，俱在麗景園內。

莊所
杏莊，在麗景園內。
大有莊，城南，儀賓路昇之別墅也。
遠疇、涵碧、合歡道、紅鄉、翠陰，俱麗景園內。

洲渚
鳧渚、菊井、鶴汀，麗景園內。
滄洲，安塞王府內。

橋渡
紅花橋、赤欄橋，俱清和門外。
永通橋，南薰門外。
右三橋俱跨紅花渠。
昌寧橋，南門外，跨新渠。
官橋，城南，元故橋名。
通濟橋，城南大路。
張濟橋，城東大路。

五道渠橋，城正東大路。
右四橋俱跨漢渠。
賀蘭橋，鎮遠門外，跨唐渠。
飛虹橋、小虹橋、宴偃橋，俱麗景園內。
楊家渡，元舊渡名，在城南三十里。
新渡，城南四十里。
黃沙渡，城東北四十里，元昊時舊渡名。

景致

賀蘭晴雪、漢渠春漲、月湖夕照、黃沙古渡、靈武秋風、黑水故城、官橋柳色、梵刹鐘聲。

街坊

熙春、泰和、咸寧、里仁、南薰、平善、毓秀、感應、清寧、修文、樂善、廣和、備武、澄清、積善、衆安、寧朔、永康、崇義、鎮安、慕義、效忠、遵化、養賢、毓材、肅清、鎮靖、凝和。

市集

羊肉市，在遵化坊。
柴市，一在舊譙樓東、西，一在新譙樓之西。
靴市，王府西北角。
雞鵝市，舊譙樓前。
巾帽市，靴市東、西。
雜貨市，一在清寧坊東，一在新譙樓西。
雜糧市，清寧坊東。
豬羊肉魚市，毓秀坊西。
米麥市，豬魚市西。
豬羊市，旗纛廟前。
贏馬市，豬羊市西。

倉庫

在城

寧夏倉，有大使、副使、攢典印信，洪武間原設。

左倉、右倉、前倉、新倉，四倉各有副使、攢典，用寧夏倉印信行移，俱屬陝西布政司。① 永樂以後續設。

銀庫，在寧夏倉内，官攢帶領之。

以上倉庫，俱弘治六年以後，都御史韓文、孫仁、張禎叔、王珣，按察司管糧官李隆、陳珍、李端澄，相繼修建。材物豐備，規制宏敞，邊倉無踰於此。

預備倉、草場二所。其二倉場俱軍職領之，併於寧夏倉出印信通關與以上倉庫，本鎮管糧衙門實監臨之。

神機庫，大將軍銃一口，神槍二千七十九扞，神銃一百五十二口，神砲七百八十四箇，盞口砲二百二十八箇，碗口砲四十九箇，手把槍一千五百把，旋風砲四百一十箇，鐵砲四百箇。

在外

黑山營倉、威鎮堡倉、鎮朔堡倉、洪廣堡倉、靖夷堡倉、楊顯堡倉、鎮北堡倉、邵綱堡倉、瞿靖堡倉、大壩堡倉、高榮堡倉、李綱堡倉、玉泉營倉、平羌堡倉、清水營倉、磁窑寨倉、天池寨倉、石空寺堡倉、棗園堡倉、鎮虜堡倉、宣和堡倉，俱軍職領之，屬本鎮管糧衙門。

平虜倉、廣武倉、應理州倉、韋州倉、足用倉、靈州倉、興武倉、常濟倉，俱有官攢印信，屬陝西布政司，本鎮管糧衙門實監臨之。

驛鋪

寧夏在城驛、〔寧夏在城驛〕遞運所、高橋兒驛、〔高橋兒驛〕遞運所、大沙井遞運所、石溝兒驛、〔石溝兒驛〕遞運所、小鹽池驛、〔小鹽池驛〕遞運所、萌城驛、〔萌城驛〕遞運所，俱屬寧夏衛軍站，百户領之，帶管馬驢舘夫。

大沙井驛，原屬寧夏衛，今隸靈州，有驛丞、民、馬驢舘夫。

韋州驛，原屬慶陽府，有驛丞、民、馬驢舘夫。弘治十三年，都御史

---

① ［校］布：原作"市"，據職官名改。

王珣以其地僻，使客罕至，似爲虛設，奏移於小鹽池南隰寧堡。

在城鋪、河東關鋪、靈州在城鋪、茨煙墩鋪、大沙井鋪、小沙井鋪、硝池鋪、石溝鋪、蘆溝鋪、白塔鋪、鹽池鋪、井興鋪、[①]沙井鋪、隰寧鋪、坦途鋪、平山鋪、紀溝鋪、沙界鋪、萌城鋪、甜水鋪，遞送公文，俱鋪軍。

學校

沿革。洪武二十九年，鎮人朱貞奏立寧夏中屯等衛儒學，[②] 三十四年廢。永樂元年，貞復奏立爲寧夏等衛儒學，[③] 在效忠坊北。正統九年，改移今學。成化六年，都御史張鎣重脩。

規制。欞星門三間，戟門三間，大成殿五間，聖賢塑像東西廡一十四間，群賢畫像神厨三間，神庫三間，碑亭一座，井亭一座，宰牲房三間，具服亭三間，明倫堂五間，窮理主敬二齋共十間，教官宅二所，其號房四十間。弘治四年，都御史韓文、按察副使王弁重脩。弘治十四年，都御史王珣、按察僉事李端澄拓地集材，大脩廣堂齋號舍，規制屹然矣。

生徒。軍生三百餘名，以科舉爲一等，習舉爲二等，初學爲三等，蓋視有司廩增附之義也，無廩養武生食糧者七人。

科舉例。永樂六年開科，每三年一次，提學官先期考選，赴陝西布政司鄉試。

歲貢例。成化三年開貢，以入學年深、曾經科舉者充之。近比廩膳例以科舉次數多者，如科舉次數相同，仍論其入學之年，如年數、科數相同，又論其入學文案名第之先後。

祭器。銅爵磁尊豆共五百三十二件。鎮人尚書徐琦、知府曹衡相捐俸置送，其餘雜物官爲置造者。

---

① ［校］井興鋪：此三字下原有"硝池鋪"三字。此鋪名前文"小沙井鋪"四字後已出，據删。

② ［校］朱貞：《嘉靖寧志》卷一《寧夏總鎮·學校》《朔方新志》卷二《內治·學校》《康熙陝志》卷七《學校》等均作"朱真"。

③ 吳忠禮據《明太祖實錄》等文獻考證認爲，寧夏儒學當設立於明太祖洪武二十八年（1395），無其他文獻記載明惠帝建文三年（1401）廢除寧夏儒學事，明成祖永樂四年（1406）改"寧夏中屯等衛儒學"爲"寧夏等衛儒學"。本志載寧夏儒學興廢時間蓋襲《正統寧志》誤説。參見吳忠禮《寧夏志箋證》，第125頁《箋證》［二一］。

樂舞。堂上堂下之樂，初未有設。弘治辛酉，① 都御史王珣、按察僉事李端澄置備如制，於是禮度煥然矣。

社學。寧夏在城、五衛、儀衛司、南關、馬營并屯堡共五十四所。

武社學。弘治十三年，都御史王珣查軍職子弟不係武生及幼官共八十餘人，就射圃立社學，爲文、行、忠、信四號，選聘文武師教習之。

寺觀

寧静寺，在豐林王府東。

報恩寺，寧夏倉西。

承天寺，光化門内東北。夏諒祚所建。② 洪武初，一塔獨存。慶靖王重脩之，增創殿宇。懷王增毘盧閣。

土塔寺，鎮遠門外。

永祥寺，在馬營前。

高臺寺，城東十五里。李夏廢寺，臺高三丈。慶恭王重脩之。下有大湖萬頃，③ 水色山光，一望豁然。

一百八塔寺，峽口山内，以塔數名。

黑寶塔寺，演武場北。

回紇禮拜寺，寧静寺北。

清寧觀，振武門大街東。

三清觀，南薰門外東南，慶靖王建。

祠廟

文廟，在儒學内。

名賢祠，弘治庚申，④ 都御史王珣、按察司僉事李端澄建於大成殿之後，以國朝以來名宦鄉賢羅汝敬等合祀焉。

城隍廟，在前衛東。成化十三年，都御史張鵬脩造。

壽亭侯廟二，舊廟在左衛後，唐故廟，元至正間重脩。新廟在永通橋

---

① 弘治辛酉：弘治十四年（1501）。
② 據《正統寧志》卷下《文》《夏國皇太后新建承天寺瘞佛頂骨舍利軌》載，承天寺建於夏毅宗諒祚天祐垂聖元年（1050），時當宋仁宗皇祐二年。
③ ［校］萬頃：《嘉靖寧志》卷二《寧夏總鎮·寺觀》"高臺寺"條作"千頃"。
④ 弘治庚申：弘治十三年（1500）。

北，都御史崔讓創建。

旗纛廟，譙樓西。

馬神廟，帥府西北。

晏公廟，感應坊北。

東嶽廟，清和門外。

生祠二，一在遊擊宅東，祀太監張公永。一在南薰門外，祀咸寧侯仇公鉞。

水利①

漢延渠，拓跋氏據西夏已有此渠，資其富彊。元郭守敬從張文謙開省寧夏，濬淤淺，立牐堰。洪武間立寧夏衛，因之。自城西南峽口之東鑿引黃河，遶城東北而流，餘波入黃河。長二百五十里，支流陡口三百六十九處，灌寧、左、前三衛之田。每年春，發軍丁脩治之，所費不貲。四月初，開水北流。其分灌之法，自下流而上，官爲封禁。

唐來渠，在城西南漢渠口之西，鑿引黃河，遶城西北而流，餘波入黃河。長四百里，支流陡口三百八處，②灌左、右、前、中屯四衛之田。③其創立之由、脩治、分灌之法，與漢延渠同。

新渠，在城南，東北流。

鐵渠，城西南，北流。

良田渠，在城西，北流。

滿荅剌渠，城西北，東北流。

紅花渠，抱城南門、東門而流。

五道渠，城東，漢延渠支渠也。

東南小渠，引紅花渠，④飛槽跨壕入城，舊城內資其灌汲。

西南小渠，引唐來渠，飛槽跨壕入城，新城西南一方資其灌汲。

---

① ［校］水利：此二字原脫，據本志原《目錄》補。

② ［校］支流陡口三百八處："陡口"二字原版爲空白，據《嘉靖陝志》卷三八《政事二·水利·三邊水利》、《嘉靖寧志》卷一《寧夏總鎮·水利》、《朔方新志》卷一《水利》補。"三百八處"，《嘉靖陝志》《嘉靖寧志》、《朔方新志》均作"八百八處"。

③ ［校］衛：此字原版爲空白，據本志前文"灌寧、左、前三衛之田"書例補。

④ 《嘉靖陝志》卷三八《政事二·水利》載"東南小渠、西南小渠、西北小渠，三渠皆引唐來"。又，《康熙陝志》卷十一《水利·寧夏鎮》不載此三小渠。

西北小渠，引唐來渠，飛槽跨壕入城，新城西北一方資其灌汲。
靖虜渠。

關隘
河西關，在城南四十里。
河東關，隔河，去西關十里。
大壩關，在唐壩。
鎮遠關，平虜城北八十里。
黃草坡口、野馬川口、打磴口、阿武坡口、剌灘口、歸德口、大風口、小風口、汝箕口、大水口、小水口、西番口、塔峽口、賀蘭口、新開口、宿嵬口、拜寺口、鎮北口、水吉口、黃峽口、滾鐘口、金塔口、赤木口、磨石口、獨樹兒口、乾溝兒口、山觜兒口、雙山北口、雙山南口、靈武口、林泉口、哈喇木口、硤石口，俱自賀蘭山東尾，直至廣武界。

斥候
河東城四圍山前後，舊設空塔兒等墩，共一百一十四處。都御史王珣增河東墩一十六處，沿靖虜渠墩二十二處。

邊防
河東墻，自黃沙觜起，至花馬池止，長三百八十七里。成化十年，都御史徐廷璋、① 都督范瑾奏築。②
品坑，河東墻外共四萬四千有餘坑，都御史張禎叔、王珣相繼置訖。
城西南墻，自雙山南起，至廣武界止，長一百餘里，都御史賈俊奏設。

---

① ［校］徐廷璋：原同《嘉靖寧志》卷二《寧夏總鎮·宦蹟》、《嘉靖陝志》卷十九《文獻七·全陝名宦·巡撫寧夏都御史》、《萬曆陝志》卷二二《名宦》作"徐廷章"，據《明史》卷一七七《葉盛傳》、卷一九八《楊一清傳》，《嘉靖陝志》卷十九《文獻七·巡撫延綏都御史》、《朔方新志》卷二《外威·邊防》《康熙陝志》卷十七《職官》改。下同。

② ［校］都御史徐廷璋都督范瑾奏築：《明憲宗實錄》卷一三〇載，成化十年（1474）閏六月乙巳，巡撫延綏都御史余子俊奏修築邊墻之數。《嘉靖寧志》卷一《寧夏總鎮·邊防》"河東墻"條載："成化十年都御史余子俊奏築，巡撫都御史徐廷璋、總兵官范瑾力舉而成之者。"《朔方新志》卷二《外威·邊防》"河東故墻"條載同《嘉靖寧志》。故知，奏築邊墻者當爲余子俊。

屯戍

寧夏在城、備禦西安左等衛兩班官軍四千一百九十九員名。每年春二月，一班在邊，一班回衛。冬十月，兩班俱在。

屬城

平虜城、靈州城、寧夏中衛城、廣武營城、寧夏後衛城、興武營城。其各城分屬者不載。

營堡

漢壩堡。

葉昇堡。

任春堡。

王宏堡。

王泰堡。

楊和堡。

河西寨，有寧夏在城遞運所。

河東寨。

李祥堡。

金貴堡，有草場。

潘敞堡。

陳俊堡。

蔣鼎堡。

邵剛堡，有倉場。

林皋堡。

瞿靖堡，有倉場。

李俊堡。

王全堡。

魏信堡。

張政堡。

王澄堡，有草場。

大壩堡，有官軍倉場。

寧化寨。

靖夷堡，有官軍倉。

楊顯堡，有倉場。

陶榮堡。

鎮北堡，有倉場。

雷福堡。

桂文堡。

常信堡。

洪廣堡，有倉。

鎮朔堡，有官軍倉場。

高榮堡，有倉。

姚福堡。

周成堡。

丁義堡。

李綱堡，有倉場。

張亮堡。

謝保堡。

宋澄堡。

玉泉營，有官軍倉場。

威鎮堡，有官軍倉場。

黑山營，有官軍倉場。

平羌堡，有官軍倉場。

靖虜營、安遠營、定西營、太平營、永康營、懷遠營，已上六營俱沿靖虜渠，都御史王珣奏設。

團莊二百八十處，都御史張禎叔奏設。

橫城堡，總制、都御史楊一清奏設。

官吏

慶府：承奉二員，內典寶二員，典服一員，門正副二員，內典膳一員，內使無定額。長史二員，典簿一員，審理二員，典寶二員，典膳二員，奉祠二員，典樂一員，良醫二員，紀善二員，工正副二員，典儀二員，伴讀一員，教授一員，引禮舍人二員，倉庫大使共二員，儀副二員，典仗十員，吏無定額。

真寧五王府：教授五員，典膳五員。

寧夏等五衛：指揮六十三員，衛鎮撫五員，正副千戶七十五員，百戶二百七十一員，所鎮撫一十七員，經歷五員，知事一員，吏七十五名。儒學教授一員，訓導二員，吏一名。道紀司都紀正副二員。漢蕃僧綱司都紀正副四員。

寧夏、平虜、廣武、應理州、韋州足用，靈州常濟、興武一十三倉大使、副使一十四員，攢典一十四名。

軍馬

寧夏在城四衛：原額馬軍五千七百名，都御史王珣召募三千六百□□□名，① 共新舊馬軍六千七百名，步軍三千餘名，守城軍一千一百一十三名，馬、步夜不收一千名，冬操餘舍三千名，戰馬見在并未給共八千七百匹。

備禦寧夏在城西安等衛：馬軍一千五十一名，步軍三千八十二名，戰馬一千一百一十七匹。

中屯衛：旗軍匠五千六百名。

儀衛司：校尉一千一百二十名。

祿俸

歲支本色：各王府儀賓祿米二萬一千一百餘石，文武官吏俸一萬八千三百八十餘石。

軍餉

歲支本色：五衛儀衛司并備禦旗軍校匠、舍餘，月口等糧二十一萬三千四百餘石。本城并備禦戰馬，月支及征哨行支馬料豆四萬七千五百餘石，草一百五十六萬四千餘束。

輸運

戶部：每歲運送年例銀四萬兩。

---

① ［校］六百：此二字下原有三處空格，疑有脫字。

京庫：關領硫黃，不計額數。

陝西布政司：每歲運送夏秋糧一十一萬三千九百五十石，草二萬二千四百三束，冬衣布一十三萬五千八百一十六匹，綿花五萬五千五百五十五斤，胖襖、毛襖、鞋、袴五千四百十六件，軍器鐵一萬七千六十斤，鋼鐵一百四十斤，水牛角六百七十片，心紅一十二斤，水膠一百八斤，甲面青白布九百四十丈，黃蠟八斤，漆一百七十二斤，生絲并線三十三斤，桐油一百三十斤，翎毛一萬八千八百批，官粉一十斤，牛觔一百二十六斤，熟銅一斤，麻布一百一十五丈，魚鰾九十斤，焰硝五萬五千一百九斤。

古蹟

黑寶塔，在城北三里，不知創建之由。

西寶塔，在承天寺內，僞夏所建，一十三級，有殘碑可考。①

王保湖，張亮堡北，週迴二十里。其地廣斥，無水草，遠觀瑩如，照物不遺。俗傳古戰場也。

古將臺，平虜城西北，其地平曠，週迴三十里，有將臺、旗臺遺址。俗傳狄青操軍大教場也。

定遠鎮，城北一百里，唐朔方軍城。南至懷遠鎮一百里，西至賀蘭山六十里。宋爲威遠軍，僞夏改爲定州。俗爲田州，今爲平虜城。

保靜鎮，今城南七十里，唐故鎮名。宋初，舊管蕃部六族。僞夏爲靜州，遺址尚存。

臨河鎮，宋鎮名，管蕃部三族，置巡檢使。僞夏所據。

懷遠鎮，見《沿革》，②今軍城也。

靈武鎮，今城南六十里，漢故靈武縣，唐鎮名。南渡黃河至古靈州五十里，北至懷遠鎮六十里。宋初，靈州都巡檢主之。僞夏爲順州。遺址尚存。

安豐軍，唐河外鎮也。魏少游自此率兵迎肅宗於白草鎮，今不可考。

高臺寺城，城東十五里。有廢城臺居其東，元時呼爲"下省"。

元昊宮，新城內。洪武初尚存遺址，今爲清寧觀矣。

---

① 碑文參見《正統寧志》卷下《文》載《夏國皇太后新建承天寺瘞佛頂骨舍利軌》《大夏國葬舍利碣銘》。

② 參見本志卷一《寧夏總鎮・建置沿革》。

避暑宮，賀蘭山拜寺口南山之巔。僞夏元昊建此避暑，① 遺址尚存，人於朽木中嘗有拾鐵釘長一二尺者。

塔塔裏城，唐郭元振以西城無援，豐安勢孤，② 置定遠鎮，此蓋豐安鎮城也。元爲塔塔裏千戶所。在今黑山北，去城二百餘里。

宥州寧朔郡，漢三封縣地。唐立六胡州刺史以統之，天寶間改寧朔郡。宋初，李繼捧獻爲主土，後爲元昊所據。今不可考。

夏州，漢朔方郡。後秦姚興以赫連勃勃爲安北將軍，鎮朔方。尋借大號於朔方水北、黑水之南。蒸土校錐，營起都城，以"統萬"名之。後魏滅夏，置夏州。唐開元中，爲朔方軍大總管兼安北都護。唐末，拓跋思恭鎮是州。五代，李仁福、彝超繼領節鎮，號定難軍。宋太宗朝，李繼捧獻爲王土。其族弟繼遷不樂內徙，復叛爲患。淳化中，詔墮其城，即赫連氏所築，堅城也。徙其民於銀、綏。其州兵不徙，相聚爲營，仍曰夏州。繼遷死，其子德明據之，又自夏州遷居河外懷遠鎮，爲興州以居。夏州在古鹽州東北三百里，今河套哈剌兀速之南，即華言"黑水"。有廢城曰"忻都"者，蓋其處也。

洪門鎮，本夏州地，唐邠寧節度使張獻甫所築。宋陷於僞夏，號爲洪州。

石堡鎮，本延州西邊鎮塞也。③ 宋陷於僞夏，號爲龍州。

省嵬城，河東廢城，未詳其始。

忻都城，河東黑水之南，蓋夏州廢城也。④

得補兒胡城，忻都北廢城，未詳其始。

察罕腦城，忻都東北廢城，未詳其始。

陵墓

李王墓，賀蘭之東，數冢巍然，即僞夏所謂嘉、裕諸陵是也。其制度

---

① ［校］元昊：此二字原漫漶不清，據《正統寧志》卷上、《嘉靖寧志》卷二《寧夏總鎮·古蹟》補。

② ［校］豐安：原倒作"安豐"，據《元和郡縣圖志》卷四《關內道四·靈州》、《太平寰宇記》卷三六《關西道十二·靈州》改。下文"豐安鎮"之"豐安"亦同改。

③ ［校］鎮塞：此二字原脫，據《嘉靖寧志》卷二《寧夏總鎮·古蹟》補。

④ ［校］蓋：原作"盡"，據文意及《嘉靖寧志》卷二《寧夏總鎮·古蹟》改。

做鞏縣宋陵而作,① 人有掘之者,無一物。

安塞王墓,賀蘭山乾溝兒孤山之下。慶藩之墓俱在韋州,② 王生時立墓於此。

鎮守總兵官張泰墓,城東十餘里,工部奏造。

鎮守太監王清墓,城東十餘里,工部奏造。

寧夏新志卷之一

---

① 經科學考古發掘表明,寧夏賀蘭山東麓之西夏王陵陵制并非傚鞏縣宋陵而作。九座帝陵中,六號陵爲夏太宗李德明之嘉陵,七號陵爲夏仁宗李仁孝之壽陵,其他帝陵陵主需要進一步考古才能確定。參見孫昌盛《西夏六號陵陵主考》。

② ［校］藩:原作"蕃",擾本志前文改。

寧夏新志卷之二[1]

賜進士出身、奉議大夫、戶部郎中、鎮人胡汝礪　編
賜進士出身、奉政大夫、陝西按察司僉事、中州李端澄　校

人物

隋

柳彧，字幼文，河東人。爲治書御史，[2] 正色立朝，百僚敬憚。後爲楊素所擠，坐罪除名，徙配朔方懷遠鎮。[3]

宇文忻，字仲樂，朔方人。從周武帝，以平齊功進位大將軍。佐高熲破尉遲迥，[4] 加上柱國，封英國公。忻妙解兵法，馭戎齊整。當時六軍有一善事，雖非忻所建，在下輒相謂曰："此必英公法也。"

唐

韓游瓌，[5] 靈武人。始爲郭子儀裨將，安祿山反，赴難功第一。李懷

---

① 天一閣藏本志卷二《寧夏總鎮·人物》內容有殘缺，卷端題名據本志卷端書例補，下文隋朝柳彧、宇文忻，唐朝韓游瓌、楊懷賓、戴休顏、侯知道、程俱羅，西夏斡道冲，元朝李禎、高智耀等十人事蹟，均據《嘉靖寧志》卷二《寧夏總鎮·人物》補。

② ［校］治書御史：《嘉靖陝志》卷三一《文獻十九·鄉賢·流寓》作"侍御史"。

③ 明朝胡侍《真珠船》"懷遠鎮"條考證認爲，柳彧徙配地"朔方懷遠鎮"在遼東，與今寧夏無關。《嘉靖寧志》、《嘉靖陝志》、《朔方新志》等均誤以爲柳彧流放在今寧夏故地，故載柳彧爲寧夏流寓者。《乾隆甘志》卷四〇亦襲此說。寧夏各舊志均誤記柳彧爲寧夏流寓者，蓋襲《嘉靖寧志》《嘉靖陝志》等之誤。本志因內容殘缺，不知是否載有柳彧事蹟。

④ ［校］尉遲迥：此同《北史》卷六〇《宇文忻傳》，《隋書》卷四〇《宇文忻傳》作"尉迥"。

⑤ ［校］游瓌：原作"游環"，據《舊唐書》卷一四四、《新唐書》卷一五六《韓游瓌傳》改。下同。

光反，誘游瓌爲變，游瓌白發其書，帝曰："卿可謂忠義矣。"功與渾瑊俱第一。卒，謚曰襄。

楊懷賓，夏州朔方人，爲韓游瓌將。李懷光反，懷賓殺賊黨張昕及同謀者。告行在，德宗勞問，授御史中丞。子朝晟爲懷光所繫。懷光平，帝原朝晟。父子皆開府御史中丞，軍中以爲榮。

戴休顏，夏州人。家世尚武，志膽不常。郭子儀引爲大將，討平党項羌，以功封咸寧郡王兼朔方節度副使。朱泚反，率兵馳奔行在。破泚，以偏師功加檢校尚書右僕射。卒，贈揚州大都督。弟休璿，封東陽郡王，休晏封彭城郡公。

侯知道、程俱羅，俱靈武人。親沒，穿壙起墳，出於身力。鄉人助之者，哭而反之。廬於墓側，號泣無節。侯氏七年，程氏三年，埃垢積首，草生髮間。殊鳥異獸，助之悲號。李華作《二孝贊》。

〔西夏〕

斡道冲，① 字宗聖，靈武人。其先從僞夏主遷興州，世掌夏國史。道冲通五經，爲蕃漢教授，譯《論語注》，別作《解義》二十卷曰《論語小義》，② 又作《周易卜筮斷》，以其國字書之，行於國中。後官至其國之中書宰相而沒。夏人嘗尊孔子爲至聖文宣帝，③ 是以畫公像列諸從祀。④ 其國郡縣之學，率是行之。夏亡，郡縣廢於兵，廟學盡壞，獨甘州僅存其蹟。興州有帝廟門榜及夏主《靈芝歌》石刻。⑤ 涼州有殿及廡。皇元至元

---

① 《嘉靖陝志》卷三一《文獻十九·鄉賢·寧夏等衛》、《嘉靖寧志》卷二《寧夏總鎮·人物》等原均載斡道冲爲宋朝人，其實爲西夏人，事蹟參見《道園學古錄》卷四《西夏相斡公畫像贊有序》。

② ［校］曰論語小義：此五字原脫，據《道園學古錄》卷四《西夏相斡公畫像贊有序》補。又，因斡道冲原著已佚，其具體內容已無法推知。本段"譯論語註別作解義二十卷曰論語小義"句若標點爲"譯《論語》，註別作解義二十卷曰《論語小義》"亦通。斡道冲先翻譯儒家原典，然後對其進行注解，可能更符合實際。

③ ［校］嘗：原作"常"，據《道園學古錄》卷四《西夏相斡公畫像贊有序》改。

④ ［校］像：《道園學古錄》卷四《西夏相斡公畫像贊有序》作"象"。

⑤ 1975年，寧夏博物館在西夏陵區七號陵（夏仁宗仁孝壽陵）發現《靈芝歌》殘碑，楷書陰刻，存3行31字，即："……《（靈）芝頌》一首，其辭曰：於皇□□，……俟時効祉，擇地騰芳。金量曄□，……德施率土，賚及多方。既啟有□，……"參見李範文《西夏陵墓出土殘碑粹編》圖版肆陸。

間，①公之曾孫雲南廉訪使道明奉詔使過涼州，見殿廡有公從祀遺像，欷歔流涕不能去，求工人摹而藏諸家。延祐間，荆王脩廟學，盡撤其舊而新之，所像亡矣。廉訪之孫奎章閣典籤玉倫都嘗以《禮記》舉進士。②從子成均於閣下又爲僚焉。③間來告曰："昔國崇尚文治，先中書與有功焉。國中從祀廟學之像，僅存兵火之餘，而泯墜於今日，不亦悲夫。先世至元所摹像固無恙也。④願有述焉，以貽我後之人。"乃爲録其事而述贊曰："西夏之盛，禮事孔子。極其尊親，以帝廟祀。乃有儒臣，蚤究典謨。⑤通經同文，教其國都。遂相其君，作服施采。顧瞻學宮，遺像斯在。國廢人遠，人鮮克知。壞宮改作，不聞金絲。不忘其親，在賢孫子。載圖丹青，取徵良史。"

元

李禎，西夏國族子。金末，以經童中選。既長，入爲質子，以文學得近侍，元太宗嘉之。後從伐金，及下淮甸，累官襄陽軍馬萬户。⑥

高智耀，河西人。世仕夏，祖良惠爲夏右丞相。智耀登本國進士。夏亡，隱賀蘭山。元太祖召見，將用之。遽辭歸，後入見憲宗言："儒者宜蠲徭役。"世祖時又言："儒術有補治道。"拜翰林學士，遷西夏中興等路提刑按察使。卒，追封爲寧國公，諡文忠。⑦

高睿，智耀子，⑧年十六授符寶郎，出入禁闥，詳雅恭謹。歷嘉興路總管、浙西淮東廉訪使。所至有政績，兩爲南臺御史中丞。務持大體，有儒者之風。卒贈太傅，諡貞簡。子納麟官至太尉。

李恒，西夏國兀納剌城族子，⑨生有異質，世祖時累功爲益都淄萊新

---

① [校] 皇元：《道園學古録》卷四《西夏相斡公畫像贊有序》無此二字。
② [校] 奎章閣典籤玉倫徒：《嘉靖寧志》卷二《寧夏總鎮·人物》原作"奎章典籤玉倫徒"，據《道園學古録》卷四《西夏相斡公畫像贊有序》改。
③ [校] 從子：《道園學古録》卷四《西夏相斡公畫像贊有序》作"從予"。
④ [校] 至元："至"字原脱，據《道園學古録》卷四《西夏相斡公畫像贊有序》補。
⑤ [校] 究：原作"就"，據《道園學古録》卷四《西夏相斡公畫像贊有序》改。
⑥ [校] 襄陽：原作"廣陽"，據《元史》卷一二四《李禎傳》改。
⑦ [校] 文忠：本志本卷此二字前所有文字原缺，均據《嘉靖寧志》卷二《寧夏總鎮·人物》補。參見本志第30頁脚注①。
⑧ [校] 智耀：原作"知耀"，據《元史》卷一二五《高睿傳》改。
⑨ [校] 兀納剌城："剌"字原脱，據《元史》卷一二九《李恒傳》補。

軍萬戶。① 從取宋襄陽、江西及平崖山，累官中書左丞。後討交趾，中毒矢卒。謚武愍，追封滕國公。

星吉，河西人，事仁宗於潛邸，以精敏稱，② 累官江南行臺御史大夫。③ 克持風裁，歷湖廣、江西行省平章。詔守江西時，賊據州縣，屢破之。中流矢而死。爲人公廉明決，能以忠義感激人心，故能以少擊眾云。

沙覽苔里，④ 河西人，姓路氏。仕元至丞相、南臺御史大夫。

論卜，河西人，仕元至司徒平章。元末守寧夏。

也速迭兒，河西人，仕元至廉訪使。

福壽，河西人，仕元至南臺御史大夫。

納速耳丁，先世回紇，居寧夏。仕元至廉訪使。

常八斤，夏人，以治弓見知，乃詫於耶律楚材曰："本朝尚武，而明公欲以文進，不已左乎？"楚材曰："且治弓尚須弓匠，豈治天下不用治天下匠耶？"

國朝

宗室文學

慶靖王，皇明太祖高皇帝第十五子。洪武二十四年封居韋州，⑤ 三十四年移寧夏。王天性英敏，問學博洽，長於詩文。所著有《寧夏志》二卷、《凝真稿》十八卷、《集句閨情》一卷。其草書清放馴雅，絕無俗礙，海內傳重，視爲拱璧。

安塞宣靖王，慶靖王第六子，資性秀發，苦於問學，從事几案日久，胷起頑肉。通五經、子、史，愛接賓客。傾懷忘勢，至有契合者，留之書齋，歡洽連旬不釋。後宮之色淡然，不爲有無，竟乏嗣，⑥ 薨才四十七。

---

① ［校］新軍：此二字原脫，據《元史》卷一二九《李恒傳》補。
② ［校］精敏：原作"積敏"，據《元史》卷一四四《星吉傳》改。
③ ［校］江南：原作"江西"，據《元史》卷一四四《星吉傳》改。
④ ［校］沙覽苔里：《元史》卷一一三《宰相年表》作"沙藍答里"。
⑤ ［校］洪武二十四年封居韋州：據《慶王壙志》《明史》卷一〇二《諸王世表》、卷一一七《慶王㮭傳》載，朱㮭於洪武二十四年（1391）被封慶王，洪武二十六年（1393）就藩韋州。此不當連敘。
⑥ 寧夏舊志中，自本志始，其後《嘉靖寧志》等志均載秩炅未有子嗣。《明英宗實錄》卷一六八"正統十三年（1448）七月乙巳"載，"賜安塞王秩炅嫡子名邃珠，庶子名邃墊"。故寧夏舊志疑誤。

所著有《滄洲愚隱録》六卷，《樗齋隨筆録》二十卷。

流寓

邊定，字文静，陳留人。洪武初，爲杭州府屬典史，謫戍寧夏，長於吟作。

潘原凱，① 字俊民，嘉禾人。洪武初，爲某知縣，謫戍寧夏，工詩文。

林季，字桂芳，嘉禾人。洪武初，謫戍寧夏，擅文名。

沈益，嘉禾人。洪武初，謫戍寧夏，亦騷客之雄也。

毛翀，字文羽，錢塘學生。洪武初，代父來戍寧夏，詞翰超卓。

承廣，延陵人。洪武初，爲南昌都司知事，謫戍寧夏，詩筆豪邁。

王滑道，② 天台人。洪武初，爲秦州主簿，謫戍寧夏，酷好題咏。

阮彧，字景文，錢塘人。以國子生上章，謫戍寧夏，工吟咏，尤長於四六。

陳矩，字善方，廬陵人。洪武初進士，以户部主事謫戍寧夏，後復官江陵知縣。

唐鑑，字景明，姑蘇人，税户。洪武初，謫戍寧夏，詞韻雅健，有詩集。

葉公亮，天台人。洪武初，謫戍寧夏，有詩名。

郭原，字士常，淮安人。洪武初，以黔陽知縣謫戍寧夏，號"梅所"。艱難之際，以詩酒自樂。

王友善，溧陽人。洪武初，謫戍寧夏，以文學名。

科目

徐琦，字良玉，中永樂戊子鄉試，③登乙未進士。④嘗諭降安南，累官至南京兵部尚書、參贊守備機務。德望隆重，卒，⑤贈太保，謚曰貞襄。

---

① [校]潘原凱：本志卷八《雜詠類·國朝·梅所》作"潘元凱"。
② [校]王滑道：《嘉靖陝志》卷三一《文獻十九·鄉賢·流寓》作"王滑通"。
③ 永樂戊子：明成祖朱棣永樂六年（1408）。
④ 乙未：永樂十三年（1415）。
⑤ 《明宣宗實録》卷二二七載，徐琦卒於景泰四年（1453）三月己卯。《明史》卷一五八《徐琦傳》亦載其卒於景泰四年三月。

曹衡，中永樂辛卯鄉試，① 登乙未進士，累官廣西柳州府知府。

朱孟德，中辛卯鄉試，登戊戌進士，② 以文學選翰林庶吉士，任廣東興寧縣知縣。

陳純，中丁酉鄉試，③ 任湖廣漢陽縣知縣。

王玉，中庚子鄉試。④

吳能，⑤ 中癸卯鄉試。⑥

韓忠，中癸卯鄉試，任安塞王府教授。

宋儒，中宣德壬子鄉試，⑦ 登正統壬戌進士，⑧ 由刑科給事中歷江西按察司僉事。善楷書，今刊行《書經講義》、律條疏議，預功爲多。

趙縉，中正統辛酉鄉試，⑨ 由監察御史歷山東按察司僉事。

趙玉，中辛酉鄉試，累官大名府知府。

姚誠，中甲子鄉試，⑩ 任大興縣知縣。

程景雲，中丁卯鄉試，⑪ 登景泰甲戌進士，⑫ 任南京監察御史。

蔣瑢，中景泰庚午鄉試。⑬

鄒牧，中庚午鄉試，累官杭州府通判。

王憲，中庚午鄉試。

陳德，中庚午鄉試，任山東滋陽縣學訓導。

包文學，中庚午鄉試，累官江西饒州府同知。

賈正，中庚午鄉試，任浙江縉雲縣知縣。

但懋，中庚午鄉試，累官南京戶部郎中。

---

① 永樂辛卯：永樂九年（1411）。

② 戊戌：永樂十六年（1418）。

③ 丁酉：永樂十五年（1417）。

④ ［校］庚子：永樂十八年（1420）。《正統寧志》卷上《貢舉》載，王玉於永樂十九年（辛丑科，1421）中鄉試。

⑤ ［校］吳能：《正統寧志》卷上《貢舉》作"胡能"。

⑥ 癸卯：永樂二十一年（1423）。

⑦ 宣德壬子：明宣宗朱瞻基宣德七年（1432）。

⑧ 正統壬戌：明英宗朱祁鎮正統七年（1442）。

⑨ 正統辛酉：正統六年（1441）。

⑩ 甲子：正統九年（1444）。

⑪ 丁卯：正統十二年（1447）。

⑫ 景泰甲戌：明代宗朱祁鈺景泰五年（1454）。

⑬ 景泰庚午：景泰元年（1450）。

沈禎，中庚午鄉試，任弘農王府教授。

王用賓，中癸酉鄉試，① 累官河南府同知。

常泰，中癸酉鄉試，任定州學訓導。

計全，中癸酉鄉試，累官四川綿州知州。

陳林，中癸酉鄉試，任湖廣武昌府通判。

吳震，吳能之子，中癸酉鄉試，任南京右府經歷。

徐智，中癸酉鄉試，任江西建昌府通判。

朱廷儀，中丙子鄉試，② 累官四川順慶府同知。

朱俊，中天順己卯鄉試，③ 任河南扶溝縣知縣。

袁英，中成化乙酉鄉試，④ 任四川保寧府同知。

何英，中乙酉鄉試，任山西平陽府學訓導。

殷敩，中乙酉鄉試，任揚州府江都縣知縣。

張翼，中乙酉鄉試，累官山西岳陽縣知縣。

夏景芳，中戊子鄉試。⑤

夏景華，景芳之弟，中甲午鄉試，⑥ 任河南彰德府推官。

李遑，中丁酉鄉試，⑦ 任山東觀城縣知縣。

丘山，中丁酉鄉試，任河南扶溝縣學教諭。

馬聰，中丁酉鄉試，任順天府三河縣知縣。

山岳，中庚子鄉試，⑧ 任慶府紀善。

李泰，中癸卯鄉試，⑨ 由知縣陞山東濱州知州。

孔琮，中癸卯鄉試，任雍府紀善。

蕭漢，中癸卯鄉試。

李用賓，中丙午鄉試，⑩ 任山西臨晉縣學訓導。

---

① 癸酉：景泰四年（1453）。
② 丙子：景泰七年（1456）。
③ 天順己卯：明英宗朱祁鎮天順三年（1459）。
④ 成化乙酉：明憲宗朱見深成化元年（1465）。
⑤ 戊子：成化四年（1468）。
⑥ 甲午：成化十年（1474）。
⑦ 丁酉：成化十三年（1477）。
⑧ 庚子：成化十六年（1480）。
⑨ 癸卯：成化十九年（1483）。
⑩ 丙午：成化二十二年（1486）。

胡汝礪，中丙午鄉試，登丁未進士，① 由户部主事歷陞兵部尚書。
邢通，中丙午鄉試。
張凌漢，中弘治己酉鄉試。②
濮頤，中己酉鄉試，由知縣陞曹州知州。
田賦，中己酉鄉試，任河南武陟縣學教諭。
梅信，中壬子鄉試，③ 由知縣。
徐曇，中壬子鄉試，由教諭陞教授。
胡汝楫，汝礪之弟，中乙卯鄉試，④ 登乙丑進士，⑤ 任任丘知縣。
馬昊，中乙卯鄉試，登己未進士，⑥ 由御史陞。
劉慶，中戊午鄉試，⑦ 登己未進士，由知縣陞御史。
駱用卿，中辛酉鄉試，⑧ 戊辰進士，⑨ 由知縣。
張嘉謨，張翼之子，中辛酉鄉試，登壬戌進士，⑩ 由兵部主事。
趙璽，中辛酉鄉試，由教諭。
吕渭，中甲子鄉試。⑪
吴冕，中甲子鄉試。
張鳳岐，中正德庚午鄉試。⑫

監生

王臣，任鹽運大使。
陳新，任真寧王府教授。
李昶，任慶府教授。
張諫。

---

① 丁未：成化二十三年（1487）。
② 弘治己酉：弘治二年（1489）。
③ 壬子：弘治五年（1492）。
④ 乙卯：弘治八年（1495）。
⑤ 乙丑：弘治十八年（1505）。
⑥ 己未：弘治十二年（1499）。
⑦ 戊午：弘治十一年（1498）。
⑧ 辛酉：弘治十四年（1501）。
⑨ 戊辰：明武宗朱厚照正德三年（1508）。
⑩ 壬戌：弘治十五年（1502）。
⑪ 甲子：弘治十七年（1504）。
⑫ 正德庚午：正德五年（1510）。

王璽，任順德府唐山縣縣丞。
朱瑀，任陝西環縣學訓導。
沈洪，任慶府紀善。
王卿，任山東德州學訓導。
王懿德，任山西蒲州學訓導。
朱禎，任弘農王府教授。
沈經，任山東郯城縣學訓導。
楊濟。
耿奎。
孫善，任真定府井陘縣學訓導。
趙儒。
徐敞。
王紳。
吳泰。
耿壽。
馬璘，任鎮番衛學訓導。
何琳。
朱宗元。
陳達。
戚勛，任四川開縣學訓導。
周鼎，任四川定遠縣學訓導。
金鏞。
恩例
張翊，任豐林王府教授。
謝鏞。
楊忠。
王卿，任慶府紀善。
李智。
張經。
路綸，任廣昌王府教授。
虎文、王寅、趙葵、王松年、朱達、殷汝霖、袁輅，以上成化二十二年。

張通、張連、王路、管永泰、白鳳、安廷瑞、胡汝翼、張思聰，以上正德四年。

恩封

胡雄，以孫汝礪推贈通議大夫、兵部左侍郎。

胡璉，字重器，博涉經藝，累科不售，以子汝礪推封通議大夫、兵部左侍郎。多義行，所著有《槐堂禮俗》三卷、①《耕隱集》五卷。

張翼，原任岳陽縣知縣，以子嘉謨推贈戶部主事。

武階

張泰，寧夏左屯衛指揮使，累官右軍都督同知、征西將軍，鎮守寧夏。致仕，尋復本任。致仕卒，② 卹賜優厚。爲人深沈有識，自結髮用兵無挫衂，累効奇績，有古良將風。寧夏境內，凡一關一候之設，一營一陣之法，與夫兵車火炮之製，皆出其謀畫。

仇廉，寧夏前衛指揮使，有文武材。天順間，陞都指揮僉事，充副總兵，鎮守寧夏，陣沒。

黃瑀，寧夏右衛指揮使。以軍功陞都指揮僉事，歷寧夏東路協同，分守興武營。

何文，寧夏左衛指揮使。景泰中致仕，天順初，虜眾犯大壩，文携其子琳破敵功最，陞都指揮僉事，仍見任。

何琳，文之子也，以指揮使從父有功，陞都指揮僉事，協同分守寧夏東路興武營。

仇理，廉之子，寧夏前衛指揮使，以薦陞都指揮僉事，協同寧夏東路興武營。

任信，寧夏前衛指揮使，以功陞都指揮僉事。

熊岡，寧夏衛指揮使，以王親調寧山衛，累官都督僉事，充總兵官，鎮守榆林。

張翊，泰之子也，寧夏左衛指揮使，陞遊擊將軍，改分守寧夏西路左叅將。

劉忠，寧夏右屯衛指揮使，以軍功陞都指揮僉事。

劉端，寧夏衛指揮使，累立戰功，擢都指揮使。後於正德庚午夏斬獲

---

① 《嘉靖陝志》卷十七《文獻五·史子集》載，《槐堂禮俗》著者爲胡汝礪之弟胡汝楫。
② 《明憲宗實錄》卷一二二載，張泰卒於成化九年（1473）十一月辛丑。

逆黨有功,① 進階右軍都督府都督僉事。

王泰,寧夏左屯衛指揮使,以軍功陞都指揮僉事。

顧玘,寧夏衛人,從征大同,以軍功陞錦衣衛副千户,累陞指揮僉事。

孝行

王綱,字子紋,② 寧夏衛指揮綸之弟,母喪,廬墓,足不履城郭者三年,宣德間旌表。

忠節

王俶,陝西都指揮僉事,守寧夏,永樂辛卯,③ 與虜賊戰於大河之西,④ 竭力鏖戰,被眾創而死。

劉英,寧夏衛指揮使,以軍功陞都指揮僉事。成化初,在定邊營與虜賊對敵,力敝而死。

王理,寧夏前衛指揮僉事。成化初,在鴨兒巷與虜賊對敵,力戰而死。

蘇諒,寧夏右屯衛指揮僉事。成化四年,石城滿賊作亂,諒領軍與戰,力敝而死。

王震,寧夏右屯衛指揮僉事,與蘇諒同事石城,殁於勁敵。

趙璽,寧夏前衛指揮僉事。弘治六年,與虜賊戰於靈武口廟山墩之下,時眾潰矢盡,以刀立殪數賊。及被執,賊酋乃脅之曲跽,大罵不從,遂遇酷害。

楊忠,寧夏中衛指揮使,以功陞都指揮僉事。廉介自律,勇畧過人,士夫多稱之。正德五年,真鏪變,賊首丁廣入行臺弑逆。會忠以事候臺下,正色厲辭,斥以大義。廣怒,叱眾殺之,至死罵不絕口,城中老稚聞者無不飲泣。事聞朝廷,賜以諭祭,俾其子蔭官,進秩表其門曰"忠

---

① 正德庚午:正德五年(1510)。
② [校]子紋:原同《嘉靖寧志》卷二《寧夏總鎮·孝行》、《朔方新志》卷三《孝》均作"子文",據《正統寧志》卷上《孝行》、《嘉靖陝志》卷三一《文獻·鄉賢·寧夏等衛》改。
③ 永樂辛卯:永樂九年(1411)。
④ [校]大河之西:疑當作"大河之東"。《明太宗實錄》卷一一二載,永樂九年正月庚辰,敕甘肅總兵官侯宗琥曰,得報韃賊失捏干剽掠黃河東岸,寧夏都指揮王俶無謀輕敵,爲賊所陷。

烈"。巡撫馮公〔清〕輓之，以詩勒於學宮，① 人傳誦焉。

李睿，寧夏衛指揮同知，陞都指揮僉事。寘鐇變，睿馳至其第，因奮罵不屈，爲亂軍所殺。事聞朝廷，賜以諭祭，俾其子蔭官，進秩表其門曰"忠烈"。

張欽，寧夏右衛百户。正德五年，寘鐇變，欽不願臣順，出奔於外，爲逆賊百户雷英射死。事聞朝廷，賜以諭祭，俾其子蔭官，進秩表其門曰"忠節"。

烈婦

殷氏，寧夏衛軍餘胡勗妻，年十六適勗。勗病革，語之曰："歿後幸無他適。"殷曰："諾。"勗歿之夕，殷遂縊死柩前。事聞，旌表。

時氏，都指揮王俶妻。俶死於敵，時聞之，自縊而死，號"雙節"。

黃氏，名京箴，寧夏左護衛指揮黃欽之妻也。欽以事繫官，懼罪自縊死，黃亦縊死，同棺斂焉。

常氏，小字保姐，寧州袁村里人。從父戍寧夏，適同戍鄉人劉金住，生一女早夭。金住戰歿，常守義不辱，事夫之繼母胡氏暨撫夫之小妹無怠。無賴少年第姓者彊欲娶之，常峻拒不可。胡氏死，常治葬中禮。第姓者累脅之，常曰："妾夫亡之日，以死自誓，再不適人，矧汝與亡夫同戍於此，忍爲言乎？"第姓者求之愈厲。常泣辭夫之妹，出城外，坐水濱，呼天而哭者一晝夜，飲恨赴水而死。

孝婦

王氏，名善清，寧夏總旗李某妻。舅病風累年，每遺矢溺，族屬皆捫鼻，王獨侍前，日與眼暴，每隆冬夜分炳火燎炙之，曾不爲嫌。夫死，其弟欲脅而嫁之。王不動，又脅之析居。王不得已，携其二子還父家就食。其父母病熱思冰，時八月上旬也，王夜以二器貯水祈祝，詰旦視之，果冰也。持奉二親，疾遂愈。王以壽終。

陳氏，衛學生胡璉妻也。其舅老且病，矢溺不下牀席，人不能近。時其夫赴舉，陳率其幼子，晝夜候寢門外，曲意扶持，其眼暴洗濯，一出誠懇。舅病革，乃執陳父手曰："吾以苦病累汝女，願汝女有好子、好孫如汝女。"感泣而卒。後陳事其姑，亦如其舅云。

---

① 參見本志卷八《雜詠類·國朝詩》載馮清撰《感楊忠等事》。

節婦

施氏，都指揮何琳妻。琳死，施方二十二歲，誓節不辱，冰霜凜然。撫其遺孤欽至於成立，施年已七十矣。

王氏，寧夏衛千戶孫泰妻。年十八，夫死，遺腹未免，欲自經，親族以存宗祀勸之，乃不死，撫其遺孤，嚴慈有道。時方紅顏，不問門外事，彊族利其官，欲構害其母子者。王晝則閉門，事女工以供衣食，夜則號泣祝天以祈庇祐，備歷艱苦。及子洪成立，而雙目瞽矣。全人之宗祀而不失其身，況處嗷嘈之間哉。

李氏，陣歿中護衛千戶彭泰妻。年二十寡居，撫遺孤旭成立，誓守無玷，今年已七十餘矣。

黃氏，右衛醫士汪銓妻。銓客死乏嗣，時黃年二十七，① 撫其孤女適配名家，煢子勤苦，二十餘年無可庇議。

直衛

彭原，寧夏衛人。景泰間，以材力舉任錦衣衛大漢百戶。

盧義，寧夏衛人。成化初，以材力舉任錦衣衛大漢百戶。

義民

茅貴、杜海、朱禋、焦原、趙友德、虞海、韓寅、黃銘、葉榮、孫俊、繆顯、葛謙、陳祥、張敬、唐顯、管矩、吳仲名，俱正統年間納粟五百石、旌表受勑者。

宦蹟

元魏

源子雍，② 夏州刺史。適朔方胡反，圍城，城中食盡，子雍詣東夏州運糧，爲胡帥所禽。子雍以義感眾，不爲屈，胡帥遂降，糧道既通，二夏以全。

唐

張仁愿，朔方軍總管。於河北築三受降城，絕虜南寇路。自是朔方無

---

① ［校］二十七：《康熙陝志》卷二二《列女》作"二十"。
② ［校］子雍：《北史》卷二八《源子邕傳》作"子邕"。

寇，歲損費億計，① 減鎮兵數萬。

王方翼，② 夏州都督。時牛疫，民廢田作，方翼爲耦耕法，張機鍵，力省而見功多，百姓賴焉。

王忠嗣，以武功至左金吾衛將軍。③ 本負勇敢，④ 及爲將，乃能持重。俄爲河西、隴右、朔方、河東節度，佩四將印，控制萬里。每互市，高估馬價，諸胡争以馬求市，⑤ 胡馬遂少。

魏元忠，靈武道行軍大總管。以禦突厥，馭軍持重，無大功，亦未敗。

裴識，靈武節度使。靈武地斥鹵無井，識誓神而鑿之，果得泉。

路嗣恭，⑥ 朔方節度。靈武初復，戎落未安，嗣恭披荆棘，立軍府，威令大行。

杜希全，朔方節度。軍令嚴整，士畏其威。奉天之狩，引兵赴難。賊平，遷靈、鹽、豐、夏節度使。

五代

張希崇，唐明宗時爲朔方節度。爲政有恩信，興屯田以省漕運。及歸石晉，仍鎮朔方。

馮暉，晉天福中以義成節度鎮靈武，服羌酋，廣屯田，管内大治。

宋

尹憲，雍熙初知夏州，攻破李繼遷之眾於地斤澤，⑦ 繼遷遁之，俘獲四百餘帳。

---

① ［校］損費：此同《新唐書》卷一一一《張仁愿傳》，《康熙陝志》卷十八下《名宦》《乾隆甘志》卷三〇《名宦》《寧夏府志》卷十二《宦蹟》均作"省費"。

② ［校］方翼：原作"方義"，據後文及《舊唐書》卷一八五上、《新唐書》卷一一一《王方翼傳》改。

③ ［校］至左金吾：原作"至今吾"，據《舊唐書》卷一〇三、《新唐書》卷一三三《王忠嗣傳》改。

④ ［校］負：此字原脱，據《新唐書》卷一三三《王忠嗣傳》補。

⑤ ［校］市：原作"十"，據《舊唐書》卷一〇三《王忠嗣傳》改。

⑥ ［校］嗣恭：原作"思嗣"，據後文及《舊唐書》卷一二二、《新唐書》卷一三八《路嗣恭傳》改。

⑦ ［校］地斤澤：原作"地斥澤"，據《宋史》卷二七六《尹憲傳》改。

元

袁裕，中統間爲中興等路勸農副使。① 時徙鄂民萬餘於西夏，② 多流離顛沛，裕與安撫使獨吉請給地，立屯官，民以安。

張文謙，以中書左丞行省西夏中興等路，③ 興渠田之利，變鄙野之俗。

郭守敬，以河渠副使從張文謙至西夏，濬唐來、漢延諸渠，溉田萬餘頃。

董文用，中興等路行省郎中。自渾都海之亂，民間相恐竄匿山谷，文用鎮之以靜，民乃安。又開濬古唐來、漢延二渠，墾水田若干，寔與守敬同事，以贊成文謙之功。

國朝

主將

耿忠，寧夏衛指揮使。長興侯耿炳文之弟，謀識高遠。洪武九年，率兵開立寧夏衛，披荆棘，立法制，招徠降撫，恩威兼施，然守以鎮静，境土以寧。④

徐真，⑤ 寧夏衛指揮使。開國功臣徐呆厮之子，⑥ 驍勇善射。洪武間鎮守，數提兵深入漠北，俘斬甚眾。居邊數年，烽塵不驚。

沐英，西平侯。洪武十三年，⑦ 僞知院䚟沮、⑧ 脫火赤聚眾山後，侵擾疆場，英奉命總兵，自靈武口出與戰，禽之以歸，邊人始安。

---

① ［校］副使："副"字原脱，據《元史》卷一七〇《袁裕傳》補。
② ［校］西夏：原作"寧夏"，據《元史》卷一七〇《袁裕傳》改。
③ ［校］西夏：原作"寧夏"，據《元史》卷一五七《張文謙傳》改。
④ ［校］土：原作"一"，據《嘉靖陝志》卷二四《文獻十二·名宦·寧夏衛》改。
⑤ ［校］徐真：此同《嘉靖陝志》卷二四《文獻十二·名宦》、《嘉靖寧志》卷二《寧夏總鎮·宦蹟》，《嘉靖陝志》卷十七《文獻九·全陝名宦》作"徐貞"。
⑥ ［校］呆厮：《嘉靖陝志》卷二四《文獻十二·名宦·寧夏衛》作"另厮"。
⑦ ［校］洪武十三年：原作"洪武初"，據《明太祖實錄》卷一三〇、《明史》卷一二六《沐英傳》等改。按：洪武十三年（1380）戰事，參見《明太祖實錄》卷一三〇"洪武十三年三月壬子"條、卷二一八"洪武二十五年六月丁卯"條、卷二四五"洪武二十九年四月"條。
⑧ ［校］䚟沮：《明太祖實錄》卷二一八、卷二四五，《明史》卷一二六《沐英傳》均作"愛足"。

馬鑑，前軍都督。洪武初守寧夏，率兵出賀蘭，至地名五井，與元故平章論卜戰，敗之遠遁，軍聲大振。

胡原，都督，永樂初鎮守。①

何福，都督，永樂初鎮守。② 有馭眾才，而立法嚴刻。

王俶，陝西都指揮僉事，廉謹有爲。餘事見《人物》。③

柳升，安遠侯。永樂九年，以平羌將軍、總兵鎮守，沈靜忠直，威惠兼施，無敢犯之者。辛卯，④ 靈州胡寇之亂，處之晏然，卒以安妥，有古良將之風。

張麟，陝西都指揮使，永樂間鎮守，⑤ 智畧出眾。永樂二十一年冬，胡虜入寇，士馬之精彊者適從駕北征。麟鼓舞疲兵，妙設方畧，遣指揮蘇楷率眾與戰，⑥ 俘斬甚眾，虜懼而遁，邊境以寧。

費瓛，⑦ 陝西都指揮，永樂間鎮守。⑧

吳傑，陝西都指揮，永樂間鎮守。

梁銘，保定伯。⑨ 初以都督爲征西糸將鎮守，既而加以前爵，居邊一年，夷夏知名。

陳懋，寧陽侯。宣德間，⑩ 以太保、征西將軍鎮守，勇畧超卓。居邊十餘年，⑪ 招降撫叛，最多奇功，真一時良將也。

---

① 《明太宗實錄》卷四一載，永樂三年（1405）四月庚午，陞都指揮同知王俶、胡原俱爲都指揮使，守寧夏、延安。

② 《明太宗實錄》卷十一載，何福於洪武三十五年（明惠帝建文四年，1402）八月己未任職。

③ 參見本志卷二《寧夏總鎮・人物・國朝・忠節》。

④ 辛卯：永樂九年（1411）。

⑤ 《明太宗實錄》卷一三五載，張麟於永樂十年（1412）十二月癸酉任職。

⑥ ［校］蘇楷：原作"蘇瓛"，據吳忠禮《寧夏志箋證》第 163 頁《箋證》［四二］改。

⑦ ［校］費瓛：原作"費瑾"，據《明宣宗實錄》卷三六、《明史》卷一五五《費瓛傳》改。參見吳忠禮《寧夏志箋證》，第 163—164 頁《箋證》［四二］、［四三］。

⑧ 《明宣宗實錄》卷三六"宣德三年（1428）二月乙丑"條載，費瓛於永樂八年（1410）充總兵官鎮守寧夏、甘肅等處。

⑨ ［校］保定：原作"保安"，據《明史》卷一五四《梁銘傳》改。

⑩ 《明史》卷一四五《陳亨傳附陳懋傳》載，陳懋於永樂六年（1408）三月即"佩征西將軍印，鎮寧夏"，洪熙元年（1425）加太保。《明宣宗實錄》卷二二載，宣德元年（1426）十月乙酉，命太保寧陽侯陳懋佩征西將軍印充總兵官，鎮寧夏。

⑪ ［校］十餘年：《嘉靖陝志》卷十九《文獻七・全陝名宦》作"十年"。

史昭,① 右都督。宣德七年鎮守,用兵有紀律,能料勝負。每置鐵燕子於帳前,以候風色,凡占決無爽毫釐,人謂之諸葛然。置斥堠,建關隘,至今利之。

　　黄真,都督同知,正統間鎮守。②

　　張泰,見《人物》,③ 正統間鎮守。④

　　張義,都督僉事,景泰間鎮守。⑤

　　翁信,都督同知,天順間鎮守。⑥

　　李杲,都督僉事,成化元年鎮守。

　　吳琮,廣義伯,成化二年鎮守。

　　沈煜,脩武伯,成化五年鎮守。⑦

　　范瑾,都督同知,成化八年鎮守。持重謹畏,韋州之捷,其居功多焉。

　　神英,都督僉事,成化十三年鎮守。翹勇善射。

　　岳嵩,都督僉事,成化十八年鎮守。⑧

　　周玉,右都督,⑨ 成化二十年鎮守。號令嚴密,動止不妄,官軍悦服焉。

　　焦俊,東寧伯,成化二十三年鎮守。⑩

　　陳桓,泰寧侯,弘治元年鎮守。

　　周璽,都督僉事,弘治三年鎮守。廉明公謹,處決無滯,邊備為之一新焉。

---

　　① ［校］史昭:原作"史劍",據《明宣宗實錄》卷八八、《明史》卷一七四《史昭傳》改。下同。

　　② 《明英宗實錄》卷一〇八載,黄真於正統八年(1443)九月乙亥任職。

　　③ 參見本志卷二《寧夏總鎮·人物·國朝·武階》。

　　④ 《明英宗實錄》卷一七〇載,張泰於正統十三年(1448)九月丁亥任職。

　　⑤ 《明英宗實錄》卷二九五載,張義於天順二年(1458)九月丁未任職。非在景泰間始任職。

　　⑥ 《明英宗實錄》卷三一五載,翁信於天順四年(1460)五月丙申任職。

　　⑦ 《明憲宗實錄》卷六〇載,沈煜於成化四年(1468)十一月丁卯任職。

　　⑧ 《明憲宗實錄》卷二四三載,成化十九年(1483)八月戊寅,"陞分守延綏左參將署都指揮僉事岳嵩為署都督僉事,命充總兵官鎮守寧夏"。

　　⑨ ［校］右都督:《嘉靖陝志》卷十九《文獻七·全陝名宦》作"都督"。

　　⑩ 《明孝宗實錄》卷一六六"弘治十三年(1500)九月癸酉"條載,焦俊於成化二十三年(1487)改鎮寧夏。

李俊,① 都督同知，弘治四年鎮守。

郭鎬，都督僉事，弘治十二年鎮守。② 廉謹尚文，有良將風。

李祥，都督僉事，弘治十七年鎮守。③ 勇於克敵，身先士卒，有翹將風。

張安，都督僉事，正德四年鎮守。多謀畧，嘗遇虜，以單騎卻之。

溫恭，都督僉事，正德四年鎮守。

姜漢，④ 都督僉事，正德五年鎮守。⑤ 喜文事，爲寘鐇所害。

楊英，都督僉事，正德五年鎮守。先是，寘鐇變，英即出奔渡河，會靈州守備史鏞兵，奪舡拒渡，後至平復，英與有力焉。

仇鉞，寧夏前衛指揮理之子，累進爵咸寧侯。善射，力透重鎧，尤長於督兵。虜賊知名，以"黑臉太師"稱之。正德五年夏，都指揮何錦等謀爲不軌，鉞用計平之。於時不擾兵戈，不勞饋餉，惠及一鎮，功冠一時。夏人立生祠祀之，巡撫、都御史馮公詩以表之，⑥ 勒諸學宮。後平河南流賊，馬蹟所至，勢如破竹，人悉被惠，立生祠者十餘處，由是海內無不聞焉。餘見《俘捷》。⑦

保勳，寧夏衛指揮，累官署都督僉事、征西將軍，鎮守寧夏。博通武畧，雅尚儒文，尤長於詩。歷任邊將，老成練達。用兵惟務持重，多立戰功，當道咸奇其才，交章論薦，卒至通顯。

魏鎮，都督僉事，正德八年鎮守。雅尚儒文，尤閑將畧，擢居總鎮，卒於王事。

潘浩，都督僉事，正德九年鎮守。⑧ 豁達大度，驍勇多才，長於騎

---

① ［校］李俊：此同廣方言館本、抱經樓本《明孝宗實錄》，中國國家圖書館藏紅格本的曬藍本《明孝宗實錄》作"李進"。

② 《明孝宗實錄》卷一四三載，郭鎬於成化十一年（1498）十一月癸巳任職。

③ ［校］弘治十七年：原作"正德元年"，據《明孝宗實錄》卷二一〇、《明武宗實錄》卷一六三改。《明孝宗實錄》卷二一〇載，李祥於弘治十七年（1504）四月庚申任職。

④ ［校］姜漢：原作"江漢"，據《明武宗實錄》卷五六、《明史》卷一七四《姜漢傳》改。

⑤ ［校］五年：此同《嘉靖寧志》卷二《寧夏總鎮·宦蹟》，《明武宗實錄》卷五六、《明史》卷一七四《姜漢傳》《嘉靖陝志》卷三一《三邊鄉賢·榆林衛》等均作"四年"。

⑥ 參見本志卷八《雜詠類·國朝詩》載馮清撰《感咸寧伯仇鉞事》。

⑦ 參見本志卷二《寧夏總鎮·俘捷·平叛之捷》。

⑧ 《明武宗實錄》卷一〇四載，潘浩於正德八年（1513）九月癸未任職。

射，虜人聞風畏之。

副將

孫霖，陝西都指揮。永樂間鎮守，① 以驍勇稱。

張鴦，陝西都指揮。永樂間鎮守，備將之五德。②

陳懷，都督。洪熙初爲征西㓝將，曉暢軍事。

丁信，都督。正統元年，爲征西㓝將鎮守，不爲勞役無益之事，以廉謹稱。③

馬讓，都指揮，景泰元年鎮守。④

黃鑑，都指揮，景泰間鎮守。⑤

仇廉，見《人物》。⑥

張榮，都督僉事，天順初鎮守。⑦

林盛，陝西都指揮僉事，成化二年鎮守。

劉晟，⑧ 都指揮使，成化七年鎮守。⑨

王璽，都指揮同知，成化九年鎮守，⑩ 而勇畧冠於一時。

樊謙，都督僉事，成化十二年鎮守，謹厚人也。

李璵，都督僉事，成化十四年鎮守。

劉文，都指揮僉事，成化十六年鎮守。

阮興，都指揮僉事，弘治元年協守。稱"協守"者自此始。

盧欽，都督僉事，弘治五年協守。

張安，都指揮使，弘治八年協守。

---

① 《明太宗實錄》卷一三五載，孫霖於永樂十年（1412）十二月癸酉任職。

② 《孫子·始計第一》："將者，智、信、仁、勇、嚴。"

③ [校]以：此字原爲空格，疑有脫文，據文例補。

④ [校]景泰元年：原作"正統間"，據《明英宗實錄》卷一九八、《明憲宗實錄》卷一六九改。《明英宗實錄》卷一九八載，馬讓於景泰元年（1450）十一月甲辰任職。

⑤ 《明英宗實錄》卷二三五載，黃鑑於景泰四年（1453）十一月丙寅任職。

⑥ 《明英宗實錄》卷三〇〇載，仇廉於天順三年（1459）二月癸酉任職。參見本志卷二《寧夏總鎮·人物·國朝·武階》、卷三《靈州守禦千户所·宦蹟》。

⑦ 《明英宗實錄》卷三三一載，張榮於天順五年（1461）八月己卯任職。

⑧ [校]劉晟：此同廣方言館本、抱經樓本《明憲宗實錄》，中國國家圖書館藏紅格本的曬藍本《明憲宗實錄》作"劉升"。

⑨ 《明憲宗實錄》卷一〇五載，劉晟於成化八年（1472）六月壬午任職。

⑩ [校]九年：原作"八年"，據《明憲宗實錄》卷一一五、《明孝宗實錄》卷十七改。《明憲宗實錄》卷一一五載，王璽於成化九年（1473）四月己巳任職。

傅釗，都指揮同知，弘治十三年協守。好文謙己，諳練邊務。

魏勇，都指揮僉事，弘治十七年協守。

趙文，平涼衛指揮使。正德七年，推大同遊擊，本年以功陞寧夏副將。閑於文墨，熟於韜畧，邊人重之。

鎮守內臣

魯安，太監，永樂間鎮守，以勇敢稱。征也先土堅，率鐵騎先至其帳內，脅降之。屢使西域，能宣布朝廷恩信，從之入貢者數十國。

王良，太監，同魯安鎮守。

海壽，太監，宣德間鎮守。處身儉約，招降夷虜甚眾。

來福，太監，正統間鎮守。

王清，太監，天順二年鎮守。沈靜儉約，練達軍務。成化十二年卒於官，朝廷命營葬於寧夏。

龔庸，太監，成化十二年鎮守。

韋敬，少監，成化十八年鎮守。二十年改鎮榆林，二十二年陞太監，復來鎮守。

簡顒，太監，成化二十年鎮守，以簡靜自處。

張睿，太監，弘治三年鎮守。

張僴，太監，弘治七年鎮守。廉靜謙約，邊人安之。

葛全，弘治十五年鎮守。崇尚質樸，鎮靖邊陲，人咸倚重焉。

李增，正德五年鎮守，為真鐇所害。

張㺹，正德五年鎮守。敦尚儉素，恂恂雅飭，惠恤軍士，禁戢群下，境內猶不知有功者，其安靜如此焉。

張昭，正德八年鎮守。歷任邊陲，諳練邊務，雅稱簡任焉。

巡撫

羅汝敬，江西吉水人，工部侍郎。宣德間巡撫陝西，① 提督甘肅、寧夏屯田，區處精密，杜兼并之私，廣儲蓄之利，至今賴之。

郭智，太平府蕪湖人，右僉都御史，正統間叅贊巡撫。② 持大體，嚴法令，奸暴斂手，風紀肅然。巡撫專任"都御史"自此始。

---

① 《明宣宗實錄》卷七六載，羅汝敬於宣德六年（1431）二月丁酉任職。
② 《明英宗實錄》卷十四載，郭智於正統元年（1436）二月庚子任職。

金濂，淮安府山陽人，右僉都御史，正統間叅贊巡撫。① 勸民出粟，置預備倉以救荒，邊人賴之。

　　盧睿，浙江東陽人，右副都御史，正統間叅贊巡撫。②

　　羅綺，河南磁州人，大理寺右寺丞，③ 景泰間叅贊巡撫。④

　　韓福，山東膠州人，右僉都御史，景泰間叅贊巡撫。⑤

　　陳翌，鳳陽虹縣人，右副都御史，⑥ 天順間巡撫。⑦

　　陳价，四川銅梁人，右副都御史，成化間巡撫。⑧

　　張鎣，松江府華亭人，右副都御史，成化三年巡撫。⑨ 脩建廟學，增廣人材。

　　徐廷璋，河南羅山人，右僉都御史，成化八年巡撫。脩葺壩口，設立城堡九處。

　　張鵬，保定府淶水人，右副都御史，成化十一年巡撫。⑩ 以寬仁得眾心。

　　賈俊，保定府束鹿人，⑪ 右僉都御史，成化十二年巡撫。⑫ 精勤剛果，自奉儉薄，洞得下情，而決摘如神。凡一應軍務，區處無遺，豪猾屏迹，軍民富彊。在邊八年，不挾妻子，兀然如老僧恰如也。

――――――――――

① 《明英宗實錄》卷三八載，金濂於正統三年（1438）正月庚子任職。

② 《明英宗實錄》卷一〇三載，盧睿於正統八年（1443）四月辛卯任職。

③ ［校］右寺丞：《嘉靖陝志》卷十九《文獻七·全陝名宦》作"寺丞"。

④ 《明英宗實錄》卷一一三載，命監察御史羅綺於正統九年（1444）二月丙戌參贊寧夏軍務，非景泰年間始任職。

⑤ 《明英宗實錄》卷一八三載，韓福於正統十四年（1449）九月庚寅參贊寧夏軍務，非景泰年間始任職。

⑥ ［校］右副都御史：《嘉靖陝志》卷十九《文獻七·全陝名宦》作"右都御史"。

⑦ 《明英宗實錄》卷二九一載，天順二年（1458）五月癸丑，鑄給巡撫甘肅、寧夏、大同三處關防，從右副都御史芮釗、陳翌、僉都御史李秉奏請也。

⑧ 《明英宗實錄》卷三五五載，陳价於天順七年（1463）閏七月己未被命巡撫寧夏，非成化初始任職。

⑨ ［校］三年：原同《嘉靖寧志》卷二《寧夏總鎮·宦蹟》作"六年"。《明憲宗實錄》卷四四載，張鎣於成化三年（1467）七月己丑任職。據改。

⑩ 《明憲宗實錄》卷一二九載，張鵬於成化十年（1474）六月壬申任職。

⑪ ［校］束鹿：原作"柬鹿"，據《明史》卷一八五《賈俊傳》改。

⑫ ［校］十二年：此同《嘉靖寧志》卷二《寧夏總鎮·宦蹟》、《萬曆陝志》卷十二《公署》。《明憲宗實錄》卷一六九、《明史》卷一八五《賈俊傳》均作"十三年"。

崔讓，山西石州人，右僉都御史，成化二十年巡撫。①

張瑋，河間府景州人，右副都御史，弘治二年巡撫。②

韓文，保定府新城人，右副都御史，弘治四年巡撫。③ 增脩學舍，創立射圃，以教生徒武藝。

孫仁，江西新淦人，右副都御史，弘治七年巡撫。

張禎叔，④ 四川巴縣人，右僉都御史，弘治九年巡撫，操守嚴慎，事功亦著。

王珣，山東曹縣人，右副都御史，弘治十一年巡撫。召集軍旅，立州建學，廣河渠，脩設邊防，增墾田糧，奏給哨軍行糧及站軍糧料。緩不急之征，蠲無田之稅，寬嚴得中，邊人服之。

劉憲，湖廣長沙府益陽縣人，成化戊戌進士，⑤ 以右僉都御史，⑥ 弘治十五年臨鎮。寬嚴得中，邊人慕之。

冒政，直隸揚州府泰州人，成化乙未進士，⑦ 以右副都御史，正德二年臨鎮。廉靜不苛，事多就緒。

曲銳，山東登州府萊陽縣人，成化辛丑進士，⑧ 以左僉都御史，⑨ 正德三年臨鎮。

馬炳然，⑩ 四川成都府內江縣人，成化辛丑進士，以右副都御史，⑪

---

① ［校］二十年：此同《嘉靖寧志》卷二《寧夏總鎮·宦蹟》、《萬曆陝志》卷十二《公署》。《明憲宗實錄》卷二四三載，崔讓於成化十九年（1483）八月甲申任職。

② ［校］二年：此同《嘉靖寧志》卷二《寧夏總鎮·宦蹟》、《萬曆陝志》卷十二《公署》。《明孝宗實錄》卷十七載，張瑋於弘治元年（1488）八月丁巳任職。

③ ［校］四年：此同《嘉靖寧志》卷二《寧夏總鎮·宦蹟》、《萬曆陝志》卷十二《公署》。《明孝宗實錄》卷三八載，韓文於弘治三年（1490）五月乙卯任職。

④ ［校］張禎叔：《嘉靖寧志》卷二《寧夏總鎮·宦蹟》作"張禎叔"，《朔方新志》卷二《內治·宦蹟》作"張禎淑"。

⑤ 成化戊戌：成化十四年（1478）。

⑥ ［校］右僉都御史：此同廣方言館本《明孝宗實錄》一八八，中國國家圖書館藏紅格本的曬藍本《明孝宗實錄》作"右都御史"，抱經樓本《明孝宗實錄》作"右僉副都御史"。

⑦ 成化乙未：成化十一年（1475）。

⑧ 成化辛丑：成化十七年（1481）。

⑨ ［校］左僉都御史：《嘉靖陝志》卷十九《文獻七·全陝名宦》作"右僉都御史"。

⑩ ［校］馬炳然：《萬曆陝志》卷十二《公署》作"馮炳然"。

⑪ ［校］右副都御史：《明武宗實錄》卷五一載，正德四年（1509）六月庚寅，改巡撫宣府左僉都御史馬炳然巡撫寧夏。同書卷五二載，同年七月乙未，陞巡撫寧夏右僉都御史馬炳然為右副都御史。故知，馬炳然在巡撫寧夏後陞右副都御史，非以右副都御史之職巡撫寧夏。

正德四年臨鎮，憲度嚴整，人不敢犯。

安惟學，山西平陽臨汾縣人，成化甲辰進士，① 以右副都御史，正德五年臨鎮。② 持己清介，不避勢要。以性禀大剛，未幾，爲群奸所害。③

張勛，直隸保定府完縣人，成化乙未進士，以右副都御史，④ 正德五年臨鎮。寬厚老成，致政而去，人思慕之。

馮清，浙江餘姚縣人，別號濯菴。弘治癸丑進士，⑤ 以右僉都御史，正德七年臨鎮。公負奇才，多大畧，規畫嚴整，⑥ □□□□，邊人愛慕之。正德甲戌夏，⑦ 陞户部右侍郎兼都察院左僉都御史，總督三邊軍餉，人皆有難色，公欣然領之。

遊擊將軍

陳友，都督。正統九年，充遊擊將軍，出征山後，所向無前，真驍勇將也。

張翊，成化間充遊擊將軍。見《人物》。⑧

祝雄，都指揮同知。成化七年，充遊擊將軍，驍健爲各邊推重。

史鏞，寧夏右衛指揮，歷陞都指揮同知。正德五年，充遊擊將軍。撫恤部伍，相機攻守，不泥兵法，所向多捷。值逆賊何錦等之變，⑨ 欲渡河爲亂，時鏞守備靈州，乃與副總兵楊英等奪其舟，賊計大沮。時論偉之，後陞甘州左副總兵。

鄭廉，寧夏左衛指揮，歷陞都指揮同知。正德八年，充遊擊將軍，驍勇善戰，士卒敬服，屢立戰功。

督儲

張添賜，户部主事。宣德間，監督邊儲，後專任按察司官，兼理刑

---

① 成化甲辰：成化二十年（1484）。
② ［校］五年：此同《萬曆陝志》卷十二《公署》。《明武宗實録》卷五八載，安惟學於正德四年（1509）十二月乙巳巡撫寧夏。
③ 《明武宗實録》卷六二載，正德五年（1510）四月庚寅，慶府安化王寘鐇反，安惟學等被殺。
④ ［校］右副都御史：《嘉靖陝志》卷十九《文獻七·全陝名宦》作"僉都御史"。
⑤ 弘治癸丑：弘治六年（1493）。
⑥ ［校］嚴整：此二字下原有四空格，疑有脱字。
⑦ 正德甲戌：正德九年（1514）。
⑧ 參見本志卷二《寧夏總鎮·人物·國朝·武階》、卷三《靈州守禦千户所·宦蹟》。
⑨ ［校］值：原作"置"，據《嘉靖陝志》卷十九《文獻七·全陝名宦》、《乾隆甘志》卷三六改。

名焉。

刘瓒，按察副使。

金濂，副使。

何楚英，副使。

马谦，副使。

郭纪，副使。

李皋，佥事。

孙逢吉，佥事。

王瀛，副使。

王塤，佥事。

刘谦，佥事。

曹奇，佥事。

姚明，佥事。

罗明，副使。镇静廉隅，人不敢欺。

王瓒，佥事。

余金，佥事。

李经，佥事。

王弁，副使。

张贯，佥事。

李隆，副使。

陈经，佥事。

陈珍，佥事。

李端澄，佥事。持任风裁，奸顽畏服，在任四年，始终无议。

孟逵，佥事。

尚繻，河南睢州人，① 弘治癸丑进士，② 廉明谨厚，人多慕之。

李政，佥事。

贾时，副使。

---

① ［校］睢州："州"前一字原为空格。《河南通志》卷四五《选举》载："尚繻，睢阳卫人，参政。"睢阳卫属睢州，据补。

② 弘治癸丑：弘治六年（1493）。

白金，直隸常州府人，弘治癸丑進士。① 分繁治劇，剛斷不宿，人多畏之。

張橓，山西代州人。才識通敏，幹事委曲，督餉有方，理刑公恕，人心悅服。巡撫總督交章薦之，陞憲副，整飭環慶、靈州等處兵備。

黎堯卿，四川重慶府忠州人，癸丑進士。② 正德九年六月，奉勅至寧夏，操履真白，諳練老成。下車以來，設施措置，允協輿情。

監槍內臣

譚應，奉御正統間監槍，後革去。

王喜，奉御成化二十年添設監槍。

郝善，監丞，弘治二年監槍。崇尚廉恥，不為非橫。

鄧廣，正德二年監槍，後為真鐇所害。

馬良，正德五年監槍。

董忠，正德五年監槍。樂親賢士，能恤人言，鎮靖不煩，邊人懷之。

東路參將

閆剛，都指揮分守。

尹清，寧夏衛指揮，歷官都指揮。正德五年夏，何錦等反叛，義不受屈，出奔靈州，偕楊英、史鏞等奪舡以拒賊。東向事平行賞，獲授寧夏東路協同，後進今職。

西路參將

孫隆，都指揮分守。

張杲，都指揮分守。

東路協同

把宗，都指揮協同。

吳鉉，都指揮協同。

鄭卿，寧夏前衛指揮使。運用多謀，驍勇敢戰，累以軍功陞都指揮使。真鐇變，為遊擊將軍仇鉞之外應，追斬逆黨胡濟等於大壩，擒首惡何錦、丁廣於口外。大難悉平，卿之功居多焉。

西路協同

王勳，都指揮協同。

---

① ［校］弘治：原作"成化"，據（乾隆）《江南通志》卷一二二《選舉志》改。

② 癸丑：弘治六年（1493）。

藍海，都指揮協同。

安國，才藝兼全，武舉第一，以都指揮協同，後陞叅將。

欽依守備

韓斌，都指揮。正德五年，守備靈州。

雍彬，寧夏中衛指揮，以勇畧見稱。正德六年，提督軍務。右都御史楊公以大壩地方漫延，三面受敵，奏設南路守備，薦彬才力過人，宜膺是任。在任整飭戎務，戒嚴斥堠，多所裨益，居人賴以安焉。

楊英，寧夏後衛指揮，膂力壯健。正德六年，提督軍務。右都御史楊公以平虜城衝要，兵無專寄，奏設北路守備，以英任之，地方庶少安焉。

都指揮

李庸、李智、王儀、周彧、榮貴、陳忠、宋晟、蔣勝、种興、姚深、施雲、劉緣、張□、□健、羅敬、張廣、鄭雲、劉永、劉綱、楊禮、費梁、主勝、周全、張雄、黃珍、王傑、蘇泰、哈振、楊英、馬興、季榮。右都指揮，有統陝西行營及本城軍馬者，有掌理城門軍伍雜事者，於《人物》所載者不重載。

陳珣，寧夏衛指揮，累立戰功，陞都指揮。正德七年，從咸寧伯討平河南流賊，論功行賞，超授署都督僉事，充總兵官，鎮守四川。

朝使

金幼孜，太子少保、①禮部尚書，兼武英殿大學士。永樂間，持節使慶府，遍歷幽勝，多所題詠，耆舊尚能道其事。

王驥，兵部尚書。正統八年行邊，奏設叅將，調屯戍官兵。

王越，成化初年以都御史總制陝西諸路軍馬，駐壘韋州，著守戰之功，尋進爵威寧伯，罷。弘治十一年起用，以太子太保如前總制，搗賀蘭山後賊巢有功。後卒於甘州。②

李嗣，户部右侍郎。成化二十年，以救荒來此。

徐舟，監察御史，山東曹州人。成化十四年來決囚。寧夏千戶王玘者爲冤家所誣，坐因奸殺一家六人投尸於河凌遲，負屈年久，不能白，至是稱冤。徐公以無尸疑之。廉得其實，謂死者之家近河濱，秋水暴至，併其廬舍，人畜葬魚腹。王之廬舍適與之隣而無恙也，其妻戴氏申訴，亦死於

---

① ［校］少保：原作"大保"，據《明史》卷一四七《金幼孜傳》改。
② 《明孝宗實錄》卷一四五載，王越卒於弘治十一年（1499）十二月壬辰。

獄。徐公再詢父老，咸稱其冤，表請釋放，至今頌之。

秦紘，① 山東兗州府單縣人。景泰辛未進士。② 弘治十五年，以戶部尚書兼都察院右副都御史，總制陝西諸路軍務，宿望老成，練達戎務。③ 比至鎮，振揚威武，號令一新，是以邊境晏然，至今稱之。

楊一清，鎮江府丹徒縣人，成化壬辰進士。④ 正德元年，⑤ 以右都御史總制諸路軍務。公學貫古今，才優經濟。節靈州，北虜聞風遠遁，四境晏然。築清水營邊墻，綿亘餘七十里，虜人數欲侵之而不敢。公議自清水營抵榆林皆築墻塹，以利萬世。會權奸忌之不就，迨今欲復之而不可得也。正德五年，會寘鐇變，公致政復起提督軍務來討。公平時賞罰口明，以恩威訓將士，人樂爲用。口是間，公旦來，咸自勱曰："是不可遺公憂也。"相率勦滅。公既至，誅惡賞善，人皆安堵，相聚泣曰："不圖復有今日。"公悉推功於人，一毫不自有，夏人至今仰之。

才寬，直隸永平府遷安縣人，成化戊戌進士。⑥ 正德四年，以左都御史總制陝西諸路軍馬，適虜據河套，公駐節興武營，會兵分路併進，斬虜數十級，爲流矢所中，卒於軍。

張泰，直隸河間府肅寧縣人，成化戊戌進士。正德六年，以右都御史總制陝西諸路軍馬，駐節固原。肅寮貞度，風裁凛然。整飭邊方而將士祗思，申嚴軍令而紀律精戰，由是邊將効用，屢立戰功，軍威大振，三邊爲之肅然，朝廷每優獎之。

顧佐，直隸鳳陽府臨淮縣人，成化己丑進士，⑦ 戶部左侍郎。弘治十八年，以總督軍餉至寧夏，經畫周至，一時急用不乏。

王一言，四川成都府內江縣人，成化辛丑進士，⑧ 以右僉都御史。正德四年，規畫屯田至寧夏，不事刑威，而事皆就緒，邊人以才能諳練稱之。

---

① ［校］秦紘：原作"秦絃"，據《明史》卷一七八《秦紘傳》等改。
② 景泰辛未：景泰二年（1451）。
③ ［校］練達："練"字原爲空格，據《嘉靖寧志》卷二《寧夏總鎮·宦蹟·朝使》、《朔方新志》卷三《宦蹟·總督》補。
④ 成化壬辰：成化八年（1472）。
⑤ ［校］元年：《嘉靖寧志》卷二《寧夏總鎮·宦蹟·朝使》作"二年"。
⑥ 成化戊戌：成化十四年（1478）。
⑦ 成化己丑：成化五年（1469）。
⑧ 成化辛丑：成化十七年（1481）。

周東，直隸河間府阜城縣人，成化甲辰進士，[①] 大理寺少卿。正德五年，以規畫屯田至寧夏，經署有方而不便於豪右，遂爲逆賊所害。

　　叢蘭，山東寧海州文登縣人，弘治庚戌進士，[②] 户部右侍郎。正德六年，以處置邊餉至寧夏，治劇理繁，周悉公溥。■■施舉措不動聲色，而上下帖然。時餉道不通，邊儲不給，公盡心區畫，事皆立辨，由是饋餉通融而倉廪充實，用不告乏，人多賴之。

　　張永，御用監太監。正德五年，因逆賊何錦等之變，以總督軍務至寧夏。好生戒殺，下人不擾於時。農不廢耕，市不易肆，老少聚觀，舉手加額，甚德之。總制楊公作勳德碑，備載其詳，今夏人立生祠祀之。

俘　捷

　　靈武口之捷。[③] 洪武初，靉沮、[④] 脱火赤聚衆山後爲患，西平侯沐英出兵靈武口禽之以歸。

　　五井之捷。洪武初，元故將論卜聚兵山後，都督馬鑑率兵至五井與戰，敗之。

　　花果園之捷。[⑤] 宣德間，有胡酋已款塞而復叛者，寧陽侯陳懋勒捕之。

　　也先脱干之捷。宣德間，胡酋也先脱干爲患，都督史昭出奇兵禽之，餘黨悉歸款。

　　三保奴之捷。正統間，胡酋三保奴爲患，都督陳友出奇兵禽之以歸。

　　大壩之捷。壩吞黄河，唐來渠口也，其勢奔下，俯瞰城邑。天順間，胡酋孛來將萬賊入寇，欲毀壩，縱水灌陷境内。時精騎調援延綏，都督張泰募義勇三千餘人，以疲弱挽兵車，付其子翊總攝以行。至壩所，與賊遇，背河而營，堅壁不戰，賊鋭頗沮。比晚，翊諭衆曰："吾面受家君命，謂今夜賊必襲突陣中，有崩然而來者即駞也，切勿疑怖，宜奮拒衆，遵約從事。"至夜半，賊果來，遂敗之。厥明，又詭設牛馬於河之南滸，

---

①　成化甲辰：成化二十年（1484）。
②　弘治庚戌：弘治三年（1490）。
③　《明史》卷一二六《沐英傳》載，靈武口之捷在洪武十三年（1380）。
④　[校] 靉沮：《明史》卷一二六《沐英傳》作"愛足"。
⑤　《明史》卷一四五《陳亨傳附陳懋傳》載，花果園之捷在永樂七年（1409）。

以善水者徃來河中戲罵，水皆不及腰，賊誤爲淺，乃大驅遠吾壁而下。翊令車徒截其半，前驅者盡溺水中，斬獲數百，追殘賊出賀蘭山外而還。事聞，陞賞甚厚。①

蒲草溝之捷。弘治十一年，總制都御史王越率兵出賀蘭山後，至蒲草溝虜巢，斬首四十餘級，獲牛馬羊器仗甚眾。

平叛之捷。正德五年四月初五日，寧夏都指揮何錦、周昂、丁廣等謀爲不軌，扶立安化王寘鐇爲僞主，戕害鎮巡重臣，號召各路兵馬，將欲統領渡河，鼓行而東。時遊擊將軍仇鉞領遊兵三千在外，按伏何錦等，傳僞令調取入城，收其兵柄。鉞謀欲募死士刺之，以外無援兵，恐難濟事，不果。會副總兵楊英、守備都指揮史鏞等領兵駐靈州，用計殺其守舡一軍，奪其舡隻并器械，就陰與之約，集義旅以爲內應。時諸路叅將、協同等官，各引兵於附近城堡駐劄，以圖征勦。寘鐇恐，乃議令何錦等領兵赴大壩拒守，留周昂在城防守。公因是乘虛密令都指揮鄭卿、指揮楊淮等在外圖之。鉞乃稱病不出，分布左右腹心潛伏於家，協心謀議間，適周昂來問疾，鉞自內躍出，手刃殺之，領眾禽寘鐇并其同謀族屬，拘繫之，斬其黨逆者數人。尋遣卒諭鄭卿、楊淮擒何錦、②丁廣於大壩。錦、廣夜遁，追至口外獲之，械繫軍門，餘黨悉平，地方爲之寧靜。事聞朝廷，論功行賞，有差進封鉞爲咸寧伯，給以誥券，子孫世襲，當世榮之。

祥　異

兔鶻卵。洪武初，都督馬鑑宅內所蓄兔鶻忽生一卵，訪於老者，曰："此不祥也，城其空乎？"後詔徙寧夏民於長安，城遂空，寔符所驗。

星隕河中。洪武間，指揮徐呆厮出兵河套，地名梧桐樹。一日午間，有一大星墜於河中，火發延及岸上營中，軍人有被傷者。後徐氏父子以事被誅，家業遂破，此天象也，果獨應於徐氏耶？抑別有所應而不知耶？

兩岐麥。永樂二年，③忽產兩岐麥數莖，慶靖王獻於朝，禮部率百官

---

① ［校］陞賞："賞"字原脫，據《嘉靖寧志》卷二《寧夏總鎮·俘捷》補。
② ［校］楊淮：原作"楊淮玄"，據前文及《嘉靖寧志》卷二《寧夏總鎮·俘捷》改。
③ ［校］二年：《嘉靖陝志》卷四〇《政事六·災祥》作"三年"。

表賀。①

三男子。永樂十三年，中護衛軍胡鼇兒妻陳氏，② 一産三男子。事聞，賞鈔二百五十貫，米五石。

柳樹自焚。永樂間，柳安遠守寧夏日，城南門外壕邊柳樹無故自焚，後安遠果有南征之禍，蓋獨應於柳氏也。

合歡蓮。永樂間，③ 麗景園金波湖内産合歡蓮一。

龍王潭。磁窑東南一齛水池，俗呼爲"龍王潭"。永樂間，牧馬土人見水上一蛇，人首面赤，乃擲以牛屎，中之，遂不見。後其家亡滅。

玄兔、白鼠。宣德間，人有獲玄兔二、白黄鼠一，太監海壽購而獻之。

連理瓜。宣德七年，太監海壽獻連理瓜二。

異蝗。成化二十年夏六月，蝗蟲大作。其頭面皆淡金色，頂有冠子，肩、背、翅正紫如鶴氅，絕類道士。禾嫁殆盡，是歲大饑，斗米值銀二錢，人多掘地黎子充食。

黑豬變白。成化二十二年，衛庠生胡璉家黑豬變而純白，人咸以爲凶，胡獨曰："此善變者也。"殺而爲牲。是年，其子領鄉薦，明年登進士。

塔影。承天寺南廊僧房北墻上有本寺塔影倒垂，然塔在北，房在其南，非日光所能回射。蓋此塔峙形年久，上涵清虛，已成其象，故天光下射於天窓，轉射於北墻然也。

儸　釋

秋童得錢。洪武二十七年，中屯衛軍人張秋童入賀蘭山伐木，谷中見

---

① 本志所載永樂二年獻岐麥事亦載於《正統寧志》卷上《祥異》。《明宣宗實錄》卷一〇五載，宣德八年（癸丑，1433）閏八月己未，慶王朱栴進嘉瓜、瑞麥。《明英宗實錄》卷六九又載，正統五年（1440）七月戊辰，行在禮部尚書胡濙等奏，邇者慶王獻兩岐麥、同蒂瓜，請上表稱賀，上曰："不足賀也，其勿賀。"

② ［校］胡鼇兒：原同《正統寧志》卷上、《嘉靖寧志》卷二《寧夏總鎮·祥異》作"位定兒"，《康熙陝志》卷三〇《祥異》作"伍定"。據《明太宗實錄》卷一六一"永樂十三年二月辛卯"條改。

③ 《正統寧志》卷上《祥異》載，永樂十六年（1418），金波湖産合歡蓮一，同書卷下《題詠》錄有凝真（朱栴之号）七律《戊戌歲金波湖合歡蓮》一首，歌詠此事。

二老者坐石上,① 問秋童何爲,對曰"伐木"。呼使之前,與之錢盈掬。歸,復徃視之,則無見矣。錢至今有收得者。

　　永濟尚師,河西人,通五學,② 爲西夏釋氏之宗,③ 稱爲祖師馬。④

　　黑禪和尚,河西人,通禪觀之學。年六十餘,先知死期,至日坐滅。

　　海珠和尚,咸寧人。宣德四年移居寧夏,善詩畫,尤長於韻學,嘗廬其父母墓者六載。號翠微子,有《山居百詠詩集》,未傳。

鄉　飲

　　寧夏舊無鄉飲。成化十五年,巡撫都御史賈俊奏行。儀制皆如有司。

祭　祀

　　文廟,每年仲春、秋上丁日,按察司管糧官主祭,缺樂舞。弘治辛酉歲設。⑤

　　山川社稷壇,每年仲春、秋上戊巳二日,慶王主祭,樂舞、牲品咸依時制。

　　厲壇,每年清明、中元、下元日,指揮主祭。

　　城隍廟,每年五月十五日,巡撫官主祭。

　　旗纛廟,每年霜降日,總兵官主祭。

　　神機庫,每年正八月初一日,監槍內臣主祭。

　　兵車廠,每年正八月初一日,總兵官主祭。

　　馬神廟,每年八月十五日,都指揮主祭。

---

　　①　[校] 老者:"老"字原脫,據《正統寧志》卷上《祥異》改。

　　②　[校] 五學:《正統寧志》卷上《名僧》作"三學"。三學是佛教修行的總稱,包括戒學、定學和慧學。用戒止惡修善,用定息慮澄心,用慧破惑證道,三者有相互不離的關係。"五學"之說不知何據。

　　③　[校] 宗:原作"定",據《正統寧志》卷上《名僧》改。

　　④　[校] 祖師馬:"馬"字原脫,據《正統寧志》卷上《名僧》補。

　　⑤　弘治辛酉:弘治十四年(1501)。

經　籍

《易》《書》《詩》《春秋》《禮記》，士子所習俱全。無板，俱江南所貨者。

《崔豹古今注》一册，《三元延壽書》二册，《壽親養老書》四册，《飲膳正要》一册，《毛晃增注禮部韻》五册，《文章類選》二十一册，《樗齋隨筆錄》六册，《滄洲愚隱錄》四册，《忍辱文集》二册，《夏城詩集》一册，《寧夏志》一册，《集句閨情》一册。有板，俱在慶府內。

《文苑英華》一百五册。無板，在慶府內。

《悟真篇》三册，《參同契》一册，《陶淵明詩集》二册，《詩林廣記》九册，《忍書》一册，《筆疇》一册。有板，俱在憲司內。

寧夏新志卷之二

寧夏新志卷之三

賜進士出身、奉議大夫、戶部郎中、鎮人胡汝礪　編
賜進士出身、奉政大夫、陝西按察司僉事、中州李端澄　校

靈州守禦千户所

建置沿革

《禹貢》雍州之域。漢惠帝四年，置靈洲縣，[①] 屬北地郡。顏師古曰：[②] 水中可居曰洲。此縣在大河之洲，隨水高下，不能淪沒，故曰"靈洲"，又曰"河奇"也。

魏晉因之。後魏太武平赫連昌，置薄骨律鎮河渚上，舊是赫連果園地。明帝立靈州，初，治在河北，後徙治於果園所築城。西魏置臨河郡，後周置普樂郡。隋初置新昌郡，尋廢。大業初置靈武郡。唐武德元年改靈州，即迴樂峯也。開元中以州爲朔方節度，天寶元年改靈武郡大都督府。宋咸平中陷於西夏，仍爲靈州，號翔慶軍，又爲西平府。元亦爲靈州。

國朝洪武三年，徙其民於關內。十七年，以故城爲河水崩陷，惟遺西南一角，[③] 於故城北七里築城，編集原遺土民及他郡工役民夫之忘歸者爲瓦渠、棗園、苜蓿、板橋四里，屬寧夏衛經歷司。又以來王土夷四百有奇，兼調寧夏前衛宋德等六百户，共爲之十百户，置守禦千户所，直屬陝

---

① ［校］靈洲：原作"靈州"，據影印清朝乾隆四年（1739）武英殿本《漢書》卷二八下《地理志》改。下同。參見白述禮《靈州，初曰"靈洲"——建議中華書局修改〈漢書〉一字之誤》。

② 顏師古言參見《漢書》卷二八下《地理志》。

③ ［校］惟遺西南一角：《正統寧志》卷上《屬城》作"其西南角被河水衝激崩圮"，與本志意正相反。

西都司。永樂間，置守備衙門，改靈州千戶所屬寧夏衛。宣德三年，其城湮於河水，又去舊城東北五里築城。景泰三年，增築新城。弘治十三年，巡撫都御史王珣奏置靈州，屬陝西布政司。弘治十七年，指揮保勛奏爲陳言邊務事，革去州治，仍改爲靈州守禦千戶所，直屬陝西都司，其瓦渠等四里改屬守禦千戶所吏目管轄。

郡名

迴樂，唐縣名。

靈武，唐郡縣名。

形勝

西陲巨屏。宋劉綜議：① 靈州民淳土沃，是爲西陲巨屏，所宜固守，以爲捍蔽。

北控河朔，南引慶凉。新志。②

風俗

尚耕牧，工騎射，信機鬼。③ 舊志。④

富彊日倍，禮義日新。新志。

界至

北至寧夏九十里餘，以寧夏推之可見。

山川

金積山，在州西南一百餘里，⑤ 產文石，上有牛首寺。

磁窑山，州東北六十里，爲陶冶之所。

炭山，州南五十里。⑥

---

① 參見《宋史》卷二七七《劉綜傳》《長編》卷五〇 "咸平四年十二月" 條。
② 新志：文獻具體名稱不詳。下同。
③ ［校］機鬼：參見本志第 3 頁脚注①。
④ 舊志：文獻具體名稱不詳。
⑤ ［校］西南一百餘里：《嘉靖陝志》卷四《土地二·山川下》作 "南二百里"。
⑥ ［校］南：《嘉靖陝志》卷四《土地二·山川下》作 "東南"。

平山，州東北八十里，以形名。

馬鞍山，州東北五十里，以形似名。

芓羅臺湖，州南二十里。

蒲草湖，州南一十里。①

草場湖，州南三十里。

滾泉，金積山東，水自地湧出，高一二尺，其沸如湯。

滴水，滾泉東北，崖上一石板突出下瞰，② 水自石板亂滴如雨，禱雨多應。

城池

新舊城幷新築南關城，週迴七里八分，高三丈。池闊五丈，深三丈。城門三，南曰弘化，北曰定朔，西曰臨河。

公署

靈州，在新城舊弘化門南。弘治十三年，巡撫都御史王珣奏設。弘治十七年，州廢，改爲兵備分司。

靈州守禦千戶所，在舊弘化門內，洪武中開設衙門。

高橋兒驛，在定朔門內大街東。

高橋遞運所，在南關。弘治十三年，都御史王珣以舊所設州治，改遷於新築南關內。

廨宇

太監行宅，在舘驛前。

總兵官行宅，太監宅西。

副總兵行宅，定朔門內西。

河西道，臨河門內東。

守備官宅，靈州千戶所後。

馬營，城東隅，備禦官軍所居。

神機庫、兵車廠，俱城東北隅。

---

① ［校］南：《嘉靖陝志》卷四《土地二·山川下》作"東南"。
② ［校］下瞰：《正統寧志》卷上《山川》作"下懸"。

教場，定朔門外。

學校
沿革。弘治十三年，巡撫都御史王珣奏建州，① 乃設州學於州城東南隅，制度亦備，生員科貢如腹裏州學之例。弘治十七年，州革，學亦廢焉，② 其文廟門、廡、堂、齋見存。

壇壝
厲壇，在城北。

祠廟
文廟，詳見《學校》。③
城隍廟，在城西北隅。
旗纛廟，譙樓南。
馬神廟，城東北隅。
壽亭侯廟，馬營前。

寺觀
永靜寺，譙樓西。
真武觀，館驛東。
興教寺，城西。
石佛寺，古靈州城上。④

祭祀
厲壇，千戶主祭。
旗纛廟、馬神廟，俱守備官主之，其期與總鎮同。

---

① 《明孝宗實錄》卷一六六載，王珣於弘治十三年（1500）九月丁巳奏請設靈州。
② 《明孝宗實錄》卷二一五載，弘治十七年（1504）八月庚辰，革寧夏新設靈州并知州等官。
③ 參見本志卷三《靈州守禦千戶所·學校》。
④ ［校］古靈州城上：《嘉靖陝志》卷三六《民物四·寧夏衛·寺觀》作"在靈州治北"。

印記

"靈州守禦千戶所管軍印"，銅牌五面，銅鈴一十箇，百戶印一十顆。"靈州鹽課司印""靈州巡檢司印"。

官吏

正、副千戶一十二員，所吏目一員，所鎮撫一員，百戶一十五員，吏一名。

鹽課司大使、副使二員，吏一名。

巡檢一員，吏一名。

倉大使一員，攢典一名。

大沙井驛驛丞一員，吏一名。

倉場

靈州倉，在千戶所東。

預備倉，城東南隅。

草場，城西南隅。

土貢

見《總鎮》。①

田賦

屯田。靈州守禦千戶所原額田七百一頃七十七畝，該夏秋糧八千一百二十石八斗三升，每畝全征一斗二升，減征六升。又穀草一萬二千九十一束，秋青草一十九萬。其千戶所新給火石灘田五萬畝，中屯衛漢伯渠屯種軍餘四萬畝，共田九萬畝。都御史王珣定擬每畝夏秋從輕起征糧三升，共該糧二千七百石零。每十畝草一束，共該草九千束。三年後，輸官以弘治十七年爲始，靈州倉上納又每田一百畝，歲收銀八錢，共銀七百二十兩，備脩渠壩等項之用，有餘轉買馬匹給靈州官軍征操。

民田。瓦渠四里并四渠佃種舊田五百一十四頃九十四畝，每畝夏秋征

---

① 參見本志卷一《寧夏總鎮·土貢》。

糧全減不等，共糧四千六百一十一石五升。又穀草三千二百四十一束，秋青草二萬束。

水利

漢伯渠，自黃河開閘口，長九十五里。洪武初濬立，灌田七百三十餘頃。①

秦家渠，古渠名也，自黃河開閘口，長七十五里，灌田玖百餘頃，②而里仁、字羅、大中皆其支渠也。

金積渠，在州西南金蹟山口，漢伯渠之上。弘治十三年，③都御史王珣奏濬，長一百二十里，注黃河水溉田三十萬餘畞，靈州民得田十萬六千餘畞，靈州千戶所并中屯衛屯軍得田九萬餘畞，皆膏腴田。其餘低薄者留之，以備官私樵採。

戶口

軍戶口：具《總鎮》。④ 民戶：一千三百三十一。口：一萬一百四。

差役

軍差：與《總鎮》同。⑤ 民差：每年與千戶所軍餘分工挑渠，其餘輪當里甲、皂隸、門禁等役，俱與腹裏同，寔多減抑。

優贍

舍餘除糧差、冬操外，俱免雜差生員二丁、耆老一丁、馬軍一丁。教讀本身仕宦之家，照例遞免吏一丁。

---

① ［校］七百三十餘頃：《康熙陝志》卷十一《水利·靈州守禦千戶所》作"數百頃"。

② ［校］玖百餘頃：《康熙陝志》卷十一《水利·靈州守禦千戶所》作"二百餘頃"。另，《嘉靖陝志》卷三八《政事二·三邊水利》載漢伯渠、秦家渠共灌田一千五百餘頃。

③ 《明孝宗實錄》卷一五九載，王珣於弘治十三年（1500）二月乙未奏請在靈州金積山河口開渠灌田。

④ 參見本志卷一《寧夏總鎮·戶口》。

⑤ 參見本志卷一《寧夏總鎮·差役》。

寨堡

棗園堡、吳忠堡、會安堡、① 漢伯渠堡。

斥候

城南北石灰口等墩共三十一處。

屯戍

靈州本城并清水、磁窰二營寨，備禦西安左等衛官軍一千五百員名。每年春二月，一班在邊，一班回衛。冬十月，兩班俱在。

軍馬

靈州本所漢、達馬軍七百九十二名，守城步軍六百一十三名，冬操舍餘六百七十二名，自備鞍馬。冬操土兵四百名，戰馬七百七十九匹。

備禦西安左等衛馬軍七百五十名，步軍七百五十名，戰馬七百五十四匹。

俸餉

歲支文武官吏、旗軍俸月行糧二萬八千一百二十二石，馬料豆九千石，草二十一萬餘束。

樓

鐘鼓樓，即舊城南門樓。
城樓：弘化、定朔、臨河三樓。

橋

通濟橋，在城南。
定朔橋，城北。

---

① [校] 會安：《大清一統志》卷二〇四《寧夏府》《乾隆甘志》卷五《山川》皆作"惠安"。

古蹟

青銅峽，疑即今之峽口也，《水經》曰上河峽。①

薄骨律鎮，即古靈州城也。

漢御史、尚書、填漢三渠。② 唐大曆十三年，虜酋馬重英以四萬騎寇靈州，奪填漢、③ 御史、尚書三渠，④ 以擾屯田，常謙光逐之。

唐光禄渠，即漢光禄舊渠也，廢塞歲久，大都督長史李聽復開決，⑤ 以溉屯田。

唐特進渠。⑥ 《地理志》：⑦ 靈州回樂有特進渠，長慶四年七月詔開，溉田六百頃。⑧

回樂縣。《輿地廣記》：⑨ 在靈州故城之内，唐肅宗西狩即位於此。

艾山舊渠。後魏刁雍爲薄骨律鎮將，上表請自禹舊蹟鑿開此渠，南北二十六里，東西四十五里，廣十步，以河水溉公私田四萬頃。

雄州，在靈州西南一百八十里，唐僖宗徙治承天堡，今廢。

鹽州，州東南三百里。西魏爲安西州，後改爲鹽州。隋爲鹽州郡。唐没於梁師都，僑治於靈州，後爲五原郡。宋咸平中陷於西夏。今爲安邊營。

人物

漢

傅燮，靈州人。任爲議郎，諒直不達權貴，每公卿有缺，衆議必歸。

---

① 《水經注》卷三《河水》載："河水又北過北地富平縣西，河側有兩山相對，水出其間，即上河峽也，世謂之爲青山峽。"《水經注集釋訂訛》卷三載，上河峽"即寧夏衛西南一百四十里峽口山是"。

② ［校］填汉：原作"光禄"，據《資治通鑑》卷二二五、《玉海》卷二一《地理》改。

③ ［校］奪填漢：原作"塞"，據《資治通鑑》卷二二五改。

④ ［校］三渠：此二字前原衍"光禄"二字，據《新唐書》卷二一六下《吐蕃傳》、《資治通鑑》卷二二五、《玉海》卷二一《地理·河渠》删。

⑤ ［校］李聽：原作"季聽"，據《新唐書》卷一五四《李聽傳》改。

⑥ ［校］特進渠：文淵閣《四庫全書》本《唐會要》卷八九《疏鑿利人》作"時逐渠"。

⑦ 參見《新唐書》卷三七《地理志》。

⑧ ［校］溉田：《舊唐書》卷十七上《敬宗本紀》《唐會要》卷八九《疏鑿利人》、《册府元龜》卷五〇三《邦計部·屯田》均作"置營田"。

⑨ 參見《輿地廣記》卷十七《陝西路化外州》。

晉

傅亮，靈州人。博涉經史，官至中書黃門侍郎。

南北朝

傅昭，靈州人。① 仕蕭梁爲給事黃門侍郎，歷左户尚書、② 安成内史，常以清静爲政，③ 門無請謁。博極古今，④ 世稱爲"學府"。

傅琰，靈州人。爲劉宋武康、山陰二縣令，並著能名，皆謂之"傅聖"，賜爵新亭侯。

傅縡，靈州人。七歲誦古詩賦至十餘萬言，長好學，能屬文。居母喪，哀毁骨立。仕陳爲秘書監、右衛將軍兼中書通事舍人，掌詔誥，下筆輒成，未嘗起草。

唐

康日知，靈州人。爲趙州刺史，拒李惟岳叛，⑤ 德宗擢爲深趙觀察使。⑥ 封會稽郡王。子志睦，資趫偉，⑦ 工馳射，以功封會稽郡公。⑧ 承訓亦以功封會稽縣男。⑨

史敬奉，靈州人，初爲朔方牙將。元和中，⑩ 吐蕃數犯塞，敬奉白於節度，請兵三千，深入虜地，由間道繞出虜後，⑪ 大破之，賜封五十户。⑫ 敬奉走逐奔馬，矛矢在手，前無彊敵。

---

① [校] 靈州："州"字原爲空格，據《梁書》卷二六及《南史》卷六〇《傅昭傳》補。
② [校] 左户：原作"方户"，據《南史》卷六〇《傅昭傳》。《梁書》卷二六《傅昭傳》作"左民"。
③ [校] 常以清静爲政："以"字原爲空格，"政"原作"攻"，均據《南史》卷六〇《傅昭傳》補改。
④ [校] 古今："今"字原爲空格，據《梁書》卷二六及《南史》卷六〇《傅昭傳》補。
⑤ [校] 李惟岳：原作"李惟嶽"，據《新唐書》卷一四八《康日知傳》改。
⑥ [校] 擢爲深趙觀察使：原作"權陞趙觀察使"，據《新唐書》卷一四八《康日知傳》改。
⑦ [校] 資：原作"丰資"，據《新唐書》卷一四八《康志睦傳》改。
⑧ [校] 會稽郡："郡"字原脱，據《新唐書》卷一四八《康志睦傳》補。
⑨ [校] 縣男：原作"郡男"，據《新唐書》卷一四八《康承訓傳》補。
⑩ 元和中：《舊唐書》卷一五二《史敬奉傳》載在元和十四年（819）。
⑪ [校] 間道：《舊唐書》卷一五二《史敬奉傳》作"他道"。
⑫ [校] 五十：原作"五千"，據《舊唐書》卷一五二《史敬奉傳》改。

宋

周美，靈州回樂人。少隸朔方軍，以材武稱。真宗幸澶淵，① 常令宿衛，累遷鄜延副都總管。在邊十餘戰，所向輒克，諸將服之。

國朝

武階

馮答蘭帖木，② 先爲河西人，父臧卜仕元至國公，③ 來降，居靈州卒。答蘭以軍功，官至都指揮。

韓誠，山後人。永樂初來歸，授右軍都督同知。

韓當道驢，誠之子也，寧夏衛指揮使，累以軍功陞都指揮同知。

韓忠，當道驢之子也，以軍功陞都指揮僉事。

李福，山後人。其父來歸，福以軍功官至都指揮同知，守備興武營。

韓鵬，當道驢之弟也，驍勇不群，累官至指揮使。

韓英，鵬之子也，寧夏衛指揮使，以軍功陞都指揮同知，歷寧夏東路花馬池右叅將。在任十餘年，虜賊不敢南犯，爲人沈勇有謀，練達戎務，惜其不大用云。

韓斌，忠之子也，累以軍功陞都指揮僉事。

李保子罕，趫健絕倫，凡遇勁敵，能以一當百，禽斬一十四人，官至百户。

科目

李泰，靈州千户所籍，中成化癸卯鄉試。④ 見《寧夏·人物》。⑤

趙璽，靈州千户所籍，中弘治辛酉鄉試。⑥ 見《寧夏·人物》。⑦

---

① ［校］澶淵：此同《明一統志》卷三七《寧夏衛》，《宋史》卷三二三《周美傳》作"澶州"。

② ［校］馮答蘭帖木：此同《正統寧志》卷上《人物·國朝》，《明太宗實錄》卷一一七作"馮答蘭帖木兒"。

③ ［校］父臧卜仕元至國公："父臧卜"三字原漫漶不清，據《正統寧志》卷上《人物·國朝》《嘉靖寧志》卷三《靈州守禦千户所·人物》補。"臧"，《嘉靖寧志》誤作"城"。吳忠禮據《明太宗實錄》卷九三至卷九五、《明史》卷一四五《陳懋傳》等文獻考證認爲，本志載"臧卜"即"昝卜"，"仕元至國公"顯誤。參見吳忠禮《寧夏志箋證》，第139頁《箋證》［十五］。

④ 成化癸卯：成化十九年（1483）。

⑤ 參見本志卷二《寧夏總鎮·人物·國朝·科目》。

⑥ 弘治辛酉：弘治十四年（1501）。

⑦ 參見本志卷二《寧夏總鎮·人物·國朝·科目》。

節婦

趙氏，先任把總指揮王輔次男王鏞妻也。鏞蚤死，趙年二十八，無子，誓不再適，守節六十年，人無疵議。

宦蹟

唐

崔知溫，靈州司馬。有渾、斛薩爲害境内，民不得耕。知溫表徙夷帳於河北，田野始安。

宋

董遵誨，靈州路巡檢。豁達多方畧，武藝絶人，夏人畏之，不敢犯。

段思恭，知靈州。綏撫夷落，訪求民病，有勳績。

侯贇，知靈州。按視藩落，宴犒以時，得邊士心，部内大治。

安守忠，知靈州七年，戰無不捷。

王昭遠，靈州路都部署。征李繼遷，護二十五州芻粟徑達靈武，① 不爲抄絶。

田紹斌，靈州馬步軍部署。② 入蕃討賊，斬首二千級，獲羊、③ 馬、駝二萬計，④ 以給諸軍。

郭密，靈州兵馬都部署。訓練士卒，號令嚴肅，夏人畏服，邊境寧謐。

楊瓊，⑤ 至道初爲副都部署。⑥ 導黃河溉田，增户口，益課利，時號富彊。

裴濟，知靈州。興屯田之利，謀輯八鎮。趙保吉圍靈州，餉絶，援兵不至，城陷，濟死焉。⑦

―――――――――

① ［校］粟：原作"栗"，據《嘉靖寧志》卷三《靈州守禦千户所·宦蹟》改。
② ［校］軍：原作"都"，據《宋史》卷二八〇《田紹斌傳》改。
③ ［校］羊：原作"牛"，據《宋史》卷二八〇《田紹斌傳》改。
④ ［校］駝：原作"駐"，據《宋史》卷二八〇《田紹斌傳》改。
⑤ ［校］楊瓊：原作"陽瓊"，據《宋史》卷二八〇《楊瓊傳》改。
⑥ ［校］副都部署：原作"部署"，據《宋史》卷二八〇《楊瓊傳》改。
⑦ ［校］濟死焉："死"字原爲空格，據《宋史》卷三〇八《裴濟傳》、《嘉靖寧志》卷三《靈州守禦千户所·宦蹟》、《朔方新志》卷二《宦蹟》補。

國朝

守備

王輔，指揮，永樂間守備。

許宗，指揮，宣德間守備。

仇廉，署都指揮，景泰間守備，有文武才。時虜酋也先以萬騎攻城，連旬不解，廉以忠義固結人心，併力死守，賊遂引去，民到於今稱之。

許顒，宗之子也。以指揮，天順間守備。殞身虜巢，不喪其節。

趙廣，都指揮，成化間守備。

黃瑀，都指揮，成化間守備，有俘斬功。

張翊，都指揮，成化間守備，立廟學，延師以教官軍子弟。

鄭雲，都指揮，成化間守備。

盧茂，都指揮，成化間守備，驍勇兼人。到任之二日，虜騎百餘犯城下，茂單騎執弓矢突潰之。及賊勢漸眾，而我兵亦至，奮呼一擊，斬其先犯陣者一賊，① 餘遂遁去，數年不爲邊患。

馬俊，都指揮，成化間守備。

左方，都指揮，弘治初守備。仁厚人也。

焦洪，都指揮，弘治間守備。武舉出身者。②

史鏞，都指揮，正德元年守備。餘見《俘捷》。③

韓斌，都指揮，正德五年守備。

俘捷

鹽池之捷。成化元年，都指揮黃瑀與虜賊遇於鹽池，禽斬三十六人。

城南之捷。成化八年，總兵官范瑾、遊擊將軍祝雄於城南二十里與虜眾大戰，禽斬二十八人，虜勢遂挫。

---

① ［校］一：此字原爲空格，據《嘉靖寧志》卷三《靈州守禦千戶所·宦蹟》、《朔方新志》卷二《宦蹟》補。

② ［校］出身："出"字原爲空格，據《嘉靖寧志》卷三《靈州守禦千戶所·宦蹟》補。

③ 參見本志卷二《寧夏總鎮·俘捷·平叛之捷》。

祥異

異馬。正統十二年，[①] 土人撒的家產一馬，白色捲毛，類龍鱗。長啄短尾，跳躍高一二丈，夜行則火光見，貢之。

白鼠。成化十八年，居人李景芳家白鼠晝遊。次年，其子中鄉試。

馬豬羊之異。成化二十年，土官某家馬產雙駒，豬產數子，內一子宛如象。又羊產一羔，八足。後其家敗亡特甚。

鐵柱泉窟。古靈州城東北鐵柱泉傍有一窟，人莫敢入。景泰間，有李姓者偕一僕蓺燈以入。行二十步，推開一石門，有銅鑄釋像，傍有二僧屍，覆以錦衾，其面如生，而金貝之類環具左右。李恣意取之，將出，風颯颯，燈息門閉，鼓鈸齊鳴。李恐懼欲死，盡棄所取者，俄於傍窟匍匐而出。明日，集眾往掘之，堅不能入。此蓋古僧墓，而設機械如洛陽也。

屬城

大沙井城

界至：北至靈州四十里，南至石溝兒六十里。

城池：周迴里許，東門一座。

戶口：戶一百一十，口三百六十。

公署：館驛一所，倉房十間，遞運所一所，社學一所。

斥候：大沙井等墩二處。

石溝城

界至：北至大沙井六十里，南至鹽池七十里。

城池：舊城周迴三百步。弘治十三年，都御史王珣奏拓其城幾二里，南門一座。

戶口：戶一百二十三，口四百三十。

公署：館驛一所，倉房十二間，遞運所一所，社學一所。

斥候：舊石溝兒等墩四處。

鹽池城

界至：北至石溝兒七十里，南至隰寧堡四十五里。

[①] ［校］十二：原作"十一"，據《嘉靖陝志》卷四〇《政事六・災祥》、《嘉靖寧志》卷三《靈州守禦千戶所・祥異》、《朔方新志》卷三《祥異》等改。

城池：舊城周迴一里三分。弘治十三年，都御史王珣奏拓其城二里許，南門一座。

戶口：戶一百一十六，口四百九十。

公署：館驛一所，倉房三千二間，① 遞運所一所，社學一所。

景致：白塔晨煙、紅山曉日、鹽澤堆瓊、蘆溝夜月，凡四景。

斥候：陶胡子等墩五處。

鹽池

沿革。《唐·食貨志》載：② 鹽州有烏池、白池、瓦池、細項池，靈州有溫泉池、兩井池、長尾池、五泉池、紅桃池、回樂池、弘靜池。《地理》：③ 懷遠縣有鹽池三，曰紅桃、武平、河池。懷遠即今城也。今城北三十餘里有一池，城南三十餘里有一池，不審古為何名，然所產不多，官不設禁。河東邊牆外有三鹽池，曰花馬池、紅柳池、鍋底池，俱以境外棄之。今鹽池之在三山兒者曰大鹽池，在故鹽州城之西北者曰小鹽池，其餘若花馬池、苧羅池、狗池、硝池、石溝兒池，皆分隸大小池，其鹽不勞人力，水澤之中，雨少因風則自然而生矣。

靈州鹽課司、巡檢司，二司俱在小鹽池。

萌城批驗鹽引所，在紅德城，行鹽地方延、慶二府。

開城批驗鹽引所，在開城縣，行鹽地方臨、鞏、平三府。

歲課。大小池總辦二百八十□萬七千餘斤。先年，寧夏、榆林中官軍馬匹，上馬一百引，中馬八十引，下馬六十引。近年，奏行陝西布政司，每引中銀一錢五分，送三邊買馬。

牧馬監苑

清平苑，在三山兒東。

萬安苑，大鹽池南。

隰寧堡

界至：南至萌城五十五里，北至鹽池四十五里。

城池：舊城周迴一里。弘治十三年，都御史王珣奏拓其城二里許，南

---

① ［校］千：據本志前文載，靈州屬城大沙井有倉房十間、石溝城有倉房十二間，數量皆未超過百間，故疑此"千"字當作"十"。

② 參見《新唐書》卷五四《食貨志》。

③ 參見《新唐書》卷三七《地理志》。

門一座。

　　田賦：田一十三頃五十畝，糧一百五石五斗，草八十餘束。

　　戶口：戶一百三，口二百六十。

　　公署：巡撫都御史王珣奏移韋州驛於此，就舊官廳爲之。社學一所。

　　斥候：石羊山等墩共二處。

　萌城

　　界至：南至山城八十里，北至隰寧堡五十五里。

　　城池：周廻一里五分，東門一座。

　　戶口：戶一百二十五，口五百四十。

　　公署：館驛一所，倉房二十間，遞運所一所，社學一所。

　　斥候：坦途鋪等墩共三處。

　磁窑寨

　　界至：東至興武營五十里，西至靈州七十里。

　　城池：周迴二百十丈，南門一座。

　　公署：官廳二所，倉房九間，草場一所。

　　官軍：守禦官一員，漢中衛備禦官軍二百二員名，寧夏中屯衛軍匠四十三名。

　　斥候：湧泉墩一處。

　清水營

　　界至：南至靈州七十里，東至興武營六十里。

　　城池：舊城周迴里許。弘治十三年，都御史王珣奏拓其城二里，東南一座。①

　　公署：官廳一所，倉房一處，草場一所。

　　官軍：輪流哨備靈州、備禦西安左等衛官軍兩班，共一百二員名。

　　斥候：清水營墩一處。

---

①　［校］東南一座：據本志前文所載，大沙井、石溝城、隰寧堡、萌城、磁窑寨等城池，皆述其有城門一座，疑"東南"當作"東門"。

韋　州

建置沿革

漢北地郡地，唐靈武郡地。宋趙元昊爲韋州，屬左廂，曰静塞軍，諒祚改祥祐軍，元仍名韋州。國朝洪武二十五年，乃即故城封居慶藩於此，凡九年，改建於寧夏，留群牧千户所護王府居之。舊稱土地高凉，人少疾病，至今猶然。

風俗

重巫釋，尚耕牧。

界至

北至寧夏二百九十里餘，以寧夏推之可見。

山川

打剌坡山，在城南四十里。

蠱山，城西三十里，① 峯巒聳翠如蠱，然草木茂盛。

小蠱山，大蠱之南，② 脉相聯。

三山兒，城東百里，③ 三峯列峙如指。

樺子山，三山南。溪澗險惡，豺虎所居。

狼山，城東五里。

琥八山，胡名，華言"色駁雜"也，在城南八十餘里。④

黑鷹山、鹿山，皆近琥八山。

東湖，城東一里。

鴛鴦湖，東湖北三里。⑤

---

① ［校］三十里：《嘉靖陝志》卷四《土地二·山川下》作"二十里"。

② ［校］南：《正統寧志》卷上《山川》作"東北"。吴忠禮《寧夏志箋證》認爲《正統寧志》當作"東南"，參見其書第60頁《箋證》［四五］。

③ ［校］百里：《嘉靖陝志》卷四《土地二·山川下》作"二百里"。

④ ［校］南八十餘里：《嘉靖陝志》卷四《土地二·山川下》作"西南八十里"。

⑤ ［校］三里：《嘉靖陝志》卷四《土地二·山川下》作"一里"。

富泉，大小蠡山之間，① 今引以溉田。

城池

週迴四里三分，池闊二丈，深七尺。弘治十三年，都御史王珣奏築東關。

戶口

戶：二百八十。口：四百五十七。

賦役

歲採秋青草五萬束。

公署

寧夏群牧千户所。

韋州倉。

韋州驛。成化十四年，② 都御史徐廷璋奏置，屬慶陽府。弘治十三年，都御史王珣以其地僻虛設，奏改於隰寧堡，要大路。

社學，二所。

宮殿

慶王宮殿，洪武間起建，後雖移封於寧夏，而宮殿不移，猶命人守之，以藏貯資物。

地宮，在王府中。洪武初，韋州新附，慶藩封居於此，不忘儆備，故有此設。

景致

蠡山疊翠、東湖春漲、西嶺秋容、石關積雪，凡四景。

---

① ［校］小：此字原脫，據《正統寧志》卷上《山川》補。
② 《明憲宗實錄》卷一七八載，成化十四年（1478）五月壬戌，增設陝西寧夏韋州城馬驛。

樓

擁翠樓，慶藩所建，以觀蠹翠者。

寺廟

康濟寺，天順間慶藩建，勅額。
城隍廟。

官吏

群牧千戶二員，所鎮撫一員，百戶五員，吏目一員，吏一名。

軍兵

群牧所甲軍一千一百二十名，專供慶藩孳牧。

俸餉

群牧官軍并倉驛官吏，歲支俸糧四千六百二十三石六斗。

墓

慶靖王墓、慶康王墓、慶懷王墓、慶莊王墓、慶恭王墓、真寧莊惠王墓、真寧康簡王墓、安化惠懿王墓、弘農安僖王墓、豐林溫僖王墓。

祥異

韋州倉厫，自來無鼠。

寧夏後衛

建置沿革

古鹽池名也。正統八年，置花馬池營，調西安等衛官軍兩班輪操，設右叅將分守其地，為寧夏東路。弘治六年，都御史韓文奏置花馬池守禦千户所，召募甲軍，改調寧夏，并靈州千百户以統之。正德元年，① 總制右都御史楊一清奏改爲寧夏後衛，調西安、慶陽并寧夏多餘軍以守之，屬陝西都司。

形勝
靈夏肘腋，環慶襟喉。

界至
西北至寧夏三百五十里餘，以寧夏推之可見。

城池
城高三丈五尺，週迴七里三分。池深一丈五尺，闊二丈。東、北二門。

户口
户：三千一百八十。口：六千八百九十。

賦役
歲採秋青草一十九萬八千餘束。

公署
官廳二所，叅將衙門一所，寧夏後衛一所，兵車廠，常濟倉，草場，社學一所。

樓
鐘鼓樓，在城中。
城樓：東、北二樓。

符印
銅牌五面，銅鈴一十箇，叅將旗牌三面副，起馬符驗一道，"寧夏後

---

① [校] 元年：原作"二年"，《明史》卷四二《地理志》作"元年"。《明武宗實錄》卷十七載，正德元年（1506）九月戊戌，楊一清奏請將花馬池守禦所改設寧夏後衛。據改。

衛指揮使司印"，"寧夏後衛經歷司之印"，"寧夏後衛鎮撫之印"，五千户所印五顆，百户印五十顆。

街坊
鎮靖、振武、平朔、揚威。

壇壝
厲壇，在城北，指揮主祭。

祠廟
馬神廟、城隍廟、旗纛廟，俱在平朔坊。

斥候
城南北并外口哈只兒等墩二十九處。

屯戍
備禦慶陽等衛所官軍、舍人二千三十九員名，班次與《總鎮》同。①

屬城
柳楊堡、安定堡。

官吏
指揮六員，經歷一員，知事一員，鎮撫八員，正副千户一十七員，百户三十五員，吏一十六名。

軍馬②

俸餉
歲支本衛文武官吏并備禦官軍俸：月行糧五萬三千五十四石四斗，馬

---

① 參見本志卷一《寧夏總鎮·屯戍》。
② 《軍馬》類目下無具體內容。

料豆四千三百七十八石八斗，草一十四萬五千餘束。

宦蹟

國朝

王榮、仇序、王安、羅敬、于勝、陳輝、魯惠、韓英、吳江、馬隆、閆綱、保勛，見《寧夏·人物》。① 孫隆、尹清，見《寧夏·人物》。② 以上俱都指揮，分守寧夏東路右叅將。

節婦

詹氏，指揮馬瀛妻。夫沒於陣，詹年二十，聞之即自縊，偶爲侍婢所救，家人防之甚嚴。誓節不奪，年七十餘，人無間言。

陳氏，軍人□景妻。③ 二十五，景故，無子且貧，家人欲奪其志，陳以死誓，孀居四十餘年，人皆稱之。

趙氏，指揮劉惠妻。年二十一，惠沒，趙哀毀骨立，幾至滅性，族人咸勸曰："獨不念一年孤耶。"爲節之，終身不事粧飾，撫其遺孤文，嚴慈有道。文襲前職，有過輒訴杖之，由是文以孝謹聞焉。

興武營守禦千戶所

建置沿革

正統九年，奏置興武營，以都指揮守備。成化五年，改任寧夏東路協同分守。正德元年，④ 總制右都御史奏改爲興武營守禦千戶所，調撥西安并寧夏等衛官軍守之，直屬陝西都司。

---

① 參見本志卷二《寧夏總鎮·宦蹟·國朝·主將》"保勛"條。
② 參見本志卷二《寧夏總鎮·宦蹟·國朝·西路參將》"孫隆"條、《東路參將》"尹清"條。
③ ［校］□景："景"前一字原版漫漶不清，故以"□"代之。范宗興整理本曰："正德補志疑爲'呂'。"
④ ［校］元年：原作"二年"。《明武宗實錄》卷十七載，正德元年（1506）九月戊戌，楊一清奏請將興武營添設守禦所。據改。

形勝
靈夏重地。新志。①

界至
西北至寧夏三百二十里餘，以寧夏推之可見。

城池
城高三丈五尺，週迴二里八分。池深一丈三尺，闊二丈。西、南二門。

户口
户：一千一百三十五。口：三千四百五十三。

賦役
歲採秋青草一十萬束。

公署
官廳二所，協同衙門一所，興武營守禦千户所，兵車廠，興武倉，草場，社學。

樓
鼓樓，在城中。
城樓：西、南二所。

符印
銅牌五面，"興武營守禦千户所管軍印"，百户印十顆。

官吏
正千户一員，副千户二員，所鎮撫二員，吏目一員，百户一十員，吏

---

① 新志：文獻具體名稱不詳。

一名，倉大使一員，攢典一名。

街坊
靖虜、迎恩。

祠廟
旗纛廟、城隍廟、馬神廟。

斥候
沿邊并外口紅寺兒等墩二十四處。

屯戍
備禦西安左等衛官軍一千一百五十員名，班次與《總鎮》同。①

屬城
毛卜剌堡，每年冬，本所撥官軍三百員名操守。

軍馬
本所無馬軍守城，并步軍七百五十名，備禦步軍五百二十五名，馬軍八百二十五名，戰馬八百五十三匹。班次與《總鎮》同。②

俸餉
本所并備禦官軍歲支本色俸：月行糧二萬一千三百五十八石二斗，馬料豆九千二百二十二石四斗，馬草一十五萬三千五百四十束。

宦蹟
國朝
丁宣、李福，俱都指揮，正統九年以後守備者。
黃瑀、仇理、劉永，俱都指揮。

---

① 參見本志卷一《寧夏總鎮·屯戍》。
② 參見本志卷一《寧夏總鎮·軍馬》。

孫鑑、趙福，俱指揮。

傅釗、衛勇、把宗、吳鋐，都指揮。①

保勛、尹清、鄭廉，俱都指揮。見《寧夏·人物》。②

以上俱協同。

天池寨

界至：東至花馬池七十里，西至興武營四十里。

城池：城高三丈五尺，週迴一里二分。池深八尺，闊一丈。南門一座。成化九年，都御史徐廷璋奏置。

户口：户二百一，口五百。

公署：官廳一所，倉房十間。

斥候：高山等墩二處。

屯戍：守禦官一員，寧羌衛備禦班次官軍二百二員名，無土兵。

俸餉：歲支本色行糧一千二百二十二石。

寧夏中衛

建置沿革

秦漢北地郡地。唐靈州河西地。元置應理州，屬寧夏路。國朝洪武初，州廢，以寧夏左屯衛軍餘屯種於此。三十二年，復徙屯種軍餘於寧夏，置寧夏中衛指揮使司，屬陝西都司，遷實在京在外官軍六千餘員名，遂爲河西重地。宣德初，以都指揮守備。正統八年，兵部尚書王驥行邊，奏設分守左叅將，爲寧夏西路。

郡名

應理，元州名。

---

① ［校］都指揮："指"字原脱，據職官名稱補。

② 參見本志卷二《寧夏總鎮·宦蹟·國朝·主將》"保勛"條、《遊擊將軍·鄭廉》《東路參將》"尹清"條。

形勝

邊陲要路。新志：① 後接賀蘭之固，前有大河之險，左聯寧夏，右通莊浪，邊陲之要路也。

東阻大河，西據沙山。《元史》本州志。②

風俗

人性勇悍，以耕獵爲事，孳畜爲生。新志。

界至

東北至寧夏三百一十里餘，以寧夏推之可見。

山川

鷹觜山，在城東六十里，以形似名。

觀音口山，城東一百四十里。

米鉢寺山，城南七十里。

紅石山，城東北九十里，以其色名。

麥垛山，城北六十里，以其色名。

馬鞍山，城北二百九十里，以形似名。

雪山、冷山，皆近蘭會界。

啓剌八山，城北七十里。

沙山，城西五十里，以沙積名。

石空寺山，城東七十里，有石洞。

大沙子，城西南。石晉高居誨從張匡鄴使于闐，③ 記其所見山川云："自靈州過黃河，行三十里，始涉沙入党項界，曰細腰沙、神點沙，④ 至三公沙，宿月支都督帳。自此沙行四百餘里，至黑堡沙，沙尤廣，遂登沙

---

① 新志：文獻具體名稱不詳。引文參見《大明一統志》卷三七《寧夏衞》。

② 參見《元史》卷六〇《地理志》。

③ ［校］于闐："闐"字原版爲墨丁，據《新五代史》卷七四《四夷附錄·于闐》、《文獻通考》卷三三七《四裔考·于闐》、《正統寧志》卷上補。

④ ［校］神點沙：一作"神樹沙"。參見《新五代史》卷七四《校勘記》［五］。

嶺。沙嶺，① 党項牙也。"今大沙依然，俗呼爲"扒里扒沙"，通莊、凉諸處。

羚羊洞，城東南一百里。

黄河，城南十五里。

馬槽湖，城東北二十里，以形似名。

蒲塘，城北四十里，塘中多産蒲草。

野馬泉，城北二十里。

龍潭泉，城西二十里。其水夏則瀦蓄，冬不凝冰，禱雨有應。一名"暖泉"。

洛陽川，城西二十五里。

葫蘆河即清水河，自涇原界來，至鳴沙入黄河。見宋夏本史。②

城池

古城週迴四里三分。正統二年，都指揮仇廉奏增爲五里八分。天順四年，叅將朱榮奏爲七里三分。池闊七丈八尺，内産菱芰，堤植楊柳，森鬱可愛。城門二，東曰威振，西曰鎮遠。

物産

與《總鎮》同，③ 五穀尤稱狼戾。

土貢

隨《總鎮》。④

田賦

屯田二千九十六頃五十四畝六分，其種納則例與寧夏同。

糧二萬四千八百四十石三斗。

地畝銀二百九十六兩五錢四分六釐。

---

① ［校］沙嶺：此二字原脱，據《新五代史》卷七四《四夷附錄·于闐》、《文獻通考》卷三三七《四裔考·于闐》補。

② 宋夏本史：文獻具體名稱不詳。

③ 參見本志卷一《寧夏總鎮·物産》。

④ 參見本志卷一《寧夏總鎮·土貢》。

穀草二萬四千八百四十束二分。

秋青草歲於官湖内採納，共三十三萬三千餘束。

差役

挑渠、脩邊、車牛、採草、燒荒、守瞭、巡哨、把門，俱與《總鎮》同。①

雜造軍器，各色軍匠七十五名，歲造明盔八十頂，青甲八十副，腰刀八十把，弓八十張，弦一百六十條，撒袋八十副，箭二千四百枝，長槍八十條，圓牌四十面，銃箭頭八百箇，信砲七百箇。

户口

户：六千二百八十。口：一萬一千八十。

優贍

與《總鎮》同。②

符印

銅牌七面，銅鈴二十箇，叅將旗牌三面副，起馬符驗一道，"寧夏中衛指揮使司印"，"寧夏中衛經歷司之印"，"寧夏中衛鎮撫之印"，五千户所印五顆，百户印五十顆，"寧夏中衛儒學之印"。

公署

按察分司、寧夏中衛、叅將宅、官廳、演武場、在城東。雜造局、應理倉、草場、神機庫、兵車廠、養濟院。

壇壝

厲壇，在城北，指揮主祭。

---

① 參見本志卷一《寧夏總鎮·差役》。
② 參見本志卷一《寧夏總鎮·優贍》。

景致

暖泉春漲、① 羚羊夕照、黃河曉渡、鳴沙過雁、盧溝煙雨、石空夜燈、黑山晴雪、石渠流水、紅崖秋風、槽湖春波，凡十景。

樓

譙樓，在城中。

城樓威振、鎮遠，凡二樓。

橋渡

大通橋，在城東。

鎮遠橋，城西。

綠楊橋，城南。

常樂渡，城南一十里。

永康渡，城南二十里。

學校

沿革：正統八年，鎮撫陳禹奏設寧夏中衛儒學。

規制：欞星門三間，戟門三間，大成殿五間，東西廡十四間，神庫三間，宰牲房三間，明倫堂五間，時習日新齋十間，教官宅二所，號房三十間。弘治十三年，都御史王珣、按察僉事李端澄脩拓一新。

社學：本城四所，十堡十所。

寺觀

石空寺，元故寺，在石空山。

米鉢寺，近米鉢山。

羚羊角寺，羚羊角洞。

弩兀剌寺，元廢寺，啓剌八山東。

---

① ［校］漲：原作"張"，據《嘉靖寧志》卷三《寧夏中衛·景致》"暖泉春漲"條改。

祠廟

文廟、城隍廟、旗纛廟、馬神廟。

水利

蜘蛛渠，古渠名，在黃河西，長五十八里，溉田三百餘頃。

石空渠，在黃河西，長七十三里，溉田一百七十餘頃。弘治六年，叅將韓玉又加脩濬，而胡馬不能渡矣。

白渠，黃河西，長四十二里，溉田一百七十頃。

棗園渠，黃河西，長三十五里，溉田九十餘頃。

中渠，黃河西，長三十六里，溉田一百二十餘頃。

羚羊角渠，黃河東，長四十八里，溉田四十餘頃。

七星渠，黃河東，長四十三里，溉田二百一十餘頃，與鳴沙州共之。①

貼渠，黃河東，長四十八里，溉田二百二十餘頃。

羚羊店渠，黃河東，長四十五里，溉田二百六十餘頃。

夾河渠，黃河西，長二十七里，溉田一百四十餘頃。

柳青渠，黃河東，長三十五里，溉田二百八十四頃餘。

勝水渠，黃河東，長八十五里，溉田一百五十餘頃。

關隘

勝金關，在城東六十里。成化間，叅將張翊築。

邊牆，鎮關墩起，至大關墩止，長二百一十里。

黑山觜，城北二十五里許。

黃沙口，城東北一百一十里。

觀音口，城東北一百二十里。

大佛寺口，城東北一百一十里。

斥候

城四圍。

---

① ［校］鳴沙：原作"烏沙"，據《嘉靖寧志》卷三《寧夏中衛·水利》"七星渠"條改。

鹽池

白鹽池、紅鹽池，俱在城西境外四十餘里。

屬城

廣武營，鳴沙州城，柔遠堡、鎮靖堡、鎮虜堡、石空寺堡、棗園堡、常樂堡、永康堡、宣和堡、寧安堡、威武堡，右十堡，都御史王珣有徙築者，有增築者。

屯戍

本城備禦西安、漢中、寧羌等衛官軍一千二百五員名，班次與總鎮同。①

官吏

指揮一十九員，正副千户二十四員，衛鎮撫四員，所鎮撫八員，百户四十七員，衛經歷一員，吏一十九名。

儒學教授一員，訓導二員，吏一名。

軍馬

本衛：馬軍一千名，守城并步軍五千二百八十名，戰馬一千四匹，冬操舍餘四百名。

備禦：馬軍六百四十名，步軍五百五十五名，戰馬六百四十八匹。

俸餉

歲支文武官吏并備禦官軍本色俸：月行糧三萬二千八百六石，馬料豆八千九百二十石八斗，馬草二十九萬七千三百六十束。

古蹟

天都山，圖記不載，② 趙元昊所名，嘗建南牟内殿館庫於此。疑即今

---

① 參見本志卷一《寧夏總鎮·屯戍》。
② 圖記：文獻具體名稱不詳。

之米鉢山也。

韋精山，近會州，元昊駐兵於此，以備環慶。疑即今之哈密峽也。

人物

國朝監生

梁鑄，任州吏目。

黃宇，任州判。

葉慶。

高春。

宋鑑，任典儀。

焦完，任府照磨。

趙旻。

艾旻。

許諫，任府檢校。

張通。

盧英。

包義。

路通。

熊泰。

朱玉。

汪宥。

張昂。

曾序。

趙經。

沈銓。

流寓

胡官升，洪武間謫戍者，工吟作。

烈婦

陳氏，參將种興妾。天順元年，①興歿於賊，陳自經死。

---

① ［校］天順元年：原作"景泰間"。《明英宗實錄》卷二七七載，天順元年（1457）四月乙卯，寧夏左參將都指揮使种興中流矢卒。據改。下文《宦蹟》"种興"條之"景泰間"同改爲"天順元年"。

宦蹟

陳忠、劉原、施雲、仇廉，俱都指揮。

丁信。

熊鎮。

种興，天順元年與虜賊戰於城西，眾潰，力戰而死。

朱榮。

張翊。

陳輝。

蔡英。

劉紀。

韓玉，清謹嚴重，多脩設邊防。

劉勝、左方、孫隆、張杲，俱都指揮。正統八年以後，克分守左叅將者。

祥異

沙關鐘鳴。城西四十里沙關，朝暮有聲如鐘，天雨時益盛。

鄉飲

本衛舊無鄉飲，弘治二年，儒學訓導孫文、李春申請舉行，其儀制如寧夏。①

祭祀

文廟：每年春秋上丁日，指揮主祭。

厲壇：每年清明、中元、下元日，指揮主祭。

馬神廟：每年八月十五日，指揮主祭。

旗纛廟、兵車廠：俱如期，叅將主祭。

廣武營

---

① 參見本志卷二《寧夏總鎮·鄉飲》。

建置沿革

正統九年，巡撫都御史金濂奏置，摘調寧夏中護衛官軍操守，以都指揮守備。成化五年，又增調寧羌、鳳翔官軍輪班備禦，始改任寧夏西路協同分守。

形勝

西河要衝。新志。①

界至

北至寧夏一百四十里餘，以寧夏推之可見。

城池

舊城週迴二里。成化九年，協同陳連增築爲三里。弘治十三年，都御史王珣奏拓爲四里餘。池闊四丈，深一丈五尺。

田賦

屯田九十二頃八十餘畝。

糧一千六十七石。

穀草一千一百九十餘束。

地畝銀九兩二錢八分九釐。

秋青草歲採一十萬八千三百餘束。

户口

户：一千三百。口：八千一百。

公署

協同宅，護衛操備衙門，大官廳，小官廳，廣武營倉，草場，社學二所，神機庫。

渡

朶欒觜渡，在營東三里。

街坊

永寧、威鎮、靖虜、武畧、保安。

祠廟

旗纛廟、馬神廟。

水利

石灰渠。

---

① 新志：文獻具體名稱不詳。

大沙渠，長一十五里。

快水渠，長八里。俱石灰渠支流。

關隘

邊牆，在營西，長一百里，北至寧夏界，西至中衛界。

斥候

城西北、西南大關等墩一十四處。

屯戍

備禦西安等衛官軍五百八十四員名，班次與總鎮同。①

軍馬

護衛：馬軍五百名，步軍一百九十三名，戰馬五百一十六匹。

備禦：馬軍四百六十七名，步軍一百七名，戰馬四百七十七匹。

俸餉

歲支本營及備禦官軍倉官攢本色俸：月行糧一萬九百一十五石二斗，馬料豆五千三百六十二石二斗，馬草一十七萬八千七百四十束。

宦蹟

种興、施雲、馮紀、陳連、韓英、吳玉、閻斌、孫鑑、馬隆，俱都指揮。

張翼，指揮。

王勳、藍海、安國，武舉一名。以上俱都指揮協同。

鳴沙州城

沿革

漢靈州縣鳴沙鎮地。舊說靈州有沙，踐之有聲，故曰"鳴沙"。後周移置會州於此，尋廢。隋置鳴沙縣，屬環州。大業初，州廢。唐貞觀初，以縣屬靈州。神龍初，爲默啜所據，咸亨中收復，置安樂州，以處吐谷渾部。後沒於吐蕃。大中間收復，改置威州，徙治於方渠，以鳴沙爲屬縣。元初，立鳴沙州。國初，徙其民於長安，惟空城爾。正統九年，都御史金濂奏葺故城，仍名"鳴沙"，摘調寧夏中屯衛官軍操守。

---

① 參見本志卷一《寧夏總鎮·屯戍》。

郡名

鳴沙。

形勝

東南據沙山，西北阻大河。

風俗

重巫釋。

界至

東北至寧夏二百里，西南至中衛一百五十里。

城池

週迴四里三分。

田賦

屯田五百八十七頃。

糧七千一十七石。

草八萬七千一十七束。

地畝銀五十八兩七錢五分。

歲採秋青八萬束。

戶口

戶：三百七。口：七百八十五。

公署

官廳一所，把總官宅一所，倉一處，草場一處，社學二所。

街坊

通義、安和。

寺廟

安慶寺、城隍廟。

水利

七星渠，與中衛分界，溉田五百八十餘頃。

斥候

乾河子等墩一十三處。

官員

把總指揮一員，操備百戶一員。

軍馬

馬軍二十七名，步軍二百八十名，戰馬二十七匹。

俸餉

操備官軍并倉官攢歲支本色俸：月糧三千四百二十三石，馬料豆一百一十三石四斗，草三千七百八十束。

平虜城

建置沿革

自古無城。國朝永樂初建，止有軍馬哨備。景泰六年，奏撥前衛後千戶所十百戶軍餘居之。弘治六年，因居人繁庶，展築新城。正德六年，總制右都御史楊一清奏設守備，鎮城迤北地方皆領之。

形勝

賀蘭背於西北，黃河面於東南。

界至

南至寧夏一百二十里，① 北至鎮遠關九十里，東至黃河一十五里，西至賀蘭六十里。

城池

新、舊城周圍三里，東西倍於南北，高三丈五尺。

公署

太監行宅，在舊城中。

守備官宅，在新城北。

千戶所，在舊城東。

祠廟

城隍廟，在舊城中。

兵車廠，在舊城中。

真武堂。正統年間，北虜大舉攻城，將破，居民號呼不已。俄頃，達賊急解圍去，後虜中走回人口，詳問其賊退之故，言當時惡風旋轉，遙見大人身穿皂衣，披髮仗劍，擁眾自南而來，賊畏懼，遂潰亂而退。人以爲

---

① ［校］南至寧夏一百二十里：《明英宗實錄》卷一一一"正統八年（1443）十二月庚寅"條載，平虜城在寧夏城北二十里。

真武神也，乃建堂祀之。年久圮壞，正德二年，① 千户冒政出己貨重脩。

印記

"前衛後千户所管軍印"，百户印十顆，"平虜倉記"。

官吏

守備一員，正副千户二員，百户一十員，吏一名，倉官一員，攢典一名。

倉場

平虜倉，在舊城南。

草場，新城西北。

水利

唐渠，在黄河□，② 灌田二千八百餘頃。

斥候

城北平羌墩等一十七座。

屬城

威鎮堡。

軍馬

軍：八百三十三名。馬：五百匹。

俸餉

歲支本所官軍本色俸：月行糧一萬五百五十餘石，馬料豆五百四十石，草一十五萬三千六百束。

樓

鼓樓，在城中。

古蹟

田州城，在城南二十五里。元時創建，故址寶塔尚存。

宦蹟

楊英。

寧夏新志卷之三

---

① ［校］二：此字原爲空格，據本志卷二《寧夏總鎮·宦蹟·國朝·巡撫》"冒政"條補。
② ［校］黃河□："黃河"二字下原爲空格，據本志書例，疑爲某方位名詞。

寧夏新志卷之四

賜進士出身、奉議大夫、户部郎中、鎮人胡汝礪　編
賜進士出身、奉政大夫、陝西按察司僉事、中州李端澄　校

沿革考證

夏禹

浮於積石，至於龍門西河。《禹貢》蔡沈《傳》按：① 邢恕奏乞下熙河路，打造船五百隻，於黃河順流放下，至會州西小河內藏放。熙河路漕使李復奏："竊知邢恕欲用此船載兵順流而下，去取興州。契勘會州之西小河鹹水，其闊不及一丈，深止於一二尺，豈能藏船？黃河過會州入韋精山，石峽險窄，自上垂流直下，高數十丈，船豈可過？至西安州之東，大河分爲六七道散流，渭之南山。逆流數十里方再合。逆溜水淺，瀨磧不勝舟載。此聲若出，必爲夏國侮笑。"事遂寢。

漢

北地郡十九縣。內靈武、富平、靈州隸之。
朔方郡十縣。內朔方、臨河隸之。《文獻輿地考》。②
世宗孝武皇帝元朔二年春正月，立朔方郡，募民徙之。主父偃言：

---

① 禹貢蔡沈傳：指宋朝蔡沈《書經集傳》卷二對《尚書·禹貢》篇中"浮於積石，至於龍門西河"句的解釋。
② 參見《文獻通考》卷三二二《輿地考·古雍州》。下同。

"河南地肥饒，① 外阻河，蒙恬城之以逐匈奴，② 内省轉輸戍漕。③"上用其計，立朔方郡，募民徙者十萬口，④ 築城繕塞，因河爲固。即什賁故城也。

元狩三年秋，山東大水，徙其貧民於關西、朔方。山東被水，民多飢乏，不能振救，乃徙於關西、朔方以南新秦中，⑤ 七十餘萬口皆仰給縣官，數歲貸與產業。新秦，今河東舊麟州也。

元封元年冬十月，帝出長城，登單于臺，至朔方勒兵而還。上以古者先振兵釋旅，然後封禪，乃自雲陽，歷五原，出長城，北登單于臺，至朔方，臨北河，勒兵十八萬騎，旌旗徑千餘里，遣使告諭單于，乃還。

世祖光武皇帝建武五年冬十二月，盧芳入塞，掠據朔方等五郡。初，安定盧芳詐稱武帝曾孫劉文伯，遣使與匈奴結和親。單于迎芳入，立爲漢帝。朔方人田颯等各起兵，至單于庭迎芳入塞，都九原縣，掠有朔方等五郡，並置守令，與胡通兵，侵苦北邊。

七年冬，盧芳朔方郡降。芳以事誅其五原太守李興，其朔方太守田颯、雲中太守喬扈舉郡降，⑥ 帝令領職如故。

孝順皇帝永建元年秋七月，增置朔方緣邊兵屯。

四年秋九月，詔復北地郡。虞詡言："北地以西山川阻陁，沃野千里，土宜畜牧，水可溉漕。郡縣兵荒二十餘年矣，棄沃壤之饒，捐自然之財，不可謂利。離河山之阻，守無險之處，難以爲固。"上從之，使謁者督徙者各歸本縣，繕城郭，置候驛，又濬渠屯田。

---

① ［校］河南：此同《資治通鑒》卷十八，《史記》一一二、《漢書》卷六四上《主父偃傳》均作"朔方"。

② ［校］蒙恬：此二字原脱。據《資治通鑒》卷十八，《史記》一一二、《漢書》卷六四上《主父偃傳》補。

③ ［校］内省轉輸戍漕：原作"省轉輸"。據《資治通鑒》卷十八，《史記》一一二、《漢書》卷六四上《主父偃傳》改。

④ ［校］十萬：《資治通鑒》卷十八作"十餘萬"。

⑤ ［校］以南：此二字原脱，據《史記》卷三〇《平準書》、《漢書》卷二四下《食貨志》補。

⑥ ［校］雲中太守喬扈：此六字原脱，據《後漢書》卷一下《光武帝紀第一下》、《資治通鑒》卷四二、《通志》卷六上《後漢紀第六上》等補。

南北朝

夏州，後魏置。弘化郡，西魏置。《文獻輿地考》。

梁武帝普通五年、魏孝明帝正光五年，魏朔方胡反，夏州刺史源子雍討平之。魏朔方胡反，圍夏州，城中食盡，刺史源子雍留其子延伯守統萬，乃帥羸弱詣東夏州運糧，爲胡帥所禽。延伯以義感衆，奮厲固守。子雍雖被禽，胡人常以民禮事之。子雍爲陳禍福，賊衆遂降。時東夏州闔境皆反，子雍與北海王顥約兵轉鬭而前，凡數十戰，遂平東夏州，征粟稅芻以饋統萬，二夏獲全。

梁中大通五年、魏孝武帝永熙二年秋八月，魏以宇文泰爲夏州刺史。賀拔岳遣詣洛陽，密陳高歡反狀，魏主喜以岳爲都督二十州軍事，岳遂引兵屯平涼。夏州刺史彌俄突附岳，靈州刺史曹泥附歡。岳以夏州被邊要重，表用宇文泰爲刺史。

梁大同元年、魏文帝寶炬大統元年、東魏孝靜帝善見天平二年春正月，魏將軍李虎克靈州。宇文泰遣李虎等擊曹泥，虎等招諭費也頭之衆，與之共攻靈州，凡四旬，曹泥請降。

梁大同二年、魏大統二年、東魏天平三年春正月，東魏大丞相歡襲魏夏州，取之，魏靈州亦叛附於歡。高歡自將萬騎襲魏夏州，不火食，四日而至，縛稍爲梯，夜入其城，禽刺史斛拔俄彌突，因而用之。留張瓊將兵鎮守，遷其部落以歸。魏靈州刺史曹泥復叛，降東魏。魏人圍之，水灌其城，不沒者四尺。歡發阿至羅騎徑度靈州，遠出魏師之後，魏師退，歡迎泥，拔其遺户五千以歸。

隋

靈武郡六縣：廻樂、弘静、懷遠、靈武、鳴沙、豐安。《文獻輿地考》。

隋高祖文皇帝仁壽二年冬十二月，除治書御史柳彧名，配懷遠鎮。彧嘗按楊素，事過於臨涖，素銜之。蜀王事敗，素奏彧受王遺婢，乃除名，配戍懷遠鎮。

唐

夏州三縣：朔方、寧朔、德静。靈州四縣：廻樂、懷遠、靈武、保静。《文獻輿地考》。

天下諸州屯九百九十有二，云州之屯三十有七，① 夏州之屯二，每五十頃爲一屯。《唐六典》。②

太宗文武皇帝貞觀二年夏四月，遣右衛大將軍柴紹等討梁師都，其下殺之以降，以其地爲夏州。

二十年秋八月，帝如靈州，遣李世勣擊薛延陀，降之，敕勒諸部遣使請吏，遂勒石。帝初以新興公主許嫁薛延陀，既而幸靈州，求隙與之絕昏。薛延陀多彌可汗寇夏州，尋亦國破被殺，餘眾立真珠兄子咄摩支，遣使奉表，請居鬱督軍山之北。上自詣靈州，招撫李世勣至鬱督軍山。咄摩支降回紇等十一姓，③ 各遣使歸命，乞置官司。上大喜，遣使納之，爲詩曰："雪恥酬百王，除凶報千古。"勒石於靈州。

中宗皇帝嗣聖十三年、周武氏萬歲通天元年秋九月，突厥寇涼州，執都督許欽明以寇靈州。默啜寇涼州，執欽明自隨，以寇靈州。欽明至城下大呼，求美醬、粱米及墨，意欲城中選良將、引精兵、夜襲虜營，而城中無諭其意者。

神龍二年冬十二月，突厥默啜寇鳴沙。默啜寇鳴沙，靈武總管沙吒忠義與戰敗，死者六千餘人。

景龍二年春三月，④ 朔方總管張仁愿築三受降城。突厥默啜悉眾西擊突騎施娑葛，⑤ 仁愿請乘虛奪取漠南地，於河北築三受降城。六旬而成，首尾相應，皆據津要。於山北置烽候千八百所。自是，突厥不敢度山畋牧。鎮兵數萬人，城不置甕門守具，且曰："兵貴進取，寇至當併力出戰，回首望城者斬之，安用守備生其退惡之心也。"中城南直朔方，西城南直靈武，東城南直榆林，其北皆大磧也。

---

① ［校］云州：原作"靈州"，據《唐六典》卷七《尚書工部》、《玉海》卷一七七《食貨·屯田》改。

② 參見《唐六典》卷七《尚書工部》。

③ 回紇等十一姓包括：回紇、拔野古、同羅、僕骨、多濫葛、思結、阿跌、契苾、跌結、渾、斛薛。

④ 張仁愿築三受降城時間，本志同《資治通鑑》卷二〇九，載在唐中宗景龍二年（708），《舊唐書》卷九三、《新唐書》卷一一一《張仁愿傳》均載在神龍三年（707）。

⑤ ［校］默啜悉眾西擊突騎施娑葛："默啜"，原作"然啜"，據《資治通鑑》二〇九、《舊唐書》卷九三《張仁愿傳》改。"娑葛"二字原脫，據《舊唐書》卷九三《張仁愿傳》補。

玄宗皇帝開元十年夏四月，以張說兼知朔方節度使。置朔方節度使，① 領單于都護府、夏鹽等州軍、三受降城，以宰相張說兼領之。

天寶五載春正月，以王忠嗣爲朔方諸鎮節度使。忠嗣每互市，高估馬價，諸胡聞之，爭以馬求市。由是胡馬少，唐兵益壯。忠嗣仗河西、② 隴右、朔方、河東四節，控制萬里，天下勁兵重鎮在其掌握，累獲大捷。

十五載秋七月，太子即位於靈武。帝避安祿山之禍出奔蜀，留太子討賊。太子至平凉，朔方留後杜鴻漸等迎於平凉北境，牋五上，是日即位靈武，尊帝爲上皇天帝，大赦改元。

八月，以郭子儀爲靈武長史。子儀將兵五萬，自河北至靈武，靈武軍威始盛，人有興復之望矣。③

代宗皇帝永泰元年秋閏九月，以路嗣恭爲朔方節度使。子儀以靈武初復，百姓彫弊，戎落未安，請以嗣恭鎮之。嗣恭披荆棘，立軍府，威令大行。

德宗皇帝建中四年冬十一月，靈武、鹽、夏諸將合兵入援，遇賊潰歸。上奔奉天，靈武留後杜希全、④ 鹽夏刺史戴休顔、時常春合兵萬人入援。將至奉天，從漠谷出，爲賊所邀，死傷甚眾，四軍皆潰。

貞元二年冬十二月，吐蕃陷夏州。

三年秋七月，以韓潭爲夏州等節度使。吐蕃之戍西夏者，饋運不繼，人多病疫思歸。尚結贊遣三千騎逆之，悉焚其廬舍，毀其城，驅其民而去。於是割振武之綏、銀二州，以潭爲節度使，帥神策之士五千，朔方、河東之士三千，鎮夏州。⑤

憲宗皇帝元和十四年冬十月，吐蕃寇鹽州，靈武將擊破之。吐蕃十五萬眾圍鹽州，刺史李文悅竭力拒守，凡二十七日，吐蕃不能克。靈武牙將史敬奉言於朔方節度使杜叔良，⑥ 請兵解圍。叔良以二千五百人與之。敬

---

① 張說兼知朔方節度使在十年（722）四月，置朔方節度使事在九年（721），參見《資治通鑒》卷二一二。
② ［校］仗：原作"扙"，據《嘉靖寧志》卷四《沿革考證》改。
③ ［校］興復：原作"與復"，據《資治通鑒》卷二一八改。
④ ［校］杜希全：原作"杜希全"，據《舊唐書》卷十二《德宗本紀》改。
⑤ ［校］鎮夏州：原作"饑夏州"，據《資治通鑒》二三二改。
⑥ ［校］史敬奉：原作"史奉敬"，據《資治通鑒》二四一，《舊唐書》卷一五二、《新唐書》卷一七〇《史敬奉傳》改。下同。

奉行旬餘，無聲，問朔方人，以爲俱沒矣。無何，敬奉自他道出吐蕃背，① 吐蕃大驚，潰去。敬奉奮擊，大破之。

宣宗皇帝大中五年春二月，以李福爲夏綏節度使。上頗知党項之反由，邊帥利其羊馬，數欺奪誅殺之。自是，繼選儒臣以代邊帥之貪暴者，党項遂安。

晉李存勖、岐李茂貞、淮南楊渥稱唐天祐六年，② 梁主晃開平三年冬十一月，岐遣劉知俊攻梁靈州，梁遣兵救之，大敗而還。岐王茂貞受劉知俊降，欲取靈州以處之，使自將兵攻之，朔方告急於梁，梁遣康懷貞、王彥章等將兵救之，爲知俊所敗。

後唐明宗李嗣源天成四年、吳楊溥大和元年冬十月，③ 唐以康福爲朔方節度使。前磁州刺史康福善胡語，每以對上，安重誨惡之，以靈州深入胡境，爲帥者多被害，以福爲朔方、河西節度使，遣萬人衛送之。行至方渠，羌胡出兵邀福，福擊走之。至青剛峽，④ 遇吐蕃野利、大蟲二族數千帳，⑤ 福大破之，殺獲殆盡。由是威聲大振，遂進至靈州。由是朔方始受代。

唐主從珂清泰三年十一月、後晉高祖石敬瑭天福元年冬十二月，⑥ 晉以張希崇爲朔方節度使。初，朔方節度使張希崇爲政有恩信，民夷愛之，興屯田以省漕運，使爲靜難節度使，至是乃使鎭朔方。

晉天福四年春正月，晉以馮暉爲朔方節度使。張希崇卒，羌胡寇鈔無復畏憚，党項酋長拓跋彥超最爲彊大。暉至，超入賀，暉厚遇之，因於城中治第，豐其服玩，留之不遣，封内遂安。

晉出帝重貴開運三年秋八月，⑦ 馮暉擊破党項入靈州。暉在靈武，得羌胡心，市馬朞年至五千匹，朝廷忌之，徙鎭邠州。會有羌胡之擾，使將

---

① ［校］他道：原作"地首"，據《資治通鑑》二四一改。

② ［校］祐：原作"佑"，據李存勖、李茂貞、楊渥等年號名稱改。

③ ［校］大和：原作"太和"，據吳國睿帝楊溥年號用字改。

④ ［校］青剛峽：此同《資治通鑑》卷二七六、《舊五代史》卷九一作"青崗峽"，《新五代史》卷四六作"青岡峽"。

⑤ ［校］二族數千帳："二"原作"一"，據《資治通鑑》卷二七六、《舊五代史》卷四〇《唐書·明宗紀》《册府元龜》卷九八七《外臣部·征討》改。"數千帳"，此同《資治通鑑》、《舊五代史》、《册府元龜》皆作"三百餘帳"。

⑥ ［校］後晉：此二字前原衍"以"字，據本志書例刪。

⑦ ［校］三年：原作"元年"，據《資治通鑑》卷二八五、《資治通鑑綱目》卷五七改。

關西兵擊之，過旱海，糧糧已盡，拓跋彥超眾數萬扼要路，據水泉以待之。軍中大懼，暉以賂求和於彥超，彥超許之。自旦至日中，使者往返，兵未解。藥元福曰："虜知我飢渴，陽許和以困我耳，若至暮則吾輩成禽矣。今虜雖眾，精兵不多，依西山而陳者是也。其餘步卒不足為患，請公嚴陳以待，我以精騎先犯西山兵，小勝則舉黃旗，大軍合勢擊之。"乃帥騎先進，用短兵力戰，彥超小却。元福舉黃旗，暉引兵赴之，彥超大敗。明日，暉入靈州。

宋

高宗皇帝紹興十三年金熙宗亶皇統三年。春三月，夏地震，逾月止，地裂泉湧，出黑沙。是歲大饑。

理宗皇帝景定五年蒙古世祖皇帝至元元年。春正月，蒙古遣唆脫顏、郭守敬行視寧夏河渠。秋七月，蒙古以中書左丞張文謙行西夏中興等路尚書省事。① 中興羌俗素鄙野，事無統紀，文謙求蜀士為人僕隸者得五六人，援恩例理而出之，俾通明者為吏，教以案牘。旬月之間，樞機品式，粗若可觀，羌人始遣子弟讀書，土俗為之一變。又疏興州古唐來、漢延二渠及夏、靈、應理、鳴沙四州正渠十、支渠大小共六十八，溉田十萬餘頃。而行省郎中董文用、銀符副河渠使郭守敬寔佐其事。

度宗皇帝咸淳二年蒙古至元三年。夏五月，蒙古禁寧夏良田為僧所據者，聽蒙古人分墾。

元

世祖文武皇帝至元二十七年春三月，復立營田司於寧夏。

武宗皇帝至大元年春三月，立寧夏河渠司。秩五品，官二員，參以二僧為之。

四年春三月，寧夏地裂。

順帝至元三年春二月，立宣鎮侍衛屯田萬戶府於寧夏。

夏州北渡烏水，經賀麟澤、拔利干澤，過沙，次內橫劇、沃野泊、長澤、白城，百二十里至可朱渾水源。② 又經故陽城澤、橫劇北門、突紇利

---

① ［校］西夏：原作"寧夏"，據《元史》卷一五七《張文謙傳》改。
② ［校］可：此字原脫，據《新唐書》卷四三下《地理志》補。

泊、石子嶺，百餘里至阿頰泉。又經大非苦鹽池，六十六里至賀蘭驛。又經庫也干泊、彌鵝泊、榆禄渾泊，百餘里至地頰澤。又經步拙泉故城，八十八里渡烏那水，經胡洛鹽池、紇伏干泉，四十八里度庫結沙，① 一曰普納沙，二十八里過橫水，五十九里至十賁故城，② 又十里至寧遠鎮。又涉屯根水，五十里至安樂戍，戍在河西壖，其東壖有古大同城。今大同城故永濟栅也。北經大泊，十七里至金河。又經故後魏沃野鎮城，傍金河，過古長城，九十二里至吐俱麟川。③ 傍水行，經破落汗山、④ 賀悅泉，百三十一里至步越多山。⑤ 又東北二十里至纈特泉。又東六十里至賀人山，山西磧口有詰特犍泊。⑥ 吐俱麟川水西有城，城東南經拔厥那山，二百三十里至帝割達城。又東北至諸真水汊，⑦ 又東南百八十七里，經古可汗城至鹹澤。又東南經烏咄谷，二百七里至古雲中城。又西五十五里有綏遠城。皆靈、夏以北蕃落所居。《容齋三筆》。⑧

河水又北過富平縣西，河側有兩山相對，水出其間，即上河峽，世謂之爲青山河。又北逕富平縣故城，又北過薄骨律鎮城，城在河渚上，赫連果城也。又經典農城東，世謂之故城，富平縣即此也。又東北逕廉縣故城東，又北與枝津合，⑨ 東北逕富平城，所在分裂，以漑田圃。北流入河。酈道元《水經》。⑩

汝礪論曰：夏州在《禹貢》爲荒服，在周爲秦侯裔裾之地。入漢設郡縣，征兵賦，猶爲中國有也。晉衰而赫連熾，唐末而拓跋興，加以繼遷、元昊之徒，世濟其奸，尋僭大號，橈沸疆圉，陷沒郡縣，豈一朝一夕之故哉？說者謂，節度當受代而世襲，唐任人之弊也。靈州密邇河壖，賊之動定足以偵壓，可守而不守。又橫山之險，自高以臨關中，可取而不

---

① ［校］度：原作"渡"，據《新唐書》卷四三下《地理志》改。
② ［校］十：原作"什"，據《新唐書》卷四三下《地理志》改。
③ ［校］川：原作"州"，據《新唐書》卷四三下《地理志》改。
④ ［校］破落汗："汗"字原脱，據《新唐書》卷四三下《地理志》補。
⑤ ［校］三十一：原作"三十二"，據《新唐書》卷四三下《地理志》改。
⑥ ［校］口：原作"石"，據《新唐書》卷四三下《地理志》改。
⑦ ［校］水汊：原作"漢"，據《新唐書》卷四三下《地理志》改。
⑧ ［校］宋朝洪邁《容齋隨筆·三筆》不載本段內容，本志誤注出處。本段內容參見《新唐書》卷四三下《地理志》。
⑨ ［校］北與：原倒作"與北"，據《水經注》卷三《河水》乙正。
⑩ 參見《水經注》卷三《河水》。

取。宋形勝之弊也。然抑豈特形勢之失而已哉？方鎮過於削弱而兵力不競，將帥多出親倖而賞罰蒙蔽，宋之爲宋如此。而況北臨契丹無厭之兵，西當靈夏悍獷之虜，安得而不敝且窮哉？嗚呼！拓地而能守，得眾而能馭，德澤深而法制密，謂之千載一時、萬世無弊者，幸有見於今日。

寧夏新志卷之四

寧夏新志卷之五

賜進士出身、奉議大夫、户部郎中、鎮人胡汝礪　編
賜進士出身、奉政大夫、陝西按察司僉事、中州李端澄　校

赫連夏考證

按：赫連之先有劉虎者，漢時匈奴南單于之苗裔也。匈奴劉猛死，虎代領其眾，居新興，號鐵弗氏。北人謂胡父、鮮卑母爲"鐵弗"，① 因以"鐵弗"爲姓。代魏拓跋鬱律擊破之，走出塞。虎死，其孫劉衛辰降苻秦。② 攻魏，魏主拓跋圭擊之，走死。少子勃勃犇沒弈干，③ 再犇後秦姚興，使鎮朔方，襲殺沒弈干而并其眾，耻姓"鐵弗"，自謂"帝王者爲天之子"，遂改其姓曰"赫連"氏，言"其徽赫與天連也"。其非正統者曰"鐵伐"氏，言"剛銳如鐵，堪伐人也"。

勃勃，字屈子，④ 小字屈丐，性驕虐貪猾，視民如草芥。常置弓劍於

---

① ［校］北人謂胡父鮮卑母爲鐵弗：原作"胡人謂父爲鮮卑母爲鐵弗"。本志原同《資治通鑒》卷一〇四、《十六國春秋》卷六六《夏録一·赫連勃勃》及《北史》諸本，"父"字後衍"爲"字，中華本《北史》卷九三《鐵弗劉武傳》之《校勘記》［三］據《魏書》卷九五《鐵弗劉虎傳》删。"北人"原作"胡人"，據《魏書》《資治通鑒》《十六國春秋》及《北史》改。"胡父"原作"父"，據《魏書》卷九五《鐵弗劉虎傳》改。按：唐朝因避諱而改"劉虎"爲"劉武"。

② ［校］孫劉衛辰降苻秦："孫"原作"子"。《魏書》卷九五《鐵弗劉虎傳》載，虎子務桓，務桓子悉勿祈，悉勿祈弟衛辰。知衛辰爲劉虎孫，非子。據改。"苻秦"原作"符秦"，據《晉書》卷一一三、一一四《載記·苻堅傳》等改。

③ ［校］沒弈干：此同《北史》卷九三《赫連屈丐傳》，《晉書》卷一三〇《載記·赫連勃勃》作"沒奕于"。

④ ［校］屈子：原作"屈子"，據《晉書》卷一三〇《載記·赫連勃勃》、《魏書》卷九五《鐵弗劉虎傳》、《十六國春秋》卷六六《赫連勃勃》、《元和郡縣圖志》卷五《關内道·夏州》等改。參見《晉書》卷一三〇《校勘記》［一］。

侧，群臣迕視者鑿其目，笑者抉其唇，諫者先截其舌，然後斬之。築居統萬城，城高十仞，基厚二十步，上廣十步，宮牆高五仞，其堅可以厲刀斧。臺榭壯大，皆雕鏤圖畫，被以錦繡。尤好矜大，名其四門，東曰"招魏"，南曰"朝宋"，西曰"服涼"，北曰"平朔"。初稱"大夏天王"，再稱"皇帝"。在位十九年，① 殂，子昌立。三年，魏主燾禽殺之，弟平原王定立。四年，土谷渾執獻於魏，魏殺之。三世，共二十六年而亡。②

晉孝武皇帝太元十六年冬十月，匈奴劉衛辰攻魏南部，魏王珪大破之。衛辰走死，少子勃勃犇沒弈干，納之。衛辰遣子直力鞮率眾九萬攻魏南部，魏王拓跋珪引兵五六千人大破之，獲直力鞮。衛辰為其下所殺，宗黨誅滅殆盡，諸部悉降。其少子勃勃亡犇薛干部，送沒弈干，以女妻之。

安帝義熙三年夏六月，赫連勃勃自稱"大夏天王"。魏常山王遵等率兵襲沒弈干。沒弈干棄其部，帥眾與劉勃勃犇秦州。勃勃魁岸，美風儀，性辯慧，後秦王姚興見而奇之，與論大事，寵遇踰於勳舊。乃以為將軍，使助沒弈干鎮高平。伺魏間隙，不果，竟配以雜虜二萬餘落，使鎮朔方，遂叛秦。會柔然獻馬於秦，勃勃掠取之，襲殺沒弈干而并其眾。自謂夏后氏之苗裔，稱"大夏天王"。置百官，建元龍升。

冬，夏王勃勃破薛干部，降之。遂進攻秦及南涼，大破之。勃勃破鮮卑、薛干等三部，降其眾。以萬數進攻秦三城以北諸戍。諸將諫曰："大王欲經營關中，宜先固根本。高平險固饒沃，可以定都。"勃勃曰："吾大業草創，姚興亦一時之雄，未可圖也。今專固一城，彼必并力於我，亡可立待。不如以驍騎風馳，出其不意。救前則擊後，救後則擊前。使彼疲於奔命，我則游食自若。不及十年，嶺北、河東盡為我有。待興死，嗣子闇弱，徐取長安，則吾計中矣。"於是侵掠嶺北諸城。勃勃求婚於南涼禿髮傉檀，不許。勃勃帥騎二萬擊破之，名臣勇將，死者什六七，積尸而封之，號曰"髑髏臺"。

九年春，夏築統萬城。勃勃以叱干阿利領將作大匠，發夷夏十萬人，築都城於朔方黑水之南。曰："朕方統一天下，君臨萬邦，新城宜名'統

---

① 十九年：自義熙三年（407）稱大夏天王至元嘉二年（425）殂，共19年。
② ［校］二十六年：據《太平御覽》卷一二七《偏霸部十一》引《夏錄》，三世在位當共25年，參見《晉書》卷一三〇《校勘記》［十三］。

萬'。"阿利性巧而殘忍，蒸土築城，錐入一寸，① 即殺作者而并築之。勃勃以爲忠。其造兵器，射甲，不入則斬弓人，入則斬甲匠。由是器物皆精利。改元鳳翔。

十四年冬十一月，夏王勃勃陷長安，劉義眞逃歸。劉裕既取長安，遂東還，留子義眞都督雍、梁、秦諸軍事。勃勃聞之大喜，召王買德問計。買德曰："關中形勝之地，而裕以幼子守之，狼狽而歸，欲急成簒事，② 不暇復以中原爲意。此天以關中賜我，不可失也。青泥、上洛，南北之險，宜先遣遊軍斷之，東塞潼關，絶其水陸之路，然後傳檄三輔，施以恩德，則義眞在網罟之中，不足取也。"勃勃乃使其子璝帥騎二萬向長安，③ 別將屯青泥及潼關，而自將大軍爲後繼。夏兵至渭，義眞悉召外兵，閉門拒守，關中郡縣悉降於夏。勃勃進據咸陽，長安樵采路絶，義眞將士大掠而東，多載寶貨子女，方軌徐行。傅弘之諫不聽。赫連璝帥眾追之，弘之、蒯恩斷後，力戰至青泥大敗，爲夏兵所禽。義眞獨逃草中，叅政段宏追尋得之，束之於背，④ 單馬而歸。弘之不屈，叫罵而死。勃勃積人頭爲京觀，號"髑髏臺"。勃勃還長安，大饗將士，稱皇帝，改元昌武。

恭帝元熙元年春正月，夏人陷蒲阪。夏主勃勃還統萬，夏羣臣請都長安，勃勃曰："朕豈不知長安帝都，沃饒險固。然統萬距魏境裁百餘里。朕在長安，統萬必危，若在統萬，則魏必不敢濟河而西。諸卿適未見此耳。"乃置南臺於長安，以赫連璝録尚書事而還。改元眞興。

宋少帝景平二年、文帝義隆元嘉元年、魏世祖太武帝燾始光元年冬十二月，夏世子璝殺其弟倫。倫兄昌討璝，誅之。夏主將廢太子璝而立少子倫。璝將兵伐倫，倫拒之，⑤ 敗死。倫兄昌襲璝，殺之，并其眾歸於統萬。夏主大悅，立昌爲太子。

宋元嘉二年、魏始光二年秋八月，⑥ 夏主勃勃殂，子昌立。改元

---

① ［校］錐：原作"雖"，據《資治通鑑》卷一一六改。
② ［校］成：原作"城"，據《資治通鑑》卷一一八、《晉書》卷一三〇《載記·赫連勃勃》改。
③ ［校］二萬：原作"三萬"，據《資治通鑑》卷一一八、《晉書》卷一三〇《載記·赫連勃勃》改。
④ ［校］束：原作"東"，據《資治通鑑綱目》卷二四改。
⑤ ［校］拒：原作"柜"，據《資治通鑑綱目》卷二四改。
⑥ ［校］二：原作"三"，據《資治通鑑綱目》卷二四改。

承光。

宋元嘉三年、魏始光三年冬十月，魏主自將攻夏。十一月，魏主入統萬，別將取蒲阪及長安。崔浩言於魏主燾曰："今年五星并出東方，利於西伐。"於是遣奚斤襲蒲阪，周幾襲陝城。以薛謹爲鄉導，魏主行至君子津，會天暴寒，冰合。帥輕騎濟河襲統萬。夏主方宴群臣，魏師奄至，上下驚擾。夏主昌出戰而敗，① 退走入城，門未及閉，魏豆代田帥眾乘勝入西宮。宮門閉，代田逾垣而出。魏分兵四掠，殺獲數萬。謂諸將曰："統萬未可得也。它年當與卿等取之。"乃徙其民萬餘家而還。夏弘農太守不戰而走。魏師乘勝長驅，遂入三輔。蒲阪守將棄城奔長安，奚斤遂克蒲阪。夏主之弟助興自長安奔安定。十二月，奚斤入長安，秦、雍民羌皆降於魏。魏主還平城。所徙夏民多道死。

宋元嘉四年、魏始光四年夏六月，夏主及魏主戰於統萬，敗走上邽。魏取統萬。魏主至統萬，分軍伏於深谷，以少眾至城下。夏將狄子玉降，言："夏主聞有魏師，召平原公定，定曰：'統萬堅峻，未易攻拔。待我禽奚斤，然後徐徃内外擊之，蔑不濟矣。'故夏王堅守以待之。"魏主患之，乃退軍以示弱。魏軍士有亡奔夏者，言魏軍糧盡，步兵未至，宜急擊之。夏主從之，將步騎三萬出城。魏長孫翰等皆言："夏兵步陳難陷，宜避其鋒。"魏主曰："遠來求賊，② 乃避而不擊，彼奮我弱，非計也。"遂收眾，偽遁引而疲之。夏兵爲兩翼，鼓譟追之，行五六里，會有風雨從東南來，揚沙晦冥。魏宦者趙倪曰："今風雨從賊上來，我向彼背，天不助人，願攝騎避之。"崔浩叱之曰："吾千里制勝，一日之中豈得變易。賊貪進不止，後軍已絕，宜隱軍分出奄擊。"乃分騎爲左右隊以掎之。魏主馬蹶而墜，幾爲夏兵所獲。拓跋齊以身捍蔽，騰馬得上，身中流矢，奮擊不輟。夏眾大潰，魏人乘勝逐夏主至城北。夏主遂奔上邽。魏主微服逐奔者入城，夏人覺之，諸門悉閉。魏主與齊等入其宮中，將裙繫之槊上，乘之而上，僅乃得免。明日入城，獲夏王、公、卿、校及婦女以萬數，馬三十餘萬匹，牛羊數千萬頭。府庫珍寶車旗等物，不可勝紀。頒賜將士有差，納夏世祖三女爲貴人。赫連定聞統萬破，奔上邽。魏主召奚斤等班

―――――――――――

① [校] 戰：此字原爲空格，據《資治通鑒綱目》卷二四補。

② [校] 求賊：原作"求戰"，據《資治通鑒》卷一二〇、《魏書》卷九五《赫連屈子子昌傳》、《北史》卷九三《赫連屈丐子昌傳》改。

師。斤言："赫連昌亡保上邽，鳩合餘燼，今因其危，滅之爲易。"固請益鎧馬，給兵萬人，馬三千匹，① 并娥清、丘堆，使共擊夏。魏主還，以常山王素爲征南大將軍，假節鎮統萬。

宋元嘉五年、魏神䴥元年春二月，② 魏人及夏戰於上邽，執其主昌以歸，尋殺之。夏赫連定稱帝於平涼。魏人追之，敗績。夏禽其二將，復取長安。魏將軍尉眷攻上邽，夏主退屯平涼。奚斤進軍安定。斤以馬疫糧少，深壘自固，遣丘堆行督租，士卒暴掠，不設儆備。夏主襲堆，走還城，因乘勝日夜鈔掠。魏兵不得芻牧，監軍、侍御史安頡曰："今猛寇遊逸於外，吾兵疲食盡，不一決戰，死在旦夕。等死，死戰不亦可乎？今斂諸將所乘馬可二百匹，頡請募死士擊之。且赫連昌勇狷無謀，每自挑戰，眾皆識之。若伏兵掩擊，昌可禽也。"奚斤難之。頡乃陰與尉眷等謀，選騎待之。既而夏主來攻城，頡出應之。夏主自出搏戰，軍士爭赴之。夏主敗走，頡追禽之。夏平原王定收餘眾奔還平涼即位，改元勝光。昌至平城，魏主以妹妻之，賜爵會稽公。竟以謀叛見殺。賜頡、眷等爵不及斤。斤深恥無功，乃齎三日糧，追夏主定於平涼。娥清欲循水而徃，斤不從，自北道邀兵走路。夏軍將遁，會魏亡將歸夏者，告以魏軍食少無水，夏主乃分兵夾擊之。魏兵大潰，丘、清皆爲所禽，士卒死者六七千人。丘堆奔蒲阪，夏人復取長安。魏主命安頡斬丘堆，代將其眾，鎮蒲阪以拒之。

宋元嘉八年、魏神䴥四年春正月，夏滅秦，以秦王暮末歸，殺之。夏主擊秦將姚獻，敗之。遂遣其叔父韋伐攻南安。城中大饑，人相食。秦王乞伏，暮末窮蹙，輿櫬出降，送於上邽，殺之，夷其族。

夏六月，夏主定擊涼，吐谷渾襲敗之，執定以歸。夏主畏魏人之逼，擁秦民十餘萬口，自治城濟河，欲擊河西王蒙遜而奪其地。③ 吐谷渾王慕璝遣騎三萬，乘其半濟，邀擊之，執夏主定以歸。

宋元嘉九年、魏延和元年春三月，吐谷渾送故夏主定於魏，魏人殺之。魏既殺赫連定，因進吐谷渾王慕璝官爵。

汝礪論曰：勃勃之西亡也，身蕩然無所投，志恐恐以必死。使薛干忌

---

① [校] 三千：《資治通鑑》卷一二〇作"三十"，并附注曰："章：甲十六行本'十'作'千'；乙十一行本同；孔本同。"
② [校] 䴥：原作"麚"，據《資治通鑑綱目》卷二五及北魏太武帝拓跋燾年號用字改。
③ [校] 河西王：原作"北涼王"，據《資治通鑑》卷一二二改。

魏而不恤，沒弈干吝其女而不納，則不過沙中一枯骼耳。然而辯慧足以動姚興之愚，梟鷙足以當拓跋之眾，兼以王買德、阿利之徒爲之駿奔贊畫，封青泥以爲垣，扼潼津而作塹，西吞秦涼，南跨漢沔，北距雲代，據統萬之堅，擅百二之富，亦可謂一時之雄矣。夫何狼子野性，終昧遠圖，妻人之女而奪人之國，受人之託而攘人之地，壯臺榭畫繡之侈，起四門侉大之名。他如髑髏之臺，慘動宇宙，而鑿目、抉唇、截舌之政，又皆曠古之毒。然卒全首領、老死牖下者，狡猾有以致之也。故一傳而昌，鼓勇捐以自滅，再傳而定，吹餘燼而遽銷。二十六年之間，石火電光之業，仁義不施，貪殘自負，欲長其命脉，以齊驅代魏，烏可得哉！

寧夏新志卷之五

寧夏新志卷之六

賜進士出身、奉議大夫、戶部郎中、鎮人胡汝礪　編
賜進士出身、奉政大夫、陝西按察司僉事、中州李端澄　校

拓跋夏考證

夏本拓跋魏之後，流爲党項别部。唐貞觀初，有拓跋赤辭者來歸，賜姓李，世居平夏。僖宗中和初，拓跋思恭《文獻通考》作"思敬"。① 以兵討黄巢有功，復賜姓李，拜夏綏節度使。思恭卒，弟思諫代爲定難節度使，② 唐亡歸梁。卒，思恭孫彝昌嗣。③ 其將高宗益作亂，殺之。將士立其族父、蕃部指揮仁福，梁封朔方王，梁亡歸唐。卒，子彝超嗣。卒，兄彝殷代之。《文獻通考》作"弟"。④ 歷事唐、晉、漢、周、北漢，俱被顯爵。

宋太祖建隆初，獻馬，以玉帶賜之。乾德中，卒，太祖廢朝三日，贈太師，追封夏王。子克叡立，⑤ 以破北漢吴堡功，累加檢校太尉。卒，太

---

① 參見《文獻通考》卷二七六《封建考》。
② ［校］定難：原作"静難"，據《新唐書》卷二二〇上《党項傳》、《宋史》卷四八五《夏國傳》改。
③ ［校］思恭孫：此同《宋史》卷四八五《夏國傳》，《舊五代史》卷一三二、《新五代史》卷四〇《李仁福傳》，《資治通鑒》卷二六七均作"思諫子"，疑是。
④ ［校］弟：當作"兄"，《文獻通考》誤。據内蒙古烏審旗南部納林河鄉排子灣夏州拓拔部李氏家族墓地出土之濆氏墓志銘載，濆氏與李仁福生有五子，其年齒順序爲：長子彝殷，次子彝謹，三子彝氙，四子彝超，五子彝温。彝殷爲李仁福長子，彝超爲四子，彝殷爲彝超之兄。"彝殷"後避宋帝諱改名"彝興"。參見鄧輝、白慶元撰《内蒙古烏審旗發現的五代至北宋夏州拓拔部李氏家族墓誌銘考釋》，第 379—384 頁。
⑤ 克叡：原名"光叡"，避宋太宗趙光義諱改。

宗廢朝二日，贈侍中。子繼筠立，授檢校司徒、定難節度觀察留後。遣兵助征北漢，畧太原，踰年卒，弟繼捧立。尋率族人入朝獻地，因其願留，乃授彰德軍節度使。其族弟繼遷居銀州，數爲邊患，詔繼捧圖之。初，繼遷高祖思忠嘗從其兄思恭討黃巢，射渭橋表鐵鶴沒羽，既而戰沒，僖宗贈宥州刺史，祠於渭陽。曾祖仁顏，仕唐銀州防禦使。祖彝景嗣於晉，父光儼嗣於周。繼遷生於銀州無定河，生而有齒。及繼捧歸宋，時年二十，志落落，遂叛去。數與繼捧戰，不利，乃歸款。後與繼捧謀寇靈州。遣李繼隆討之，執繼捧送闕下，詰釋其罪，封宥罪侯，卒。繼遷反覆不臣，屢勤王師。真宗咸平初，遣使脩貢，授夏州刺史、定難節度，益功臣號，封其母衛慕氏衛國太夫人。繼遷陷西涼，中創死。子德明立。後德明追上繼遷尊號曰應運法天神智仁聖至道廣德光孝皇帝，① 廟號武宗。元昊追諡曰神武，廟號太祖，墓號裕陵。

德明小字阿移，母曰順成懿孝皇后野利氏。即位於柩前，奉表歸順，封西平王，仍賜"推忠保順亮節翊戴功臣"號。德明大起宮室於鰲子山，城懷遠鎮爲興州以居。娶三姓。衛慕氏生元昊，咩迷氏生成遇，訛藏屈懷氏生成嵬。仁宗明道元年卒，② 諡曰光聖皇帝，廟號太宗，墓號嘉陵。仁宗與皇太后成服於苑中，遣使贈岫。子元昊立。

元昊小字嵬理，國語謂"惜"爲"嵬"，③ "富貴"爲"理"。母曰惠慈敦愛皇后衛慕氏。五月五日生，國人以其日相慶賀。性雄毅，多大畧，善繪畫，能創製物始。圓面高準，身長五尺餘。曉浮圖學，通蕃漢文字。案上置法律，常携《野戰歌》《太乙金鑑訣》。好衣長袖緋衣，冠黑冠，佩弓矢。從衛步卒，張青蓋。出乘馬，以二旗引，百餘騎自從。德明嘗使人以馬權易漢物，不如意，欲殺之。元昊年方十餘歲，諫曰："我戎人，本從事鞍馬，而以資隣國，易不急之物，已爲非策，又從而殺之，失衆心

---

① ［校］光孝：此同《宋史》卷四八五《夏國傳·德明》，同書卷四八五《夏國傳·繼遷》作"孝光"，《宋史》記載不一。

② 德明死期，《隆平集》卷二〇《夏國傳》載卒於"天聖中"，《宋史》卷四八五《夏國傳》載卒於天聖"九年十月"，《夢溪筆談》》卷二五載卒於"景祐中"。考《治蹟統類》卷七《康定元昊擾邊》，《九朝編年備要》卷九，《近事會元》卷五，《宋史》卷九《仁宗本紀》、卷一二四《禮志》，《遼史》卷十八《興宗本紀》、卷一一五《西夏外記》等載同《長編》卷一一一，載德明卒於宋仁宗明道元年十一月，當從《長編》。

③ ［校］語：此字原爲空格，據《宋史》卷四八五《夏國傳》補。

矣。"德明從之。弱冠，破回鶻，遂立爲皇太子。又數諫其父勿臣宋。德明戒之曰："吾久用兵，疲矣。吾族三十年衣錦綺，此宋恩也，不可負。"元昊曰："衣皮毛，事畜牧，蕃性所便。英雄之生，當霸王耳，何錦綺爲？"既襲封"西平"，明號令，以兵法勒諸部。始衣白窄衫，氊冠紅裏，冠頂後垂紅結綬。自號嵬名吾祖，凡六日、九日則見其官屬。官制與宋同。朝賀之儀雜用唐、宋，樂器與曲則唐也。

其官分文武班，曰中書，曰樞密，曰三司，曰御史臺，曰開封府，曰翊衛、官計，① 受納、農田、群牧、磨勘六司，曰飛龍、文思二院，② 曰蕃、漢二學。自中書令、宰相、樞使、③ 大夫、侍中、太尉以下，皆分命蕃、漢人爲之，文資則襆頭、靴笏、紫衣、緋衣，武職則冠金帖起雲鏤冠、銀帖間金鏤冠、黑漆冠，衣紫旋襴，金塗銀束带，垂蹀躞，佩解結錐、短刀、弓矢韣，馬乘鯢皮鞍，垂紅纓，打跨鈸拂。便服則紫皂地繡盤毬子花旋襴束带。民庶衣青綠，以別貴賤。每舉兵，必率部長與獵。有獲，則下馬環坐而飲，割鮮而食，各問所見，擇取其長。

仍居興州，地方萬里，皆即堡鎮號州郡，凡二十有二。河南之州九：曰靈、曰洪、曰宥、曰銀、曰夏、曰石、曰鹽、曰南威、曰會。河西之州九：曰興、曰定、曰懷、曰永、曰凉、曰甘、曰肅、曰瓜、曰沙。熙秦河外之州四：曰西寧、曰樂、曰廓、曰積石。其地饒五穀，尤宜稻麥。甘、凉之間以諸河爲溉，興、靈則有古渠，曰唐來，曰漢延，④ 皆支引黄河。故灌溉之利，歲無旱澇之虞。

其民一家號一帳。男年登十五爲丁，率二丁取正軍一人。每負贍一人爲一抄，四丁爲兩抄，餘號空丁，願隸正軍者，得射他丁爲負贍，無則許射正軍之疲弱者。凡正軍，給長生馬、駝各一匹，團練使以上，帳一、弓一、箭五百、馬一、橐駝五，旗、鼓、槍、劍、棍棓、粆袋、披氊、渾脫、背索、鍬、钁、斤、斧、箭、牌、鐵爪篱各一。刺史以下無帳與旗、鼓，各馬、駝一，箭三百，幕梁一，謂織毛爲幕，而以木爲梁也。凡兵三

---

① ［校］官計：原作"宮計"，據《宋史》卷四八五《夏國傳》改。
② ［校］文思：原作"文司"，據《宋史》卷四八五《夏國傳》改。
③ ［校］樞使：原作"樞密使"，據《宋史》卷四八五《夏國傳》改。
④ ［校］漢延：《宋史》卷四八六《夏國傳》作"漢源"。

人同一幕。有砲手二百人，號"潑喜"。陡立旋風砲於橐駝鞍，縱石如拳。得漢人，勇者爲前軍，號"撞令郎"。若脆怯無他伎者，①遷河外耕作。

有左、右廂，立十二監軍司，②曰左廂神勇，曰石州祥祐，曰宥州嘉寧，曰韋州静塞，曰西壽保泰，曰卓囉和南，曰右廂朝歌，曰甘州甘肅，曰瓜州西平，曰黑水鎮燕，曰白馬彊鎮，曰黑山威福，委豪右分統其衆。自河北至午臘蒻山七萬人，以備契丹，河南洪州、白豹、安鹽州、③羅洛、④天都、惟精山五萬人，⑤以備環慶、鎮戎、原州。左廂宥州五萬人，以備鄜延、麟府，右廂甘州三萬人，以備西蕃、回紇，賀蘭駐兵五萬，靈州五萬，興州興慶府七萬人，爲鎮守。總三十餘萬。⑥別有禽生十萬，興靈之兵精練者又二萬五千，別副以負贍兵七萬，選豪族善弓馬者五千人迭直，號六班直。月給米二石。鐵騎三千，分十部爲前軍，乘善馬，披重甲，刺斫不入，用鉤索絞聯，雖死馬上不墜。遇戰則先出鐵騎突陣，陣亂則衝擊之，步兵挾騎以進。每有事於西，則自東點集而西，有事於東，自西點集而東，中路則東、西皆集。發兵，以銀牌召部長面受約束。⑦用兵多立虛砦，設伏兵包敵。戰則大將居後，或據高險。其人能寒暑飢渴，出戰率用隻日，⑧避晦日。資糧不過一旬。弓用皮疾，矢用沙柳簳。惡雨雪。晝舉煙、揚塵，夜篝火以爲候。不耻奔遁。凡敗三日，輒復至其處捉人馬射之，號曰"殺鬼招魂"，或縛草人埋於地，⑨衆

---

① ［校］若：原作"君"，據《宋史》卷四八六《夏國傳》改。

② ［校］十二監軍司：本志同《宋史》卷四八五《夏國傳》，《長編》卷一二〇、《九朝編年備要》卷十作"十八監軍司"。《天盛改舊新定律令》卷十《司序行文門》載，西夏仁宗天盛年間（1149—1169）監軍司有十七個，包括石州、東院、西壽、韋州、卓囉、南院、西院、沙州、囉龐嶺、官黑山、北院、年斜、肅州、瓜州、黑水、北地中、南地中。

③ ［校］安鹽州："安"字原脱，據《宋史》卷四八五《夏國傳》、《長編》卷一二〇補。

④ ［校］羅洛：此二字原脱，據《宋史》卷四八五《夏國傳》、《長編》卷一二〇補。又，"羅洛"，《宋史》卷四八六《夏國傳》作"羅落"。

⑤ ［校］惟精山：原作"韋精山"，據《宋史》卷四八五《夏國傳》、《長編》卷一二〇改。

⑥ ［校］三十：原同《宋史》卷四八五《夏國傳》作"五十"，據《長編》卷一二〇改。

⑦ ［校］面受約束：中華本《長編》卷一二〇作"而受約束"，《四庫》本《長編》卷一二〇、《宋史》卷四八五《夏國傳》均作"面受約事"。

⑧ ［校］日：原作"甘"，據《宋史》卷四八六《夏國傳》改。

⑨ ［校］埋：原作"理"，據《宋史》卷四八六《夏國傳》改。

射而還。

　　篤信機鬼,① 尚詛咒。每出兵則先卜,以艾灼羊髀骨,謂之"死跋焦"②。卜師謂之"廝乩"③。視其兆上處爲神明,近脊處爲主位,近傍處爲客位。蓋其俗以所居正寢中一間以奉鬼神,人不敢居,而主、客之位,則近脊而傍也,故取象於羊骨如此。又夜以羊焚香咒粟以食之,食盡則搖其首,乃殺羊,視其腸胃通則兵無阻,心有血則不和,謂之"生跋集"。又擗竹於地,若揲蓍以求數,謂之"擗筭"。又以矢擊弓弦,審其聲,知敵至之期,與兵交之勝負,及六畜之災祥、五穀之豐稔。俗皆土屋,進有命得以瓦覆之。

　　以嵬名守全主謀議,以鍾鼎臣典文書,以成逋克等主兵馬,野利仁榮主蕃學。元昊自製蕃書,命仁榮演譯之成十二卷。字形體方整,類八分,而畫頗重複。教國人以此紀事,又譯《孝經》《爾雅》《四言雜字》爲蕃語。④ 仁宗寶元初稱"皇帝"。凡五娶:一大遼興平公主,二宣穆惠文皇后沒藏氏,⑤ 生諒祚,三憲成皇后野利氏,四沒移氏,五索氏。在位十七年,改元開運一年、廣運二年、大慶二年、天授禮法延祚十一年。死,諡曰武烈皇帝,廟號景宗,墓號泰陵。⑥ 朝廷遣官祭吊,賜賻。

　　長子諒祚立,小字"寧令哥"。⑦ 國語謂"懽喜"爲"寧令"。⑧ 兩岔,河名也。沒藏氏與元昊出獵,至此而生,遂名焉。寔慶曆七年丁亥二

――――――――――

① 〔校〕機鬼:參見本志第3頁脚注③。
② 〔校〕死跋焦:此同《夢溪筆談》卷十八《技藝》,《宋史》卷四八五《夏國傳》、《隆平集》卷二〇均作"炙勃焦"。
③ 〔校〕廝乩:原作"廝覘",據《夢溪筆談》卷十八《技藝》改。
④ 〔校〕雜字:原作"雜子",據《宋史》卷四八五《夏國傳》改。
⑤ 〔校〕惠文:"惠"字原脱,據《宋史》卷四八五《夏國傳》補。
⑥ 〔校〕泰陵:原作"太陵",據《宋史》卷四八五《夏國傳》改。
⑦ 〔校〕據《宋史》卷四八五《夏國傳》釋義,諒祚小字疑當作"寧令兩岔"。《西夏書事》卷十八慶曆七年春二月條作諒祚始名"寧令兩岔"。《夢溪筆談》卷二五《雜誌》載,"寧令"漢語意爲"大王"。《隆平集》卷二〇《夏國傳》、《長編》卷一六八慶曆八年春正月載,"甯令哥"爲諒祚兄之名。《東都事略》卷一二七《西夏傳》、《長編》卷一六八慶曆八年春正月載,諒祚爲元昊遺腹子。
⑧ 〔校〕懽喜:此同《四庫》本《宋史》,中華本《宋史》卷四八五《夏國傳》作"歡嘉"。

月六日也。① 方期歲即位，朝廷封爲夏國主。母族訛龐專國，諒祚討殺之。已而請去蕃禮，從漢儀，詔許之。又表求太宗御製眞草、② 隸書石本，且進馬，求《九經》《唐書》③《册府元龜》及本朝正至朝賀儀。詔賜《九經》，還所獻馬。英宗治平間屢入寇。在位二十年殂，改元延嗣寧國一年、天祐垂聖三年、福聖承道四年、奲都六年、拱化五年。諡曰昭英皇帝，廟號毅宗，墓號安陵。

長子秉常立，恭肅章憲皇后梁氏所生也。④ 秉常幼，梁氏攝政。神宗熙寧二年，册爲夏國主。表請去漢儀，復用蕃禮，詔許之。尋被幽執。秉常在位二十年殂。改元乾道二年、天賜禮盛國慶五年、大安十一年、天安禮定二年。⑤ 諡曰康靖皇帝，廟號惠宗，墓曰獻陵。

長子乾順立，昭簡文穆皇后梁氏所生也。哲宗元祐二年，封夏國主，仍節度西平王。建國學，設子弟員三百，立養賢務，以廩食之。遼以成安公主下嫁。金滅遼，乃稱藩於金。自後宋使至者，保見之，始用敵國禮。高宗紹興九年，靈芝產於國中，乾順作《靈芝歌》。在位五十四年殂。改元天儀治平四年、天祐民安八年、永安三年、貞觀十三年、雍寧五年、元德八年、正德八年、大德五年。諡曰聖文皇帝，廟號崇宗，墓號顯陵。

長子仁孝立。正史作"天祈"。尊其母曹氏爲國母，納后罔氏，上尊號曰制義去邪。乃建學立教，釋奠孔子，而帝尊之。策舉人，立唱名法。復建內學，選名儒主之。增脩法律，賜名"鼎新"。立通濟監鑄錢。⑥ 立翰林院，以焦景顏、王僉等爲學士，⑦ 俾脩實錄。移置中書樞密於內門外。大禁奢侈。封制蕃字，師野利仁榮爲廣惠王。在位五十五年殂。改元大慶四年、人慶五年、天盛二十一年、乾祐二十四年。諡曰聖德皇帝，廟號仁宗，墓號壽陵。

---

① ［校］二月：原作"三月"，據《宋史》卷四八五《夏國傳》改。

② ［校］太宗御製眞草："太宗"原作"大宗"，據《宋史》卷四八五《夏國傳》改。"眞草"原作"草詩"，據《宋會要》禮六二之四〇、之四一改。又，中華本《宋史》據《長編》卷一九六改"草詩"作"詩章"，參見《宋史》卷四八五《校勘記》［二六］。

③ ［校］唐書：原作"唐史"，據《宋會要》禮六二之四〇、之四一改。

④ ［校］章憲：原作"章獻"，據《宋史》卷四八六《夏國傳》改。

⑤ ［校］二年：本志原同《宋史》卷四八六《夏國傳》，均作"一年"，李華瑞《西夏紀年綜考》一文據西夏王陵出土殘碑及《重修護國寺感通塔碑銘》等改。

⑥ ［校］通濟監：原作"通齊監"，據《宋史》卷四八六《夏國傳》改。

⑦ ［校］王僉：原作"王儉"，據《宋史》卷四八六《夏國傳》改。

長子純佑立，章獻欽慈皇后羅氏所生也。改元天慶。在位十四年，[①]從弟李安全廢之而自立。純佑尋殂，諡曰昭簡皇帝，廟號桓宗，墓號莊陵。

　　安全立之四年降於元。[②]又二年殂。在位六年，改元應天四年，皇建二年。諡曰敬穆皇帝，廟號襄宗，墓曰康陵。有子曰承禎，未立。族子遵頊立，改元光定。金封爲夏國王。寧宗嘉定十六年，元兵攻夏，傳國於其子德旺。遵頊在位十三年。又三年殂，諡曰英文皇帝，廟號神宗。德旺改元乾定四年，以憂悸殂，廟號獻宗。[③]弟子睍立。二年，元主克其城邑，縶睍以歸。

　　自宋太平興國七年繼遷開基，凡十二主，二百五十八年，夏亡。[④]

　　唐太宗文武皇帝貞觀三年冬閏十二月，党項別部拓跋赤辭降。賜姓李，置靜邊等州以處之。其後析居夏州者，號平夏部。

　　僖宗皇帝中和元年春二月，宥州刺史拓跋思恭舉兵討黃巢。

　　二年春正月，以拓跋思恭爲京城三面都統。

　　晉李存勗、岐李茂貞唐天祐七年，梁主晃開平四年夏四月，梁夏州亂，殺節度使李彝昌，以其族父李仁福代之。

　　唐明宗李嗣源長興四年春二月，唐定難節度使李仁福卒，子彝超嗣。

　　三月，唐以李彝超爲彰武留後，安從進爲定難留後，彝超拒命。先是，河西諸鎮皆言李仁福潛通契丹。會仁福卒，以其子彝徙爲彰武留後，安從進代爲定難留後。

　　四月，彝超上言："爲軍民擁留，未得赴鎮。"詔遣使趣之。

---

① [校] 十四：原作"四十"，據《宋史》卷四八六《夏國傳》改。
② 元：安全降時蒙古政權尚未立國號曰"元"。
③ [校] 獻宗：原作"憲宗"，據《宋史》卷四八六《夏國傳》改。
④ 西夏國是由党項拓跋氏於11世紀在中國西北地方建立的一個封建割據政權，國號"大夏"，自稱"大白高國""白高大夏國"，漢文典籍一般稱"西夏""夏國"或"夏台"。自西夏遠祖拓跋思恭節度夏（治所在今陝西靖邊縣東北白城子）、綏（治所在今陝西綏德縣）二州後被唐僖宗封爲夏國公至宋仁宗授德明爲夏王，割據一方的夏州政權歷時150年（882—1032），共歷11位夏王，即拓跋思恭、思諫、彝昌、仁福、彝超、彝興、克睿、繼筠、繼捧、繼遷、德明。自元昊正式立"夏"國號稱帝至末主睍亡，處於實際獨立狀態的西夏政權歷時189年（1038—1227），共歷10主，即景宗元昊、毅宗諒祚、惠宗秉常、崇宗乾順、仁宗仁孝、桓宗純佑、襄宗安全、神宗遵頊、獻宗德旺和末帝睍。

秋七月，唐安從進討李彝超，不克引還。安從進攻夏州。州城赫連勃勃所築，斸鑿不能入。又党項萬餘騎抄掠糧餉，官軍無所芻牧，關中民輸運困竭。彝超登城謂從進曰："夏州貧瘠，非有珍寶蓄積可以充朝廷貢賦也，但以祖父世守此土，不欲失之。幸與表聞，許其自新。"詔從進引兵還。自是，夏州輕朝廷，每有叛臣，必陰與之連，以邀賂遺。

冬十月，唐以李彝超爲定難節度使。彝超上表謝罪，故有是命。

唐主從珂清泰二年春二月，唐夏州節度使李彝超卒，兄彝殷代之。

晉出帝重貴開運元年春二月，晉定難節度使李彝殷侵契丹以救晉。

周太祖郭威廣順元年、北漢主劉崇乾祐四年夏四月，周夏州附於北漢。

周世宗榮顯德二年春正月，周遣使如夏州。李彝殷以折德扆亦爲節度使恥之，塞路不通。世宗謀於宰相，對曰："夏州邊鎮，朝廷每加優借，府州褊小，① 得失不繫輕重耳，宜撫諭彝殷，庶全大體。"世宗曰："德扆數年以來，盡力以拒劉氏，奈何一旦棄之耳？夏州惟産羊、馬，貿易百貨，悉仰中國。我若絕之，彼何能爲？"乃遣供奉官賚詔書責之，彝殷惶恐謝罪。

宋乾德五年秋七月，定難節度使李彝興卒，子克叡嗣。彝興即彝殷，克睿即光叡。宋避宣祖、太宗諱，故改之。

宋太宗皇帝太平興國三年夏五月，定難節度使李克叡卒，子繼筠嗣。

四年秋七月，定難留後李繼筠卒，弟繼捧嗣。

七年夏五月，定難留後李繼捧入朝，獻銀、夏、綏、宥四州。②

六月，繼捧弟繼遷叛，走地斤澤。夏州自李思恭以來，未嘗親朝中國。至是繼捧率其族人入朝，帝嘉之，賜賚甚厚。繼捧陳其諸父昆弟多相慰怨，乞納其境内夏、綏、銀、宥四州，留京居之。帝爲遣使如夏州，護緦麻以上親赴闕。以曹光實爲四州都巡檢使。時繼捧族弟定難軍都知蕃落使繼遷留居銀州，聞使至，乃詐言乳母死，出葬於郊，遂與其黨數十人奔入地斤澤。出其祖像以示戎人。戎人拜泣，從者日眾。澤距夏州東北三百里。

冬十一月，以李繼捧爲彰德節度使。

---

① ［校］府州：原作"麻州"，據《資治通鑑》卷二九二、《資治通鑑綱目》卷五九改。
② 《東都事略》卷一二七《西夏傳》載，李繼捧以夏、銀、綏、宥、静五州之地來歸。

雍熙元年冬十月，知夏州尹憲襲李繼遷，破走之。憲與曹光實襲繼遷於地斤澤，大破之，斬首五百級，焚四百餘帳。繼遷與其弟繼冲遁免，獲其母、妻而還。

二年春二月，李繼遷誘殺都巡檢使曹光實，遂襲銀州據之。繼遷自地斤澤敗，轉徙無常，漸以彊大。西人以李氏世著恩德，多歸之。於是率衆攻麟州，使人紿都巡檢使曹光實曰："我數犇北，勢窘，願講甥舅之禮。期日會於葭蘆川納降。"光實信之，且欲擅其功，故不與人謀。至期，繼遷設伏，止領數十人近城迎光實。光實從百騎赴之。繼遷前導，北行至其地，忽舉手揮鞭，伏兵盡起，光實被害，遂襲據銀州。遣知秦州田仁朗等將兵討李繼遷。

夏四月，征仁朗還。

五月，副將王侁擊李繼遷，走之，銀、麟、夏州悉内附。繼遷陷三族，仁朗行次綏州，請益兵，留月餘，俟報。時繼遷乘勝進攻撫寧砦，仁朗喜曰："撫寧小而固，非浹旬所能破。我俟其困，以大兵臨之，分遣彊弩邀其歸路，虜成禽矣。"部署已定。帝聞三族已陷，征仁朗還，下御史獄，劾問請益兵及陷三族狀。仁朗對曰："三族去綏州遠，非元詔有所救也。臣已定禽繼遷策，會詔至，不果。"帝怒，特貸死，竄商州。是月，侁等出銀州北，破悉利諸砦。麟州諸蕃皆請納馬贖罪，助討繼遷。侁與所部兵入濁輪川，斬賊首五千級，繼遷遁去。郭守文復與尹憲擊鹽城諸蕃，焚千餘帳。由是銀、麟、夏三州蕃百二十五族內附，户萬六千餘。①

三年冬十二月，李繼遷請昏於契丹，契丹以女歸之。② 繼遷率五百騎欵契丹境，言願昏大國，以作藩輔。契丹以耶律襄女號"義成公主"歸之。

端拱元年夏五月，以李繼捧爲定難節度使，賜姓名"趙保忠"。李繼遷侵擾日甚，趙普復請命繼捧鎮夏州。帝召見，加賜而遣之，且謂曰："若繼遷歸欵，當授以官也。"

---

① ［校］六千：原作"八千"，據《東都事略》卷二一《郭守文傳》、《宋史》卷四九一《党項傳》、《續綱目》卷二改。

② 遼聖宗封義成公主下嫁李繼遷事，許婚事《遼史》卷十一《聖宗本紀》繫於統和四年(986)，正式下嫁事《遼史》卷十二《聖宗本紀》繫於統和六年(988)，《遼史》卷一一五《西夏外記》繫義成公主下嫁事於遼聖宗統和七年(989)。《宋史》卷四八五《夏國傳》記義成公主下嫁事繫於宋太宗雍熙三年即遼聖宗統和四年，此當爲許婚時間而非正式下嫁時間。

淳化元年冬十二月，契丹封李繼遷爲夏王。

二年秋七月，李繼遷請降，以爲銀州觀察使，賜姓名"趙保吉"。先是，趙保忠至夏州，言繼遷悔過歸欸，詔授繼遷銀州刺史。① 至是與保忠戰於安慶澤，繼遷中流矢遁去，轉攻夏州。繼遷歸欸，奉表謝罪，遂有是命，且以其子德明爲管內藩落使行軍司馬。

冬十月，趙保忠叛降契丹，契丹封爲西平王。

五年春正月，趙保吉寇靈州，以李繼隆爲河西都部署討之。

三月，李繼隆入夏州，執趙保忠送京師。保忠聞繼隆將至，② 先挈其母與妻子壁野外，乃上言與保吉解怨，獻馬乞罷兵。帝覽，立遣中使督繼隆進軍。及師壓境，保吉因夜襲保忠營，欲併其眾。保忠方寢，聞難作，單騎走還城。其指揮使趙光嗣閉之別室，開門迎繼隆。繼隆執保忠送汴。保吉遁去。

夏四月，削趙保吉姓名，墮夏州城。帝以夏州深在沙漠，奸雄因以竊據，欲墮其城。呂蒙正曰："自赫連築城以來，頗爲關右之患。若遂廢之，萬世利也。"乃詔墮之，遷其民於綏、銀。

五月，賜趙保忠爵"宥罪侯"。保忠至汴，帝詰責而釋之，責授右千牛衛上將軍，封"宥罪侯"。

秋七月，李繼遷遣使來貢。繼遷獻馬謝罪，又遣弟延信入覲，言違叛事出保忠。帝召見慰諭之。

至道元年夏六月，以李繼遷爲鄜州節度使，繼遷不奉詔。繼遷遣押衙張浦，以良馬、橐駝來獻。乃以浦爲鄭州團練使，留京師。遣使持詔，拜繼遷鄜州節度使，繼遷不受。

二年夏四月，遣李繼隆等分道討李繼遷。初，白守榮護芻粟四十萬赴靈州，李繼遷邀擊於浦洛河，運餉盡爲繼遷所奪。帝怒，命李繼隆爲環慶等州都部署，將兵討之。呂端請發兵由麟府、鄜延、環慶三道以擣平夏，襲其巢穴，則靈武之圍解矣。帝命繼隆出環，丁罕出慶，范廷召出延，王超出夏，張守恩出麟，五路進討，直趨平夏。

秋八月，李繼隆副將范廷召遇李繼遷於烏、白池，擊敗之。繼隆不見

---

① [校] 銀州：原作"銀洲"，據《治蹟統類》卷二《太祖太宗經制西夏》、《稽古錄》卷十七、《宋史》卷五《太宗本紀》、卷四八五《夏國傳》及《續綱目》卷二改。

② [校] 聞：原作"開"，據《續綱目》卷二改。

虜而還。諸將分道並進，期抵烏、白池。繼隆遣其弟繼和馳奏，以環州道迂，欲自青岡峽直趨繼遷巢穴，不及援靈武，遂發兵與丁罕合行，十日不見虜，引軍還。張守恩見虜不擊。獨范廷召與王超至烏、白池，與賊遇。超持重不進。其子德用年十七，爲先鋒，轉戰三日，虜遂却。又先絕其要害，歸師肅然，虜不敢近。

三年冬十二月，李繼遷請降，以爲定難節度使，復姓名"趙保吉"。繼遷表求蕃任，真宗皇帝方在諒陰，姑從其請。又以夏、綏、銀、宥、靜五州與之，張浦亦遣還。

真宗皇帝咸平四年秋八月，以張齊賢爲涇原諸路經畧使。帝以趙保吉雖入貢，而抄掠益甚，乃遣齊賢行邊。齊賢言："靈武孤城，必難固守。"通判永興軍何亮復上《安邊書》言："靈武地方千里，表裏山河，決不可舍。"楊億言："棄之便。"輔臣咸以爲不可失。帝惑之。李沆言："莫若密召州將，使部分軍民空壘而歸。"帝不從，以王超爲西面行營都部署，將步騎六萬援靈州。

五年春三月，趙保吉陷靈州，知州事裴濟死之。濟知靈州，謀輯八鎮，興屯田之利，民甚賴之。保吉大集蕃部來攻。濟被圍，餉絕，①刺指血染奏求救。兵不至，城遂陷，②濟死焉。保吉以州爲西平府居之。

六年春二月，以六谷酋長潘羅支爲朔方節度使。③知鎮戎軍李繼和言："潘羅支願戮力討趙保吉，請授以刺史。"乃授朔方節度使、靈州西面都巡檢使。

冬十二月，趙保吉陷西涼，殺丁惟清，潘羅支會蕃部擊敗之。保吉走死，子德明嗣。④保吉陷西涼，殺丁惟清。⑤於是潘羅支僞降，保吉受之不疑，羅支遽集六谷蕃部合擊之，保吉大敗，中流矢，創甚，奔還，死於靈州境上，年四十二。子德明年二十三矣，遣使告哀於契丹。契丹贈保吉

---

① ［校］餉：原爲空格，據《長編》卷五一、《治蹟統類》卷七《真宗經制西夏》、《續綱目》卷三補。

② ［校］遂：原為空格，據《長編》卷五一、《治蹟統類》卷七《真宗經制西夏》、《續綱目》卷三補。

③ ［校］六谷：原作"六合"，據《長編》卷四九、卷五六及《宋史》卷四八五《夏國傳》、卷四九二《吐蕃傳》等改。下同。

④ ［校］德明嗣："明嗣"二字原爲空格，據《續綱目》卷三補。

⑤ ［校］丁：原爲空格，據《宋會要》方域二一之一九、《長編》卷五五、《宋史》卷七《真宗本紀》、卷四九二《吐蕃傳》及《續綱目》卷三補。

尚書令，尋封德明爲"西平王"。帝詔德明，令審圖去就。① 知鎮戎曹瑋上言："可因其國危子弱，願假臣精兵，出其不意，禽德明送闕下，復河南爲郡縣，此其時也。"不報。

景德元年夏六月，宥罪侯趙保忠卒。保忠狀貌雄毅，居環列奉朝請，常怏怏不自得。至是卒。

三年冬十月，趙德明請降，詔以爲定難節度使。向敏中言："德明屢表歸欵，復奉誓表，請藏盟府。"帝嘉之，乃遣使授德明檢校太師、兼侍中、充定難軍節度使，封"西平王"，給奉如內地，因責子弟入質。德明謂非先世故事，不遣，惟獻駝、馬，謝恩而已。未幾，契丹亦册爲"大夏國王"。

大中祥符三年冬十二月，夏州饑。西夏管內饑，趙德明表求粟百萬，朝議不知所出。王旦曰："第詔德明，云已敕有司具粟百萬於京師，其遣衆來取。"德明得詔，慚曰："朝廷有人。"

仁宗皇帝天聖六年夏五月，趙德明使其子元昊襲回鶻甘州，取之。以元昊襲破回鶻，奪甘州，遂立爲太子。

明道元年冬十一月，夏王趙德明卒，子元昊嗣。是歲，封德明爲"夏王"，未幾卒，年五十一，贈太師、尚書令、兼中書令。遣楊告授元昊三使，② 封"西平王"，年二十三矣。契丹亦遣使册爲"夏國王"。既而避其父諱，改宋"明道"爲"顯道"，稱於其國中。

景祐元年秋七月，趙元昊反，寇環慶。慶州柔遠砦蕃部巡檢嵬通攻後橋諸堡，③ 破之。元昊稱兵報仇，入寇慶州。緣邊都巡檢楊遵與戰，敗績。環慶都監齊宗矩援之，被執，既而放還。下詔約束之。元昊改元"開運"，尋改"廣運"。

冬十月，趙元昊進毒弒其母衛慕氏。母族人山喜謀殺元昊，事覺，元昊酖其母，殺之。沉山喜之族於河。遣使來告哀。

二年冬十二月，吐蕃唃廝囉大敗趙元昊於河湟。趙元昊遣蘇奴兒擊廝囉，兵敗被執。元昊自領衆攻屠猫牛、青唐、宗哥、帶星嶺諸

---

① [校] 審：原爲空格，據《宋史》卷四八五《夏國傳》、《續綱目》卷三補。

② [校] 楊告：原作"楊官"，據《長編》卷一一一，《宋史》卷三〇四《楊告傳》、《夢溪筆談》卷二五《雜志》改。

③ [校] 嵬通：本志同《治蹟統類》卷七《康定元昊擾邊》、《宋史》卷四八五《夏國傳》，《長編》卷一一五作"嵬通"。

城，夏兵溺宗哥河及飢死過半，又併兵臨河湟。厮囉壁鄀州不出。元昊乃渡河，插幟識其淺。厮囉潛使人移植深處。及大戰，元昊潰歸，士卒視幟而渡，溺死者什八九，① 鹵獲甚眾。厮囉來獻捷，詔加保順軍留後。

　　三年冬十二月，趙元昊侵回鶻，取瓜、沙、肅州。元昊既悉有夏、銀、宥、綏、静、靈、鹽、會、勝、甘、凉，又取瓜、沙、肅。仍居興州。阻河，依賀蘭山爲固，地方萬里。改元"大慶"。

　　寶元元年冬十月，趙元昊殺其叔父山遇，稱帝於夏州。元昊遣使詣五臺供佛，以窺河東道路。既還，與諸酋歃血，約先攻鄜延，欲自靖德、塞門、赤城三道並入。其叔父山遇數勸勿反，不聽。山遇遂挈妻、子來降，知延州郭勸執還元昊。元昊殺之，遂稱帝，改元"天授禮法延祚"，國號"夏"。遣使奉表曰："臣祖本出帝胄。當東晉之末運，創後魏之初基。遠祖思恭，當唐季，率兵拯難，受封賜姓。祖繼遷，心知兵要，手握乾符，大舉義旗，悉降諸部。臨河五鎮，不旋踵而歸；沿邊七州，悉差肩而克。父德明，嗣奉世封，勉從朝命。真王之號，夙感於頒宣；尺土之封，顯蒙於割裂。三十年邊情善守，五千里職貢常輸。臣偶因端閒，輒生狂斐。制小番之文字，改大漢之衣冠。衣冠既就，文字既行，禮樂既張，器用既備，吐蕃、塔塔、張掖、交河，莫不從伏。稱王則不喜，朝帝則是從。輻輳屢期，山呼齊舉。伏願一垓之地土，建爲萬乘之邦家。於時再讓靡遑，群集又迫，事不得已，顯而行之。遂以十月十一日郊壇備禮，爲世祖始文本武興法建禮仁孝皇帝，國稱大夏，年號天授禮法延祚。伏望皇帝陛下，睿哲成人，寬慈及物，許以西郊之地，册爲南面之君。敢竭愚庸，常敦懽好。魚來雁徃，任傳隣國之音；地久天長，永鎮邊方之患。至誠瀝懇，仰候帝俞。"

　　十二月，以夏竦爲涇原、秦鳳安撫使，范雍爲鄜延、環慶安撫使，經畧夏州。以竦知涇州，與雍俱兼經畧使。又命天章閣待制龐籍體量陝西，詔籍就竦計事。竦條陳十事：一，教習彊弩，以爲奇兵；二，羈縻屬羌，以爲藩籬；三，詔唃厮囉，并力破賊；四，度地勢險易遠近、砦柵多少，而增減屯兵；五，詔諸路互相應援；六，募土人爲兵，以代東兵；七，增

――――――

① ［校］什八九：《隆平集》卷二〇《唃廝囉傳》、《東都事略》卷一二九《西蕃傳》作"過半"。

置弓手、壯丁，以備城守；八，併並邊小砦，以完兵力；九，聽關中民入粟贖罪，以贍邊計；十，損並邊冗兵、① 冗官，② 以紓饋餉。朝廷多采用之。

二年夏六月，削趙元昊賜姓官爵。元昊表至，群臣皆曰："元昊，小醜也，請出師討之。"諫官吳育獨言："宜援國初江南故事，稍易其名，可以附順而收之。"不報。未幾，下詔削奪元昊官爵，絕互市。揭榜於邊，募人能禽元昊，若斬首獻者，即授定難節鉞。已而元昊又遣賀永年賫嫚書，③ 納旌節及所授敕誥，置神明匣，留歸孃族而去。

冬十一月，夏人寇保安軍，巡檢指揮使狄青擊敗之。青初以善騎射為騎御散直，從西征，戰安遠諸砦，皆克捷。臨敵披髮，帶銅面具，出入賊中，皆披靡莫敢當。④ 至是元昊寇保安軍，鈐轄盧守懃使青擊走之。⑤

康定元年春正月，元昊寇延州，副總管劉平、石元孫戰沒。元昊將攻延州，詐遣人通欵於〔范〕雍，雍信之不設備。既而元昊盛兵攻保安軍。鄜延副總管劉平、石元孫屯慶州，雍以書召之。元昊既破金明砦，乘勝至延州城下，雍閉門堅守。平、元孫聞之，督騎兵晝夜倍道，先趨延州爭門，至三川口西十里止營，⑥ 適鄜延都監黃德和、巡檢万俟政、⑦ 郭遵，皆與平合。步騎萬餘，結陳東行五里許，與賊遇。平與賊皆為偃月陳，賊兵涉水為橫陳，遵擊退之。賊復蔽盾為陳，官軍復擊却之，奪盾殺獲及溺

---

① [校]冗兵：此二字原脫，據《長編》卷一二三、《宋史》卷二八三《夏竦傳》、《治蹟統類》卷八《仁宗經制西夏要略》、《續綱目》卷四等補。

② [校]冗官：原作"沉官"，據《長編》卷一二三、《宋史》卷二八三《夏竦傳》、《治蹟統類》卷八《仁宗經制西夏要略》、《續綱目》卷四等改。

③ [校]賀永年：本志同《治蹟統類》卷七《康定元昊扰边》、《宋史》卷四八五《夏國傳》、《續綱目》卷四，《長編》卷一二五、卷一三九、《宋朝諸臣奏議》卷一三三《上仁宗論元昊請和不可許者三大可防者三》（范仲淹撰）、《范文正公集》卷十五《耀州謝上表》作"賀九言"。

④ [校]披靡：原作"彼靡"，據《宋史》卷二九〇《狄青傳》、《續綱目》卷四改。

⑤ [校]盧守懃：原作"盧守勤"，據《宋史》卷四六七《盧守懃傳》《長編》卷一二五、《治蹟統類》卷七《康定元昊擾邊》、《續綱目》卷四改。

⑥ [校]十里止營：此四字原脫，據《長編》卷一二六、《宋史》卷三二五《劉平傳》、《續綱目》卷四等補。

⑦ [校]万俟政：原作"方俟政"，據《長編》卷一二六、《宋史》卷三二五《劉平傳》、《涑水記聞》卷十一改。

死者近千人。平中流矢。日暮，賊以輕兵薄戰，官軍小却。黃德和居陳後，望見軍却，率麾下走保西南山，① 衆從之，皆潰。平遣其子宜孫馳追德和還兵併力，德和不從，驟馬遁赴甘泉。平遣軍校杖劍遮留，② 得千餘人。轉鬬三日，賊退還水東。平率餘衆保西南山，立七柵自固。平旦，賊酋舉鞭麾騎，自山四出合擊，絶官軍爲二，平遂與元孫等皆沒於賊。③ 會大雪，賊解去，延州得不陷。詔殿中御史文彥博即河中置獄問狀，黃德和坐要斬，④ 范雍貶知安州，而贈平、元孫官。

夏五月，元昊陷塞門諸砦。執砦主高延德以去，又陷安遠、承平砦。時著作佐郎張方平上平戎十策，其畧以爲，宜屯重兵河東，示以形勢。賊入寇必自延、渭，而興州巢穴之守必虛。我師自麟、府渡河，不十日可至。此所謂攻其所必救，形格勢禁之道也。

秋八月，以范仲淹兼知延州。延州諸砦多失守，仲淹請自行，詔兼知延州。仲淹大閱州兵，得萬八千人，分六將領之。日夜訓練，量賊衆寡，使更出禦。敵人聞之，相戒曰："無以延州爲意，今小范老子腹中自有數萬甲兵，不比大范老子可欺也。"

慶曆元年春正月，元昊遣人至延州議和，范仲淹以書諭之。元昊遣高延德還延州，與范仲淹議和。仲淹自爲書遣元昊，反復戒諭。

二月，元昊寇渭川，任福與戰於好水川，敗死。韓琦行邊至高平，元昊遣衆寇渭川。琦乃趨鎮戎軍，盡出其兵，又募勇士萬八千人，⑤ 命環慶副總管任福將之，以耿傅叅軍事，桑懌爲先鋒，朱觀、武英、王珪各以所部從福。將行，琦令福併兵自懷遠趨德勝砦，至羊牧隆城，出敵之後。諸砦相距才四十里，道近糧便，勢不可戰，即據險設伏，要其歸

---

① ［校］西南山：原作"西山"，據《長編》卷一二六、《宋史》卷三二五《劉平傳》、《治蹟統類》卷七《康定元昊擾邊》、《涑水記聞》卷十一、《續綱目》卷四等改。

② ［校］杖劍：原作"仗劍"，據《宋史》卷三二五《劉平傳》、《續綱目》卷四等改。

③ 三川口宋夏之戰，劉平被俘後是降是死及宋朝所賜謚號，史書記載不一。考《宋史》卷三二五《劉平傳》，《東都事略》卷六八《富弼傳》、卷五二《呂夷簡傳》、卷五四《范雍傳》、卷六三《丁度傳》、卷一一〇《劉平傳》，《長編》卷一二七"仁宗康定元年（1040）夏四月"條、卷一八六"嘉祐二年（1057）十月辛未"條、《春明退朝錄》卷上、《淮海集》卷三四《錄壯滑劉公遺事》等，劉平被俘後不屈而死，宋朝贈謚號當作"壯滑"。

④ ［校］腰斬：原作"要斬"，據《長編》卷一二七、《宋史》卷十《仁宗本紀》及卷三二五《劉平傳》，《東都事略》卷一一〇《劉平傳》、《涑水記聞》卷四、《續綱目》卷四等改。

⑤ ［校］萬八千人：《宋史》卷四八五《夏國傳》作"萬人"。

路。且曰："苟違節制，有功亦斬。"福引輕騎趨懷遠捺龍川，① 遇鎮戎巡檢常鼎、劉肅，與敵戰於張家堡南，斬首數百。賊棄馬、羊佯北。桑懌引騎趨之，福躡其後。薄暮屯好水川，觀、英屯籠絡川，② 相距五里，時已陷伏中矣。芻餉不繼，士馬乏食者三日。元昊自將精兵十萬，③ 營於川口。詰旦，福與懌循川西行，④ 出六盤山下，距羊牧隆城五里，與夏軍遇。懌於道傍得數銀泥合，封襲謹密，中有動躍聲，疑莫敢發。福至發之，乃縣哨家鴿百餘自中起，盤飛軍上。於是夏兵四合。懌馳犯其鋒，福陳未成列，賊縱鐵騎突之。自辰至午，陳動，眾欲據勝地，忽夏人陣中樹鮑老旗，懌等莫測。既而旗左麾左伏起，右麾右伏起。自山背下擊，士卒多墜覆崖塹，懌、肅戰死。敵分兵斷其後，福力戰，身被十餘矢，⑤ 揮四刃鐵簡，挺身決鬭，槍中左頰，絕喉而死，子懷亮亦死之。敵乃併兵攻觀、英。珪自羊牧隆城引屯兵四千五百陳於觀軍之西，⑥ 趙津將瓦亭騎兵二千繼至。⑦ 珪屢出罟陳，⑧ 陳堅不可破。英被重傷，官軍大潰。英、津、⑨ 珪、傅皆死，士卒死者萬三百人。惟觀以兵千餘保民垣，四向縱射。會暮，敵引去，得還。夏竦遣人收散兵，得琦檄於福衣帶間，言罪不在琦。琦亦上章自劾，猶奪一官，知秦州。

---

① ［校］捺龍川：《韓魏公集》卷十一《家傳》作"捧龍川"。

② ［校］籠絡川：《長編》卷一三一、《宋史》卷三二五《任福傳》作"龍落川"，《韓魏公集》卷十一《家傳》作"籠落川"，《宋史》卷四八五《夏國傳》作"籠洛川"。

③ ［校］西夏軍隊人數，本志同《宋史》卷四八五《夏國傳》，《涑水記聞》卷十二載"夏兵且二十萬"。

④ ［校］本志同《宋史》卷四八五《夏國傳》。《長編》卷一三一"仁宗慶曆元年（1041）二月"條、《治蹟統類》卷七《康定元昊擾邊》、《韓魏公集》卷十一《家傳》、《宋史》卷三二五《任福傳》等載，循川西行者當為夏軍而非任福統領的宋軍。

⑤ ［校］矢：原作"失"，據《長編》卷一三一，《宋史》卷三二五《任福傳》、卷四八五《夏國傳》，《續綱目》卷四等改。

⑥ ［校］四千五百：《宋史》卷三三五《任福傳》作"四千"。

⑦ ［校］趙津將瓦亭騎兵二千繼至："趙津"，本志同《宋史》卷三二五《任福傳》、卷四八五《夏國傳》及《河南先生文集》卷六，《長編》卷一三一、《治蹟統類》卷七《康定元昊擾邊》、《涑水記聞》卷十二、《韓魏公集》卷十一《家傳》等作"趙律"。"二千"，《長編》卷一三一、《韓魏公集》卷十一《家傳》作"二千二百"，《宋史》卷四八五《夏國傳》作"三千餘"。

⑧ ［校］出：原作"州"，據《宋史》卷三二五《任福傳》、《續綱目》卷四等改。

⑨ ［校］津：《長編》卷一三一、《韓魏公集》卷十一《家傳》作"律"。

分陝西爲四路，以韓琦、王沿、范仲淹、龐籍兼經畧安撫招討使。分秦鳳、涇原、環慶、鄜延爲四路，各置使。琦知秦州，沿知渭州，仲淹知慶州，籍知延州，詔分領之。張方平言："涇原最當賊衝，① 王沿未愜人望，不當與琦等同列。"不報。琦上言："請於鄜、慶、渭三州各益兵三萬，選將訓練，預分部曲，遠斥候。來則併力擊之，或破其和市，招其種落。"延州自元昊反，城砦焚掠殆盡，籍至稍葺治之。命部將狄青等襲取故地，多築城砦，延民以安。初，元昊陰約環慶酋長六百人爲鄉導。仲淹至部，即奏行邊，犒賞諸羌，閱其人馬，立條約。羌人親愛之，呼爲"龍圖老子"。以慶州西北馬鋪砦在賊腹中，欲城之。密遣其子純佑與蕃將趙明先據其地，引兵隨之，諸將不知所向。行至柔遠，板築皆具。旬日城成，即大順城也。賊覺，以三萬騎來戰，佯北，仲淹戒勿追。已而果有伏，勒兵還。

二年秋九月，元昊寇鎮戎軍，副總管葛懷敏會兵禦之，敗死，元昊遂大掠渭州。种世衡遣王嵩至夏，以書物疑間剛浪㖫。嵩被囚，剛浪㖫遣李文貴詣世衡請和。龐籍曰："此詐也。"元昊果大舉入寇，攻鎮戎軍。王沿使懷敏督兵禦之，分諸將爲四路，趨定州砦。賊毀橋，斷其歸路，四面圍之。懷敏突圍走，兵大潰。懷敏至長城濠，路已斷，遂受將校十四人死焉。餘軍九千四百、馬六百皆爲敵所得。元昊乘勝直抵渭川，② 焚蕩廬舍，屠掠民畜。自涇、邠以東，皆閉壘自守。范仲淹自將慶州蕃、漢兵援之，元昊乃還。

三年春正月，元昊上書請和。西鄙用兵日久，帝心厭之。會契丹使言元昊欲歸欵，乃密詔龐籍招納之。籍遣李文貴還以通意，元昊大喜，亟出王嵩厚禮之，使與文貴以剛浪㖫書至延州議和，③ 然猶倔彊不肯削僭號，且云："如日方中，止可順天而行，安可逆天東下。"籍以其言未服，乃令自請，而詔籍復書許之。元昊知朝廷許和，乃遣其六宅使賀從勖與文貴

---

① [校] 賊衝：原作"城衝"，據《長編》卷一三四、《宋史紀事本末》卷六《夏元昊拒命》《續綱目》卷四等改。

② [校] 渭川：本志同《宋史》卷四八五《夏國傳》，《長編》卷一三七、《九朝編年備要》卷十一、《隆平集》卷十九《葛懷敏傳》、《東都事略》卷四十二《葛懷敏傳》、《續綱目》卷四皆作"渭州"。

③ 據《東都事略》卷六一《种世衡傳》載，元昊厚待王嵩，且遣其歸宋，非因李文貴還夏國。另據《夢溪補筆談》卷二《權智》載，王嵩係自己逃歸宋朝，非元昊遣歸。

至延州，上書自稱"男邦泥定國兀卒上書父大宋皇帝"，更名"曩霄"，①而不稱"臣"。"兀卒"即"吾祖"也，②如可汗號。籍言名體未正，不敢以聞。從勗曰："子事父，猶臣事君也。若得至京師，天子不許，更歸議之。"籍送至闕下，因陳便宜，言羌久不通和市，國人愁怨，今詞理寖順，必有改事中國之心，請遣使諭之。

夏四月，遣使如夏州。賀從勗至京師，帝用龐籍言，命著作佐郎邵良佐更往議之。許封册元昊爲"夏國主"，歲賜絹十萬匹、③茶三萬斤。邵良佐至夏州，元昊亦遣如定聿捨、④張延壽等來議和及歲幣。⑤

四年春三月，契丹党項諸部叛附於夏。元昊侵党項，契丹遣使讓之，元昊不聽。党項等部及夾山部落呆兒族八百户與山西部族節度使屈烈皆叛契丹，⑥降於元昊。

夏四月，契丹伐党項，夏人救之。元昊復遣使來上表。元昊遣使上誓表言："兩失和好，遂歷七年。立誓自今，願藏盟府。其前日所掠將校民户，各不復還。自此有邊人逃亡，亦毋得襲逐。臣近以本國城砦進納朝廷，⑦其栲栳、鐮刀、南安、承平故地，及他邊境，蕃漢所居，乞爲畫中界，於内聽築城堡。凡歲賜銀、綺、絹、茶二十五萬五千，⑧乞如常數，臣不復以他相干。乞頒誓詔，蓋欲世世遵守，永以爲好。儻君親之義不存，或臣子之心渝變，當使宗祀不永，子孫罹殃。"帝遣使賜元昊詔曰："俯閱來誓，一皆如約。"

秋九月，契丹伐夏。

冬十月，夏人誘而敗之，契丹及夏平。契丹主宗真親將騎兵十萬出

---

① 元昊漢譯名原本作"胤霄"，因"胤"字犯宋太祖趙匡胤之名諱，故更名爲"曩霄"。參見胡玉冰著《傳統典籍中漢文西夏文獻研究》第357頁。
② 西夏文"皇帝"二字發音爲"兀卒"，宋朝人認爲"兀卒"意爲"吾祖"，實誤。
③ [校]匹：原作"四"，據《長編》卷一四〇、《宋史》卷十一《仁宗本紀》、《續綱目》卷四改。
④ [校]捨：原作"拾"，據《宋史》卷四八五《夏國傳》、《續綱目》卷四改。
⑤ [校]幣：原作"弊"，據《續綱目》卷四改。
⑥ [校]夾山部落呆兒族八百户：此十字原脱，據《宋史》卷四八五《夏國傳》、《續綱目》卷五補。
⑦ [校]進納朝廷：此四字原脱，據《長編》卷一五二、《宋史》卷四八五《夏國傳》、《續綱目》卷五補。
⑧ [校]二：原作"一"，據《宋史》卷四八五《夏國傳》、《續綱目》卷五改。

金肅城，遣弟重元將騎七千出南路，樞密使蕭惠將兵六萬出北路。三路濟河，長驅入夏境，四百里不見敵，據德勝寺南壁以待。惠與元昊戰於賀蘭山北，敗之。元昊請和，退師十里，請收叛黨以獻，且進方物。契丹進軍河曲，元昊親率党項三部以待罪。契丹命蕭革詰其納叛背盟之故，賜之酒，許其自新。惠不可，契丹主猶豫未決。元昊以未得成言，又退師三十里以候。凡三退，將百里。每退必赭其地，契丹馬無所食，因許和。元昊乃遷延以老之。度其馬飢士疲，因縱兵急攻惠營，敗之，乘勝攻南壁，契丹主大敗，從數騎走，得免。元昊入樞密使蕭孝友砦，執駙馬蕭胡覯以去。已而遣使歸其先所俘獲，契丹亦遣所留夏使還之，契丹主遂引兵還。

十二月，册元昊爲"夏國主"。余靖使契丹還，知契丹已與夏和。帝乃遣尚書員外郎張子奭充册禮使，册元昊爲夏國主。① 仍賜對衣黃金帶、銀鞍勒馬、銀貳萬兩、絹二萬匹、茶三萬斤。册以漆書竹簡，籍以錦，金塗銀印文曰"夏國主印"。約稱臣、奉正朔，改賜敕書爲"詔"而不名，許自置官屬。使至京就驛貿賣，宴坐朵殿。使至其國，相見用賓主禮。置權場於保安軍及高平砦，第不通青鹽。命國子博士高良夫等會夏人畫疆界。然朝使徃者止留館宥州，終不復至興、靈，而元昊帝其國中自若也。

八年春閏正月，夏元昊卒，年四十六。子諒祚方期歲，立，沒藏氏所生也，養於母族訛龐。訛龐因與三大將分治國政，② 改元"延嗣寧國"，尊沒藏氏爲"皇太后"。李燾曰："元昊初娶遇乞，從女野利氏，生甯令哥，特愛之，以爲太子。既而欲爲甯令哥納沒移氏爲妻，見其美，自取之。甯令哥憤殺元昊，不死，劓其鼻而去，匿訛龐家，爲訛龐所殺。元昊鼻創死。"王稱曰："自德明欸塞，西鄙息肩矣。元昊彊梁兇悍，乃謀僭尊號，以天下之力，臨區區一方，然未嘗少挫，及敗於女色，禍發其子。彼能叛君，而子能弑父，此天道也。"

夏四月，册諒祚爲"夏國主"。夏遣使來告哀，朝廷及契丹皆遣使慰奠。議者請因諒祚幼弱，母族專國，以節鉞啖其三大將，使各有部分以披

---

① ［校］册元昊爲夏國主：原作"間元昊爲夏國上"，據《宋史紀事本末》卷三〇《夏元昊拒命》、《續綱目》卷五改。

② ［校］與：《隆平集》卷八《程琳傳》、《續綱目》卷五作"以"。

其勢。陝西安撫使程琳曰："幸人之喪，非所以柔遠人不如，因而撫之。"帝乃遣使册諒祚爲"夏國主"，議者深惜朝廷之失機會。

皇祐元年秋九月，契丹伐夏，夏人襲敗之。契丹北院樞密使蕭惠帥師自河南進以伐夏，戰艦、糧艘綿亘數百里。既入敵境，偵候不遠，鎧甲載於車，軍士不得乘馬。諸將請備不虞，惠曰："諒祚必自迎車駕，何暇及我？"契丹主既還，惠師尚進，未立營柵。夏兵奄至，惠與麾下不及甲而走，幾不得脫，士卒死傷者不可勝計。

冬十月，契丹復伐夏，獲諒祚之母於賀蘭以歸。

二年春二月，夏侵契丹。

三月，契丹伐夏。

冬十月，夏請平於契丹，契丹不許。夏兩遣使於契丹，乞依舊稱藩。契丹主遣北院都監蕭爻括等使夏，①索党項叛戶。夏表契丹，乞代党項權進駝、馬等物，求唐隆鎮及罷所建城邑。契丹主不許，安置所獲曩霄妻於蘇州。②

五年秋九月，夏及契丹平。

英宗皇帝治平三年夏四月，夏人寇邊，環慶經畧使蔡挺擊走之。先是，夏主諒祚遣吳宗來賀即位。宗語不遜，詔諒祚懲約宗。諒祚不奉詔，而出兵秦鳳、涇原，抄熟戶，擾邊塞，殺掠人畜以萬計，遂寇大順城。環慶經畧使蔡挺使蕃官趙明擊之。諒祚裹銀甲氈帽督戰，挺先遣彊弩列壕外，③注矢下射，諒祚中流矢，遁去。徙寇柔遠，挺又使副總管張玉以三千人夜出擾營。賊驚潰，退屯金湯。

四年冬十月，青澗守將种諤襲虜夏監軍嵬名山，遂復綏州。嵬名山部落在故綏州，名山弟夷山請降於知青澗城种諤，諤使人因夷山以誘名山，賂以金盂。名山小吏李文喜受之，陰許歸欸，而名山未之知也。諤即以聞，且欲因取河南地。知延州陸詵言："情僞未可知。"戒諤勿妄

---

① ［校］蕭爻括：本志同《遼史》卷一一五《西夏外記》，《遼史》卷二〇《興宗本紀》作"蕭友括"。

② ［校］蘇州：本志同《遼史》卷二〇《興宗本紀》、卷一一五《西夏外記》，《續綱目》卷五作"薊州"，疑誤。

③ 《東都事略》卷八二《蔡挺傳》載："選彊弩八百列於壕外。"

動。諤持之力,不待命,悉起所部兵進圍名山帳。名山不得已,① 舉眾從諤而南,得首領三百、户萬五千、兵萬人,遂城其地。夏人來爭,諤擊敗之。

十一月,夏人誘殺知保安軍楊定等。詔韓琦經畧陝西。种諤既受嵬名山降,諒祚乃詐爲會議,誘知保安軍楊定等殺之。朝議欲棄綏誅諤,陝西宣撫主管機宜文字趙卨言:"虜既殺王官,而又棄綏不守,示弱已甚。又移書執政,請存綏以張兵勢。規度大理河川建堡,畫稼穑之地三十里以處降者。"不從。乃命琦判永興軍,經畧陝西。琦具論綏不可棄,卒存綏州。貶諤四官,安置隨州。

十二月,夏主諒祚卒,子秉常立。諒祚錮送殺楊定首領李崇貴、韓道善。② 既而諒祚卒,年才二十一。子秉常立,遣其臣薛宗道等來告哀。帝問殺楊定事,宗道言:"殺人者已執送之矣。"及崇貴等至,言定奉使諒祚,嘗拜稱臣,且許以歸沿邊熟户。諒祚遺之寶劍、寶鑑及金銀物。初,定歸時,上其劍、鑑而匿其金銀,言諒祚可刺。帝喜,遂擢知保安軍。既而夏人失綏州,以爲定賣己,故殺之。至是事露,帝薄責崇貴等,而削定官,沒其田宅萬計,遣劉航册秉常爲"夏國王"。夏改元"乾道",秉常方七歲。

神宗皇帝熙寧二年春二月,夏人寇秦州。夏人寇秦州,陷劉溝堡,殺守將范愿,死者不可勝計。

冬十月,城綏州。夏主秉常既寇秦州,復上誓表,請納安遠、塞門二砦,以乞綏州。鄜延宣撫郭逵上言曰:③ "此正商於六百里之策也,非先

---

① 關於降嵬名山事,諸史記載有異。《治蹟統類》卷十五《神宗經制西夏》載,嵬名山是被种諤指使嵬名夷山、李文喜、屈子及小帥們誘騙、脅迫後降於宋的。《東都事略》卷六一《种諤傳》載,嵬名山求內附,被屈子及諸酋長脅迫後降於宋。《宋史》卷三三五《种諤傳》載,种諤使嵬夷山、李文喜誘降並最終脅迫嵬名山降於宋。《東都事略》卷八七上《司馬光傳》,《宋史》卷三三二《陸詵傳》、卷三三六《司馬光傳》載,嵬名山主動求內附於宋。

② [校] 韓道善:本志同《宋史》卷四八五《夏國傳》,《東都事略》卷九一《趙卨傳》、卷一二八《西夏傳》,《長編》卷二一六"熙寧三年(1070)冬十月辛酉"條、卷二三四"熙寧五年(1072)六月甲寅"條,《治蹟統類》卷十五《神宗經制西夏》,《琬琰集》中集卷十三《郭將軍逵墓誌銘》(范祖禹撰)、卷四八《韓忠獻公琦行狀》(李清臣撰),《范太史集》卷四〇《檢校司空左武衛上將軍郭公墓誌銘》,《宋史》卷二九〇《郭逵傳》、卷三三二《趙卨傳》等均作"韓道喜",《宋史·夏國傳》疑誤。

③ [校] 郭逵:原作"郭達",據《宋史》卷二九〇《郭逵傳》、《續綱目》卷六改。

交二砦不可與綏。"朝議以爲然，賜以誓詔。夏主遣其臣罔萌訛來言，欲先得綏，遂竟城綏州，不以易二砦，改名綏德城。

三年秋八月，夏人寇環慶州。以韓絳爲陝西宣撫使。先是，夏人築鬧訛堡，知慶州李復圭合蕃、漢兵三千，遣裨將李信、劉甫禦之。信等大敗而還。復圭懼，欲自解，執信等斬之。復出追夏人老幼二百，① 以功告捷。至是，夏人大舉入環慶，攻大順、柔遠城砦。兵多者號二十萬，少者不下一二萬。② 屯於榆林，游騎到慶州城下，九日乃退，鈐轄郭慶等數人死焉。韓絳請行邊，乃以絳爲陝西宣撫使，授以空名告敕，得自除吏。

四年春二月，韓絳使种諤襲夏人，敗之，遂城囉兀。韓絳開幕府於延安，復以种諤爲鄜延鈐轄。諤謀取橫山，乃帥師襲夏人於囉兀，大敗之，因以兵三萬城焉。

二月，③ 夏人陷撫寧諸城。諤進築永樂、賞逋二砦，④ 分遣都監趙璞、燕達築撫寧故城砦。夏人來攻順寧砦，遂圍撫寧，折繼世等擁兵駐細浮圖，去撫寧咫尺。囉兀兵勢尚完。諤在綏德，聞人至，茫然失措，欲作書召燕達，戰悸不能下筆，涕泗而已。由是新築諸堡悉陷，將士沒者千餘人。詔棄囉兀城，治諤罪，責授汝州團練副使，潭州安置。絳罷知鄧州。

元豐四年夏五月，夏人幽其主秉常。

秋七月，詔宦者李憲會陝西河東五路之師討之。知慶州俞充言：⑤"諜報云，夏將李清本秦人，說秉常以河南地來歸。秉常母梁氏知之，遂

---

① ［校］二百：《宋史》卷四八六《夏國傳》作"一二百"。

② ［校］兵多者號二十萬少者不下一二萬：《長編》卷二一四"熙寧三年（1070）八月辛巳"條、《治蹟統類》卷十五《神宗經制西夏》、《宋史》卷四五二《高敏傳》載，秉常舉兵三十萬大寇環慶。《治蹟統類》卷十五《韓絳宣撫陝西》載："兵多者號二十萬，少者二萬。"《長編》卷二一四"熙寧三年八月"條、《九朝編年備要》卷十八"熙寧三年七月"條載："兵多者號三十萬，少者號二十萬。"

③ ［校］二月：原作"三月"。《長編》卷二二〇"熙寧四年（1071）二月甲戌"條、卷二二一"熙寧四年三月丁亥"條趙卨奏言及《宋史》卷四八六《夏國傳》載，夏人陷撫寧於熙寧四年二月，《宋史》卷十五《神宗本紀》、《宋史紀事本末》卷四〇《西夏用兵》、《續綱目》卷六及本志等皆誤繫於"三月"。據改。

④ ［校］二砦：原作"三砦"，據《長編》卷二一九、《續綱目》卷六改。

⑤ ［校］《續綱目》卷七、《宋史紀事本末》卷四〇《西夏用兵》及本志均載俞充上言。據《長編》卷三一二"元豐四年（1081）夏四月壬申"條、"丙子"條載种諤奏言、同書卷三一三"元豐四年六月壬戌"條載俞充奏言及《宋史》卷三三三《俞充傳》，當爲种諤而非俞充給神宗上奏言諜者言秉常被囚。

誅清，奪秉常政而幽之，宜興師問罪。"帝然之，遂詔熙河經制李憲等大舉征夏，而召鄜延副總管种諤入對。諤至，大言曰："夏國無人，秉常孺子，徃持其臂以來爾。"帝壯之，乃決意西伐。孫固、吕公著皆極言不可，帝不聽，竟命李憲出熙河，种諤出鄜延，高遵裕出環慶，劉昌祚出涇原，王中正出河東，分道並進。又詔吐蕃首領董氈集兵會伐。

九月，李憲復蘭州。憲總熙秦七軍及董氈兵三萬，敗夏人於西市新城。復襲女遮谷，破之，遂復古蘭州，城之，請建爲帥府。种諤克米脂城。諤率鄜延兵出綏德，以攻米脂。夏人八萬來救，諤與戰於無定川，敗之，遂克米脂。

冬十月，高遵裕復清遠軍。内使王中正以河東兵入宥州。中正率兵出麟州，渡無定河，循水北行，地皆沙濕，士馬多陷沒。糧糧不能繼，又恥無功，遂入於宥州。時夏人棄城走河北，城中餘民百餘家，中正遂屠之，掠其牛馬以充食。

十一月，高遵裕等兵潰，李憲不至靈州而還。劉昌祚率蕃、漢兵五萬，受遵裕節制，令兩路合軍以進。既入境，而慶兵不至。昌祚次磨移隘，遇夏眾十萬，扼險大破之，遂薄靈州城。兵幾入門，遵裕嫉其功，馳使止之，昌祚按甲不敢進。遵裕至，圍城十八日不能下。夏人決黃河七級渠以灌營，復鈔絶餉道。士卒多凍溺死，遂潰而還，餘軍纔萬三千而已。夏人躡之，復敗，昌祚亦還涇原。种諤留千人守米脂，而自率大眾進攻銀、石、夏州，遂破石堡城，進至夏州，駐軍索家平。會大校劉歸仁眾潰，而軍食又乏，復值大雪，乃引還，死者不可勝計，入塞者僅三萬人。王中正自宥州行至奈王井，糧盡，士卒死者二萬人，亦引退。初，詔憲帥五路兵直趨興、靈。憲總師東上，營於天都山下，焚夏之南牟內殿，并其館庫，追襲其統軍仁多唛丁，敗之。次於葫蘆河，遂班師。時五路兵皆至靈州，獨憲不至。

五年春正月，貶高遵裕等官，以李憲爲涇原經畧安撫制置使。初，夏人聞朝廷大舉，母梁氏問策於廷。諸將少者盡請戰，一老將獨曰："但堅壁清野，縱其深入。聚勁兵於靈夏，而遣輕騎抄絶其餽運，可不戰而困也。"梁氏從之，故士卒無功而還。帝論敗師罪，高遵裕責授郢州團練副使，本州安置。种諤、王中正、劉昌祚並降官。孫固以憲後期當斬，帝以憲有功，釋弗誅。憲復上再舉之策，詔以爲涇原經畧安撫制置使，知蘭州。

秋九月，夏人陷永樂，徐禧等敗死。种諤之議城銀州也，帝以爲然。遣給事中徐禧、内侍李舜舉往鄜延議之。禧至，上言永樂之形勢險阨，請先城之，① 种諤不可，帝從禧議。禧自率諸將往築，十四日而成。禧等退還米脂，以兵萬人屬曲珍守之。禧去九日，夏人以數千騎來攻，曲珍使報禧，禧遂與李舜舉、李稷往援之，留沈括守米脂。比抵永樂，夏人傾國而至，大將高永能請及其未陣擊之，禧曰：“爾何知？王師不鼓不成列。”執刀自率士卒拒戰。夏人進薄城下，將士皆有懼色，珍曰：“今眾心已搖，不可以戰，請收兵入城。”禧曰：“君爲大將，奈何先自退耶？”乃以七萬人陳於城下。夏人縱鐵騎渡河，珍曰：“此鐵鷂子軍也，當其半濟擊之，得地不可當也。”禧不從。鐵騎既濟，震蕩衝突，大眾繼之。珍銳卒敗奔，還蹂後陳，夏人乘之，珍眾大潰。珍收餘眾入城，夏人圍之，士卒晝夜血戰。城中乏水，掘井不及泉，渴死者十六七。括與李憲援兵及餽餉皆爲夏人所隔，种諤怨禧，亦不遣救師，城中大急。會夜半大雨，夏人環城急攻，城遂陷。禧、舜舉、稷、永能，皆遇害，惟珍裸跣走免。將校死者數百人，喪士卒、役夫二十餘萬，② 夏人耀兵米脂城下而還。自熙寧以來用兵，官軍、熟羌、義保，死者六十萬人，錢、穀、銀、絹，不可勝計。事聞，帝臨朝痛悼，爲之不食。贈禧等官第，③ 貶括隨州安置，降珍爲皇城使。

六年春二月，夏人寇蘭州。夏人數十萬圍蘭州，已奪兩關門。鈐轄王文郁集死士七百餘人，縋城擊走之。未幾，夏人復分道入寇，亦多爲諸路所敗。劉摯言：“李憲避興、靈會師之期，頓兵以城蘭州，遺患至今。”詔貶憲爲熙河安撫經畧都總管。

夏閏六月，夏人復來脩貢。夏人亦弊於兵。西南都統昂星嵬名濟洒移書涇原劉昌祚，④ 乞通和好如初。昌祚以聞，帝諭昌祚答之。及入寇屢敗，國用益竭，乃遣謨箇咩迷乞遇來上表。帝許之。復詔陝西、河東經畧

---

① ［校］城之：原作"誠之"，據《嘉靖寧志》卷六《拓跋夏考證》、《續綱目》卷七改。
② ［校］夫：原作"去"，據《宋史》卷四八六《夏國傳》、《續綱目》卷七改。
③ ［校］官第：原作"官帝"，據《嘉靖寧志》卷六《拓跋夏考證》《續綱目》卷七改。
④ ［校］嵬名濟洒：本志原同中華本《長編》均脫"洒"字。《四庫》本《長編》卷三三一作"威明吉彌"，《涑水記聞》卷十四、《宋史》卷四八六《夏國傳》均作"嵬名濟洒"。聶鴻音《從〈宋史·夏國傳〉譯音二題看西夏語輔音韻尾問題》一文認爲，中華本《宋史》標點誤以爲人名爲"嵬名濟"，其實人名當作"嵬名濟洒"，據補。

司，其新復城砦徼循毋出二三里。夏之歲賜，悉如其書。未幾，夏主表乞侵疆，帝不許。

七年春正月，夏人大舉寇蘭州。初，李憲以夏人數至蘭州河外而翱翔不進，意必大舉，乃增城守之備。至是果大舉入寇，步騎號八十萬，圍蘭州，意在必取。督眾急攻，矢如雨雹，雲梯革洞，百道並進。凡十晝夜不克，糧盡引去。

哲宗皇帝元祐元年秋七月，夏主秉常卒，子乾順立。帝初即位，秉常遣訛囉聿求蘭州、米脂等五砦，司馬光欲帝許之，光又欲併棄熙河。邢恕亦言："當訪之邊人。"光乃召前通判河州孫路問之。路披圖示不可捐，光乃止。會秉常卒，遣使來告哀。詔"自元豐四年用兵所得城砦，待歸我永樂陷執民，當畫以給還。"遂遣穆衍往吊祭。秉常時年三十六矣，尋遣使封乾順爲"夏國主"。夏改元"天儀治平"，乾順方三歲。

五年春二月，夏人來歸永樂之俘。詔以米脂等四砦界之。夏人來歸永樂所獲吏士百四十九人，遂詔以米脂、葭蘆、浮圖、安疆四砦還之。夏得地益驕。

紹聖三年冬十月，夏人寇鄜延，陷金明砦。夏人自得四砦，連歲以畫地未定侵擾，且遣使欲以蘭州一境易塞門二砦，朝廷不許。夏主乾順乃奉其母率眾五十萬，大入鄜延。自長城一日馳至金明，列營環城。乾順母子親督抔鼓，縱騎四掠。邊將悉兵掩擊不退，金明遂陷。守兵三千八百，惟五人得脫。城中糧五萬石、草千萬束皆盡，將官張俞戰死。① 初，帝聞夏寇，② 泰結笑曰："五十萬眾深入吾境，不過十日，勝不過一二砦，須去。"已而果破金明引還。

元符元年冬十月，夏人寇平夏城。知渭州章楶大敗之，獲其將嵬名阿埋。楶在涇原日久，嘗言："夏嗜利畏威，不有懲艾，邊不得休息，宜稍取其疆土，如古削地之制，以固吾圉。然後諸路出兵，擇要害，勢將自蹙矣。"章惇與楶同宗，言多見采。由是創州一、城砦九，屢敗夏人。及平夏被圍，楶禦之，獲其將嵬名阿埋、西壽監軍妹勒都逋，斬獲甚眾。夏人震駭，不復振矣。捷至，帝御紫宸殿受賀。

---

① ［校］張俞：原作"張與"，據《宋史》卷四八六《夏國傳》改。
② ［校］寇：原作"冠"，據《嘉靖寧志》卷六《拓跋夏考證》、《續綱目》卷八改。

二年春三月，遼人爲夏請和。夏求援於遼，遼主遣簽書樞密院事蕭德崇來爲夏人議和，仍獻玉帶。詔郭知章報之。復書謂："若果出至誠，深悔謝罪，當徐度所宜，開以自新之路。"

冬十一月，許夏人通好。先是，夏蘭會正鈐轄革瓦孃以部落來降。既而知環州种朴徼赤羊川獲賞囉訛乞家屬孳蓄。及夏人追戰，又禽其監軍訛勃囉。夏主悔懼，遣其臣令能鬼名濟等來謝罪，且進誓表。詔許其通好，歲賜如舊，自是西陲民少安。

徽宗皇帝崇寧四年春三月，夏人寇涇原。遂誘吐蕃圍宣威城，執知鄯州高永年殺之，蔡京使王厚招誘夏卓羅右廂監軍仁多保忠愈急。朝廷用京計，又命西邊能招致夏人者，毋問首從，賞同斬級。厚又令陶節夫在延安大加招誘，夏主遣使巽請，皆拒之。夏人遂入鎮戎，畧數萬口，與羌酋溪賒羅撒合兵逼宣威城。知鄯州高永年出禦之，爲羌所執，遂殺之，探其心肝食焉，已而羌眾復叛。帝親書五路將帥劉仲武等十八人姓名，敕御史侯蒙往治之。獄既具，蒙奏免，唯王厚坐逗遛，降授鄜州防禦使。

政和五年春正月，熙河將劉法敗夏人於古骨龍。童貫遣熙河經畧使劉法將步騎十五萬出湟州，秦鳳經畧使劉仲武將兵五萬出會州，貫以中軍駐蘭州，① 爲兩路聲援。仲武至清水河，築城屯守而還。法與夏右廂軍戰於古骨龍，大敗之，斬首三千餘。②

秋九月，王厚等攻夏臧底河城，敗績，夏人遂大掠蕭關。厚與劉仲武合涇原、環慶、秦鳳之師，攻夏臧底河城，敗績，死者十四五。秦鳳第三將全軍萬人皆沒。厚懼，重賂童貫，匿不以聞。未幾，夏人大掠蕭關而去。

六年春正月，劉法攻夏仁多泉城，屠之。童貫使劉法、劉仲武合熙、秦之師十萬，攻夏仁多泉城。城中力守，援不至，乃降，法受而屠之。渭州將种師道克夏臧底河城。師道，世衡之孫也。

冬十月，夏人寇涇原，屠靖夏城。夏大舉攻涇原靖夏城。時久無雪，夏先使數萬騎繞城，踐塵漲天。乃潛穿壕爲地道入城中，城遂陷，屠之而去。

---

① ［校］駐：原作"駞"，據《宋史》卷四八六《夏國傳》、《續綱目》卷十改。
② ［校］三千餘：《宋史》卷四八六《夏國傳》作"三千級"。

宣和元年春三月，劉法及夏人戰於統安城，敗走，夏人追殺之。童貫使劉法取朔方，法不欲行，彊遣之，乃引兵二萬出統安城。① 遇夏主弟察哥率步騎爲三陣，以當法前軍，而別遣精騎登山出其後。大戰移七時，兵飢馬渴，死者甚眾，法乘夜遁。比明，走七十里，至蓋朱峗，守兵追之，斬首而去。貫隱其敗，而以捷聞。察哥遂乘勝圍震武城，將陷，察哥曰："勿破此城，留作南朝病塊。"乃自引去。

四年夏六月，夏人救遼，金襲敗之於宜水。金之擊遼也，夏主使李良輔將兵三萬救遼，金將斡魯、婁室敗之於宜水。追至野谷，澗水暴至，夏人漂沒者不可勝計。

五年夏五月，遼主延禧奔夏。遼主青塚之敗也，走雲內。夏主乾順遣使請臨其國，遼主從之，中軍都統蕭特烈等切諫不聽。遂渡河次於金蕭軍北，遣使册乾順爲"夏國皇帝"，人情惶懼，特烈陰與耶律元直共劫遼主第二子梁王稚里走西北部，三日遂立爲帝。金遣使如夏。斡离不趨天德，聞夏迎護遼主已渡河，乃遺書於夏，使執送遼主，且許割地。

六年春正月，夏稱藩於金，金以邊地界之。夏得金書，遣把里公亮奉誓表，請以事遼之禮，稱藩於金。粘沒喝承制割下寨以北、陰山以南乙室耶剌部吐祿濼西之地與之。

欽宗皇帝靖康元年夏四月，夏人陷天德、雲內諸城，② 金人襲取之。先是，粘沒喝遣撒枲使夏，許割天德、雲內、金蕭、河清四軍及武州等八館之地，③ 約攻麟州。夏人遂取天德、武州等八館之地，因攻鎮威城，兵馬監押朱昭力戰敗死。既而金將谷神以數萬騎陽出爲獵，掩至天德，逼逐夏人，悉奪有其地。夏人請和，金執其使。

高宗皇帝紹興九年、金熙宗亶天眷二年夏五月，夏主乾順卒，子仁孝立。乾順殂，年五十七。④ 仁孝年十六即位，改元"大慶"。

孝宗皇帝乾道六年，金世宗雍大定十年夏五月，夏相任得敬脅其主仁孝中分其國，請命於金，金主不許。初，仁孝之嗣位也，國內多亂，任得敬抗禦有功，遂相夏國二十餘年。陰蓄異志，誣殺宗親大臣，其勢漸偪，

---

① [校] 二萬：原作"三萬"，據《宋史》卷四八六《夏國傳》、《續綱目》卷十改。
② [校] 雲內：原作"雲丙"，據《宋史》卷四八六《夏國傳》、《續綱目》卷十一改。
③ [校] 雲內金蕭河清四軍及：此九字原無，據《續綱目》卷十一補。
④ [校] 五十：原作"五年"，據《宋史》卷四八六《夏國傳》改。

仁孝不能制。是歲，乃分西南路及靈州囉龐嶺地與得敬自爲國，且上表於金，爲得敬求封。金主以問，宰相欲許之。金主曰："有國之主，豈有無故分國與人。此必權臣倡奪，非其本意。況夏國稱藩歲久，朕爲四海主，寧容倡於賊臣？若彼不能正，則當以兵誅之。"乃賜仁孝詔曰："先業所傳，亦當固守。今兹請命，事頗靡常，未知措意之由來，續當遣使以詢爾。"得敬始有懼心。

秋八月，夏任得敬伏誅。

光宗皇帝紹熙四年、金章宗璟明昌四年冬十二月，夏主仁孝卒，子純佑立。仁孝建學於國中，立小學於禁中，親爲訓導，尊孔子爲文宣帝。① 然權臣擅國，兵政衰弱，殂年七十。子純佑年十七立，改元"天慶"。

寧宗皇帝開禧二年、金泰和六年秋七月，夏李安全廢其主純佑而自立。安全，乾順孫，越王仁友子也，② 封鎮夷郡王。至是廢純佑而自立，改元"應天"。純佑亦尋卒，時年三十。

嘉定二年金主永濟大安元年。夏五月，蒙古入靈州，夏主安全降，元太祖自將。

三年金大安二年。秋八月，夏侵金葭州。夏自宣和間與金議和，八十餘年未嘗交兵。至是爲蒙古所攻，求救於金。金主永濟新立，不能出師，夏人怨之，遂侵葭州，金慶山奴擊敗之而去。

四年金大安三年。秋八月，夏主安全卒，族子遵頊立。安全殂年四十二，有子曰承禎，未立，齊國忠武王彥宗之子遵頊立。遵頊始以宗室策試進士及第，爲大都督府主。至是立，年四十九，改元"光定"。

七年金宣宗珣貞祐二年。③ 夏五月，夏人請會師伐金，不報。夏人以書來四川，議夾攻金，以恢復故疆。時董居誼初入蜀，不之報，由是虜訊中絕。

十年金興定元年。冬十二月，蒙古圍夏興州，夏主遵頊出西涼。

十二年金興定三年。④ 春正月，夏人請會師伐金，詔許之。

十三年金興定四年。秋八月，夏取金會州，金遣使如夏議和。九月，

---

① ［校］文宣帝：《道園學古錄》卷四《西夏相斡公畫像贊有序》作"至聖文宣帝"。
② ［校］友：此字原爲空格，據《宋史》卷四八六《夏國傳》補。
③ ［校］貞祐：原作"貞佑"，據金宣宗完顏珣年號用字改。
④ ［校］三年：原作"二年"，據實際紀年改。

夏人圍金鞏州，官軍會之，不克而還。夏甯子寧率眾二十萬圍鞏州，且來趣兵。王仕信帥師發宕昌，四川宣撫司統制賀俊帥師發下城，安丙命洮州都統張威、利州都統程信、興元都統陳立、統制田冑、① 金州都統陳昱分道進兵。威與諸將遲疑不進，賀等克來遠鎮，敗金人於定邊城。王仕信克鹽川鎮。程信引兵會夏人於鞏州，攻城不克，遂趨秦州。夏人自安、遠、信退師。信復邀夏人共攻秦州，不從。遂自伏羌城引兵還，諸將皆罷去。

　　十四年金興定五年。冬十月，蒙古木華黎侵夏，夏人以兵附之。木華黎由東勝州涉河，引兵而西。夏主聞之懼，遣塔海監府等宴木華黎於河南，且遣塔哥甘普將兵五萬屬焉。木華黎既取葭州、綏德，夏主遣迷僕帥眾會之。迷僕問木華黎相見之儀，木華黎曰："汝主見我主，即其禮也。"迷僕曰："未受主命，不敢即拜。"因引眾去。木華黎進攻延安，迷僕始贄馬拜。

　　十六年金元光二年。② 冬十二月，蒙古攻夏，夏主遵頊傳國於其子德旺。遵頊自號"上皇"，未幾，卒，年六十四。德旺年四十二立，改元"乾定"。

　　十七年金哀宗守緒正大元年。冬十月，夏及金平。夏人與金通好八十年，嘉定六年，以小故生釁，構難十年，一勝一負，遂至精銳俱盡，兩國皆弊。至是夏遣其吏部尚書李仲諤脩好於金，稱"弟"而不"臣"，各用本國年號。金遣禮部尚書奧敦良弼報之。

　　理宗皇帝寶慶元年金正大二年。冬十月，蒙古鐵木真伐夏，取甘肅州西涼府。十一月，取靈州，進次鹽州川，以西夏納仇人亦騰喝翔昆及不入質子也。③

　　二年金正大三年。秋七月，夏主德旺以憂卒，弟子睍立。蒙古主入夏，城邑多降，德旺憂悸而卒，年四十六，國人立清平郡王之子南平王睍。

　　三年金正大四年。夏六月，蒙古鐵木真滅夏，以夏主睍歸。蒙古盡克夏城邑，其民穿鑿土石以避鋒鏑，免者百無一二，白骨蔽野。蒙古主避暑於六盤山。踰月，夏主睍力屈出降，遂縶以歸，夏亡。時諸將爭掠子女、財帛，耶律楚材獨取書數部、大黃兩駝而已。既而軍士病疫，唯獨大黃可

---

① ［校］田冑：《宋史》卷四〇《寧宗本紀》作"田冑"。
② ［校］二年：原作"三年"，據實際紀年改。
③ ［校］亦騰：《元史》卷一《太祖本紀》作"亦臘"。

愈，楚材之所活萬人。

西夏請售青白鹽。鹽出烏、白池，夏人擅以爲利。自李繼遷叛，乃禁毋入塞，未幾罷。慶曆中，元昊納歀，請歲入十萬石售於縣官。諫官孫甫等言："車運疲勞，又並邊戶嘗言，青鹽價賤而味甘，故食解鹽者少，雖刑不能禁。今若許之，則並邊蕃漢盡食夏人所販青鹽不能禁止，則解鹽利削，陝西財用屈矣。"乃不許其請。《宋史》孫甫本傳。①

西夏曩霄之叛，其謀皆出於華州士人張元與吳昊。而其事本末，國史不書。比得田書《承君集》實紀其事云：張元、吳昊、姚嗣宗皆關中人，負氣倜儻，有縱橫才，相與友善。嘗薄遊塞上，觀視山川、風俗，有經畧西鄙意。張有《鸚鵡詩》，卒章曰："好着金籠收拾取，② 莫教飛去別人家。"吳亦有詩。將謁韓、范二帥，耻自屈，不肯徃，乃礱大石，刻詩其上，使壯夫拽之於通衢，二人從而哭之，欲以鼓動二帥。既而果召與相見。躊躇未用間，張、吳徑走西夏。二公以急騎追之，不及。張、吳至夏，夏人倚爲謀主，以抗朝廷。連兵十餘年，西方至爲疲弊，職此二人爲之。時二人家屬羈縻隨州，間使諜者矯中國詔釋之，人未有知者。後乃聞西人臨境，作樂迎此二家而去。自此，邊帥始待士矣。張有《雪詩》曰："五丁仗劍決雲霓，直取銀河下帝畿。戰死玉龍三十萬，敗鱗風捲滿天飛。"吳詩獨不傳。觀此數聯，可想見其人非池中物矣。《容齋三筆》。③

景祐末，有二狂生，曰張、曰吳，皆華州人。薄遊塞上，覘覽山川、風俗，慨然有志於經畧。耻於自售，放意詩酒，語皆絶豪險驚人，④ 而邊帥豢安皆莫之知，⑤ 悵無所適。聞夏酋有意窺中國，遂叛而徃。二人自念，不力出奇無以動其聽，乃自更其名，即其都門之酒家，劇飲終日，引筆書壁曰："張元、吳昊來飲此樓。"邏者見之，知非其國人也，迹其所憩執之。夏酋詰以入國問諱之義。二人大言曰："姓尚不理會，乃理會名耶？"時曩霄未更名，且用中國賜姓也。於是悚然異之，日尊寵用事。寶元西事蓋如此，其爲人概可想見。洪文敏謂二人名，偶與酋同，寔不詳其

---

① 參見《宋史》卷二九五《孫甫傳》。
② ［校］着：原作"著"，據《容齋隨筆‧三筆》卷十一《記張元事》改。
③ 參見《容齋隨筆‧三筆》卷十一《記張元事》。
④ ［校］豪險："險"原作"嶮"，據《桯史》卷一《張元吳昊》改。
⑤ ［校］豢安：原作"豢要"，據《桯史》卷一《張元吳昊》改。

所以更名之意云。《桯史》。①

　　元昊幼時，嘗往來互市中，② 曹瑋欲一識之，屢使人誘致之，不可得。乃使善畫者圖形容。既至，觀之曰："真英物也。此子必須爲邊患。"《夢溪筆談》。③

　　始，元昊寇邊，王師屢撓，虜之氣焰益張，常有幷吞關中之意。其將剛浪唛號野利王，某號天都王，各統精兵於別部，元昊倚以爲腹心。凡所以能勝我軍，皆二將之策也。种將軍世衡方城青澗，謀有以去之。有王嵩者，本青澗僧，世衡察其堅樸，誘令冠帶，因出師以賊級予之，白於帥府，表授三班借職，充經畧司指使。且力爲辦其家事，凡居室騎從、衣食之具，悉出世衡。嵩感恩既深，世衡反不禮，以奴畜之，或掠治械繫。數日，嵩雖不勝其苦，卒無一辭怨望，世衡知可任以事。居半年，召嵩謂之曰："吾將以事使汝。吾戒汝所，不言其苦，雖有甚於此者，汝能爲吾卒不言否？"嵩泣對曰："嵩貧賤無狀，蒙將軍恩教，致身榮顯，常誓以死報，而未知其所，況敢辭棰楚乎？"世衡乃草遣野利書。書辭大抵如世間問起居之儀。惟以數句隱辭，如嘗有私約，而勸其速行之意。書於尺素，且膏以蠟，置衲衣間密縫之。告嵩此非死不得洩，如洩之，當以負恩不能成吾事爲言，幷以畫龜一幅、棗一部爲信，俾遺野利。嵩受教至野利所居，致將軍命，出棗、龜投之。野利知見侮，笑曰："吾素奇种將軍，今何兒女子見識？"度嵩別有書，索之，嵩目左右，既而答以無有。野利不敢匿，乃封其信上元昊。數日，元昊召野利與嵩俱西北行數百里，至一大城曰興州，先詣一官寺曰樞密院，次曰中書。有數胡人雜坐，野利與焉。召嵩廷詰將軍書問所在，嵩堅執前對。稍稍去巾櫛，加執縛，至於棰楚極苦，嵩終不易其言。又數日，召入一官寺，廳事廣楹，皆垂斑竹箔，綠衣小豎立其左右，嵩意元昊宮室。少頃，箔中有人出，又以前問責之，曰："若不速言，死矣。"嵩對如前，乃命曳出誅之，嵩大號，且言曰："始將軍遣嵩密遺野利王書，戒不得妄洩，今不幸空死，不了將軍事，吾負將軍，吾負將軍。"箔中急使人追問之，嵩具以對，乃褫衲衣取書以進。書入移刻，始命嵩就館，優待以禮。元昊於是疑野利，陰遣愛將假爲野利

―――――――――

　　① 參見《桯史》卷一《張元吳昊》。
　　② ［校］互市：原作"牙市"，據王國維、胡道静、金良年等考證改。參見《夢溪筆談》金良年校勘本第91頁《校勘記》［二九］。
　　③ 參見《夢溪筆談》卷九《人事》。

使，使於世衡。世衡知元昊所遣，未即見，命屬官日館勞之，問虜中山川地形，在興州左右，言則詳迫，野利所部多不能悉。適擒生虜數人，因令隙中視之。生虜能言其姓名，果元昊使。世衡意決，乃見之。世衡燕服據案坐，屬官皆朝衣，抱文籍，梟雁侍左右，於是賓贊引使者出拜，使者傳野利語。世衡慢罵元昊，而稱野利有心內附。乃厚遣使者曰："爲吾語若王，速決無遲留也。"度使者至，嵩即還。而野利已報死矣。世衡知謀已行，因欲并間天都，又爲置祭境上，作文書於版以吊，多述野利與天都相結，有意本朝，悼其垂成而失。其文雜紙幣，何有虜至，急執之以歸。版字不可遽滅，虜人得之，以獻元昊。天都以此亦得罪。元昊既失二將。久之，始悟爲世衡所賣，遂定講和之策焉。《自警編》。①

又元昊之臣野利常爲謀主，守天都山，號天都大王。與元昊乳母白姥有隙。歲除日，野利引兵巡邊，深涉漢境數宿。白姥乘間乃譖其欲叛，元昊疑之。世衡嘗得蕃酋之子蘇吃曩，厚遇之。聞元昊嘗賜野利寶刀，而吃曩之父得幸於野利。②世衡因使吃曩竊野利刀，許之以緣邊職任、③錦袍、真金帶。④吃曩得刀以還。世衡乃唱言野利已爲白姥譖死，設祭境上。爲祭文，叙歲除日相見之歡。⑤入夜，乃火燒紙錢，川中盡明。虜見火光，引騎近邊窺覘，乃佯委祭具，而銀器凡千餘兩悉棄之。⑥虜人争取器皿，得元昊所賜刀。及火爐中見祭文已燒盡，但存數十字。元昊得之，又識其所賜刀，遂賜野利死。⑦野利有大功，死不以罪。自此君臣猜貳，以至不能軍。⑧《夢溪筆談》。⑨

康定間，元昊寇邊，韓魏公領西路招討，駐延安。忽夜有人携匕首至卧内，遽搴幃帳。魏公起坐問誰何。曰："某來殺諫議。"又問曰："誰遣汝來。"曰："張相公遣某來。"蓋是時張元夏國正用事也。魏公復就枕曰："汝携予首去。"其人曰："某不忍，願得諫議金帶足矣。"遂取帶而出。明

---

① 參見《自警編》卷七《事君類下》。
② [校]父：此字原脫，據《夢溪筆談》卷十三《權智》補。
③ [校]職：原作"戰"，據《夢溪筆談》卷十三《權智》改。
④ [校]真：原作"貞"，據《夢溪筆談》卷十三《權智》改。
⑤ [校]叙：原作"序"，據《夢溪筆談》卷十三《權智》改。
⑥ [校]凡：原作"九"，據《夢溪筆談》卷十三《權智》改。
⑦ [校]野：此字原脫，據《夢溪筆談》卷十三《權智》補。
⑧ [校]以至不能軍：此五字原脫，據《夢溪筆談》卷十三《權智》補。
⑨ 參見《夢溪筆談》卷十三《權智》。

日，魏公亦不治此事。俄有守陴卒報城櫓上得金帶者，乃納之。時范純祐亦在延安，謂魏公曰："不治此事爲得體，蓋行之則沮國威，今乃受其帶，是墮賊計中矣。"魏公握其手，再三嘆服，曰："非琦所及。"《自警編》。①

景祐中，党項首領趙德明卒，其子元昊嗣立。朝廷遣郎官楊告入蕃弔祭。②告至其國中。元昊遷延遥立，屢促之，然後至前受詔。及拜起顧其左右曰：③"先生大錯，有國如此，而乃臣屬於人。"既而饗告於廳。其東屋後，若千百人鍛聲。告陰知其有異志，還朝，祕不敢言。未幾，元昊果叛。其徒遇乞先創造蕃書，獨居一樓上，累年方成，至是獻之。元昊乃改元，制衣冠禮樂，下令國中悉用蕃書、胡禮，自稱大夏。

先是，元昊後房生一子，曰甯令受。甯令者，華言大王也。其後又納沒臧訛龐之妹，生諒祚而愛之。甯令受之母患忌，欲除沒臧氏，授戈於甯令受使圖之。甯令受間入元昊之室，卒與元昊遇，遂刺之，不殊而走。諸大佐沒臧訛龐輩仆甯令，梟之。明日，元昊死，立諒祚，而舅訛龐相之。

有梁氏者，其先中國人，爲訛龐子婦，諒祚私焉。日視事於國，夜則從諸沒臧氏。訛龐慙甚，謀伏甲梁氏之宫，須其人以殺之。梁氏私以告諒祚。乃使召訛龐，執於內室。沒臧，彊宗也，子弟族人在外者八十餘人，悉誅之，夷其宗。以梁氏爲妻，又命其弟乞埋爲家相，④許其世襲。諒祚凶忍，好爲亂。治平中，遂舉兵犯慶州大順城。諒祚乘駱馬，張黃屋，自出督戰。陴者彍弩射之中，⑤乃解圍去。創甚，馳入一佛祠。有牧牛兒不得出，懼伏佛座下，見其脫靴，血涴於踝，⑥使人裹創，舁載而去。至其國死，子秉常立，而梁氏自主國事。梁乞埋死，其子移逋繼之，謂之"沒甯令"。沒甯令者，華言"天大王"也。⑦

秉常之世，執國政者有崽名浪遇，元昊之弟也，最老於軍事，以不附諸梁，遷下治而死。存者三人：移逋以世襲，居長契。次曰都羅馬尾，又

---

① 參見《自警編》卷七《事君類下》。

② ［校］告：原作"吉"，據《長編》卷一一一、《宋史》卷三〇四《楊告傳》及《夢溪筆談》卷二五《雜志》改。下同。

③ ［校］顧：原作"領詔"，據《夢溪筆談》卷二五《雜志》改。

④ ［校］家相：原作"冢嗣"，據《夢溪筆談》卷二五《雜志》改。

⑤ ［校］陴者：此二字前原衍"守"字，據《夢溪筆談》卷二五《雜志》刪。

⑥ ［校］涴：原作"踠"，據《夢溪筆談》卷二五《雜志》改。

⑦ ［校］謂之沒甯令沒甯令者華言天大王也：原作"謂之沒寧令者"，據《夢溪筆談》卷二五《雜志》補。

次曰關萌訛，① 畧知書，私侍梁氏。移逋、萌訛皆以昵倖進，唯馬尾粗有戰功，② 然皆庸才。秉常荒屛，梁氏自主兵，不以屬其子。秉常不得志，以李清事被廢。《夢溪筆談》。③

元豐中，夏戎之母梁氏，遣將引兵卒至保安軍順寧寨。圍之數重。時寨兵至少，人心危懼。有娼姥李氏，④ 得梁氏陰事甚詳，乃掀衣登陴，抗聲罵之，盡發其私。虜人皆掩耳，併力射之，莫能中。李氏言愈醜。虜人度李終不可得，恐且得罪，遂託以他事，中夜解去。鷄鳴狗盜，皆有所用，信有之。《夢溪筆談》。⑤

汝礪論曰：自赫連氏滅族，而靈夏出沒於兩魏、周、隋之間，殆二百年矣。拓跋赤辭以征虜得通籍於唐，貪緣有土。沙漠之李，寔基於此。思恭舉義赴難，顯受麾節。其子孫入五代，遂王朔方，彝殷歸□，世受封卹。繼捧入朝，賜姓天水。以百□甋裘馬酪之族，立中華朝請班列之，□顧亦榮矣。繼遷梟鷲，恥戎帳之散沒，起而載收之。德明屬服諸羌，遂啟興州之業。元昊始僭大號，據土二萬餘里，而鄜延、環慶、涇原、秦鳳之民苦於蹸踐。自結髮用兵，未有挫衂。雖遇以韓、范諸賢，僅能周旋其間，而亦無奇大之績，爲可憾也。其不死於宋敵，而戕於户庭者，蓋其法制嚴於酬應，固足以衛身。然上天悔禍，褫奪其魄而縱其內亂，故假手於子以報其悁暴之罪，發其穢濁之行，固其所也。諒祚智能禦宋，而不能保其母。秉常奪於母氏而被幽。乾順建學養士，似有華風，其倨見宋使又何無狀之甚也。仁孝崇儒尚儉，豐財用，脩律令，固一時之賢也。然權臣竊命，兵政衰弱，優悠七十之年，卒無振厲之績，仁厚有餘而剛斷不足，此宋之幸，拓跋氏之不幸也。純佑繼統，尋就廢置。及蒙古兵起，安全請降，遵頊出奔，德旺憂死，而睍被縶執。夫以二十二郡之富彊，乃一旦鞠爲瓦灰，蔽爲白骨。蓋其始也以忠順而著，其中也以權術而興，其終也以仁懦而敝。嗚呼，然亦可謂歷世之久者矣。

寧夏新志卷之六終

---

① ［校］萌：原作"明"，據《夢溪筆談》卷二五《雜志》改。
② ［校］粗：原作"但"，據《夢溪筆談》卷二五《雜志》改。
③ 參見《夢溪筆談》卷二五《雜志》。
④ ［校］姥：原作"老"，據《夢溪筆談》卷二五《雜志》改。
⑤ 參見《夢溪筆談》卷二五《雜志》。

宁夏新志卷之七[①]

文　章

[①]　本志卷七《文章》内容全逸。

寧夏新志卷之八

賜進士出身、奉議大夫、户部郎中、鎮人胡汝礪　編
賜進士出身、奉政大夫、陝西按察司僉事、中州李端澄　校

雜詠類

唐〔詩〕

送李騎曹之靈武寧侍[①]　　郎士元[②]
一歲一歸寧，涼天數騎行。
河來當塞曲，山遠與沙平。
縱獵旗風卷，聽笳帳月生。
新鴻引寒色，回日滿京城。

送太常大夫加散騎常侍赴朔方　　皇甫冉
故壘煙塵促，[③]新軍河塞間。
金貂寵漢將，玉節度蕭關。

---

① ［校］送李騎曹之靈武寧侍：《文苑英華》卷二八四題作《送威衛李騎曹之靈武寧省》，《唐僧弘秀集》卷三題作《送李騎曹之武寧》。

② ［校］郎士元：《文苑英華》卷二八四《送威衛李騎曹之靈武寧省》、《唐僧弘秀集》卷三均著此詩作者爲僧人"無可"。

③ ［校］煙塵促：此同《唐百家詩選》卷十《送太常大夫加散騎常侍赴朔方》，《皇甫冉詩集》卷三《送常大夫加散騎常侍赴朔方》作"煙霞後"。

散漫沙中雪,① 依俙漢口山。②
人知寶車騎,計日勒銘還。

送鄒明府遊靈武　　賈島
曾宰西畿縣,三年馬不肥。
債多憑劍與,③ 官滿載書歸。
邊雪藏行逕,④ 林風透臥衣。
靈州聽曉角,客館未開扉。

送李騎曹靈州歸覲　　張籍
翩翩出上京,幾日到邊城。
漸覺風沙處,⑤ 還將弓箭行。
席箕侵路暗,野馬見人驚。
軍府知歸慶,應教數騎迎。

和裴舍人觀田尚書出獵　　楊巨源
聖代司空比玉清,雄藩觀獵見皇情。
雲禽已覺高無益,霜兔應知狡不成。
飛鞚擁塵寒草盡,彎弓開月朔風生。
今朝始賀將軍貴,紫禁詩人看旆旌。

送靈州田尚書　　薛逢
陰風獵獵滿旗竿,白草颼颼劍戟攢。⑥
九姓羌渾隨漢節,六州蕃落從戎鞍。

---

① [校]散漫:此同《唐百家詩選》卷十《送太常大夫加散騎常侍赴朔方》,《皇甫冉詩集》卷三《送常大夫加散騎常侍赴朔方》作"澶漫"。
② [校]漢口:此同《唐百家詩選》卷十《送太常大夫加散騎常侍赴朔方》,《皇甫冉詩集》卷三《送常大夫加散騎常侍赴朔方》作"漢口"。
③ [校]憑:《長江集新校》卷三《送鄒明府遊靈武》作"平"。
④ [校]行逕:《長江集新校》卷三《送鄒明府遊靈武》作"行徑"。
⑤ [校]處:《張司業集》卷三《送李騎曹靈州歸覲》作"起"。
⑥ [校]劍戟:《文苑英華》卷二八一《送靈州田尚書》作"劍氣"。

霜中入塞琱弓硬，① 月下翻營玉帳寒。
今日路傍誰不指，② 穰苴門户慣登壇。

送盧藩尚書之靈武　　韋蟾
賀蘭山下果園成，塞北江南舊有名。
水木萬家朱户暗，弓刀千騎鐵衣明。③
心源落落堪爲將，膽氣堂堂合用兵。
却使六蕃諸子弟，④ 馬前不信是書生。

宋〔詩〕

西征二首　　張舜民
靈州城下千株柳，⑤ 總被官軍斫作薪。⑥
他日玉關歸去路，⑦ 將何攀折贈行人。⑧

青銅峽裏韋州路，⑨ 十去從軍九不回。
白骨似沙沙似雪，⑩ 憑君莫上望鄉臺。⑪

---

① 〔校〕硬：《唐詩品彙》卷八九《送靈州田尚書》作"響"。
② 〔校〕路傍：《唐詩品彙》卷八九《送靈州田尚書》作"路旁"。
③ 〔校〕千騎鐵衣明："騎"，《唐詩紀事》卷五八、《全唐詩》卷五六六《送盧藩尚書之靈武》均作"隊"。"明"，《唐詩紀事》卷五八、《全唐詩》卷五六六《送盧藩尚書之靈武》均作"鳴"。
④ 〔校〕子弟：《唐詩鼓吹》卷四《送盧藩尚書之靈武》作"弟子"。
⑤ 〔校〕城下：《東原錄》作"城外"。
⑥ 〔校〕總被官軍斫作薪：《宋史》卷三四七《張舜民傳》作"斫受降城柳爲薪"。"斫"，《四庫》本《東坡志林》卷四作"砍"。
⑦ 〔校〕他日玉關歸去路："路"，《仇池筆記》卷下、《類説》卷十作"後"。"玉關"，《類説》卷十作"陽關"。
⑧ 〔校〕攀折：《類説》卷十作"扳折"。
⑨ 〔校〕青銅峽：《仇池筆記》卷下、《東原錄》作"青岡峽"。
⑩ 〔校〕沙沙：《仇池筆記》卷下作"山山"。
⑪ 〔校〕憑君莫上望鄉臺："憑君"，《四庫》本《東坡志林》卷四、《仇池筆記》卷下、《畫墁集》卷四等均作"將軍"。"莫上"，《東原錄》、《畫墁集》卷四均作"休上"。

元〔詩〕

題楊德章監憲賀蘭山圖　　貢泰父①

太陰爲峯雪爲瀑，萬里西來一方玉。
使君坐對蘭山圖，② 不數江南眾山綠。

國朝〔詩〕

送王時敏之京　　邊定　見《流寓》。③

祖餞河水上，離情欝難舒。
彼此諒衷素，值兹孟夏初。
青青河畔柳，嘉麥生同墟。
子今京國去，結駟耀通衢，
冠蓋歘交會，連璧粲瓊裾。
既抱貞持操，甘等常人愚。
亮節貴自愛，洪濤奮鯤魚。
掄材仍射策，陳綱當晏如。
昔爲鳧舃令，展轉惜居諸。
葵藿仰朝陽，寸心萬里俱。
努躬崇令德，世澤遺鄉閭。
言睇賀蘭巓，雪影襲雲虛。
爲作遠塞別，歌成不能書。
擊築繼慷慨，對景兩踟躕。

邊城贈別　　錢遜　寧夏河渠提舉，山陰人。

游魚戀深淵，倦鳥思故林。

---

① 貢泰父：即元朝貢師泰，字泰甫，《元史》卷一八七有傳。
② 〔校〕蘭山圖：《玩齋集》卷五、《御定歷代題畫詩類》卷二七《題楊德章監憲賀蘭山圖》皆作"賀蘭圖"。
③ 參見本志卷二《寧夏總鎮·人物·國朝·流寓》。

青雲萬里途，壯士方寸心。
攬鏡惜勛業，秋霜滿華簪。
邊庭不得意，忽忽歲月深。
仰天發長嘯，悲風起蕭森。
危髮上衝冠，犛戟相差參。
河梁杯酒間，離眉那能禁。
停君舞寶劍，聽我彈鳴琴。
回翔別鶴操，宛轉征鴻吟。
非熊夢何晚，老馬智可任。
歸哉從此辭，潸然涕盈襟。
佳聲幸相慰，毋爲金玉音。

永樂二年春祭社稷山川禮成　　凝真

受命分茅土，萬里藩西疆。
韋州夏州路，移徙不少康。
封內群山川，八載祀典荒。
社稷祈報禮，非余獨敢忘。
但爲移徙中，以致久不遑。
永樂當二年，尊兄今天王。
大明御寰宇，負扆理乾綱。
念茲群神祀，春秋事有常。
禮固不可闕，勑命築壇場。
脩舉久廢禮，爲民祈福祥。
仲春擇吉日，二祀思神饗。
禮樂既兼備，肥腯烹豬羊。
諸公陪祀者，珮玉聲鏘鏘。
燈火明煌煌，載拜望景光。
三獻禮初陳，牲醴列馨香。
祀神冀來格，非徒歌樂章。
屛息俯伏待，如臨氣洋洋。
所願風雨時，秋收足千倉。

愧予方幼年，才薄德又凉。
自慙忝王爵，享有此一方。
受胙飲福酒，不肖豈敢當。
尚賴諸賢哲，事事爲贊襄。
昧爽行禮畢，享胙飲公堂。①
珍羞具前列，百味羅芬芳。
大事在祀戎，豈可令德爽。
善惡二途間，降各有福殃。
飲罷爲三思，戰慄復恐惶。

芳林宮夜宿擬古　　前人
皎皎銀河月，熒熒天上星。
星光和月影，相共照中庭。
中庭人獨自，低首依雲屏。
相思苦無寐，寂寞掩重扃。
凉飆吹羅衣，繁霜五夜零。
東隣洞簫聲，嗚咽不忍聽。
眷言行路人，與君惜娉婷。

賀蘭大雪　　前人
北風吹沙天際吼，雪花紛紛大如手。
青山頃刻頭盡白，平地須臾盈尺厚。
胡馬迎風向北嘶，越客對此情凄凄。
寒凝氈帳貂裘薄，一色皚皚四望迷。
年少從軍不爲苦，長戟短刀氣如虎。
丈夫志在立功名，青海西頭擒贊普。
君不見，牧羝持節漢中郎，嚙氈和雪爲朝糧。
節毛落盡志不改，男子當途須自彊。

---

① ［校］享：《正統寧志》卷下《題詠·永樂二年春祭社稷山川禮成後作》作"烹"。

梅所① 　　郭原別號。　　**潘元凱**②　　見《流寓》。③

翠禽啼落枝頭月，夢入瑤臺白銀闕。
縞衣縹渺列群僊，雪貌娉婷玉爲骨。
初疑郭西千樹梨，香魂化作萬玉妃。
明璫雜珮盛粧飾，夜深與月爭光輝。
又疑銀河倒瀉清冷水，散作天花照羅綺。
瓊林玉樹一色俱，髣髴蓬壺畫圖裏。
復疑巫山之女披練裙，并刀剪碎巫山雲。
隨風飛墮水晶窟，朝朝暮暮揚清芬。
含情凝涕久延佇，夢覺紗窗讀書處。
非梨非雪亦非雲，乃是郭公之梅所。
郭知梅之趣，梅知郭之心。
江湖搖落歲雲暮，老氣崢嶸宜春簪。

又

我昔讀書松桂林，松花落處三尺深。
林下幽棲景清淑，門外梅花繞林麓。
年年臘盡花盛開，屋前屋後雪作堆。
別來此地知誰有，嘆息平生歲寒友。
月明千里勞夢思，清愁唯聽角中吹。
黔陽舊令何清楚，茅屋新題字梅所。
金陵進士玉堂賓，健筆爲寫江南春。
塞北江南幾千里，春色移來梅所裏。
飄飄鵠立梅邊人，角巾墊角風致新。
顏如冰雪神如水，梅花豈得非前身。
去年來看春可掬，今歲重過看不足。
帳捲谿藤雲一床，被擁蘆花秋六幅。
清樽留客酒如泉，青天送月來窗前。

---

① 《梅所》詩共2首。
② ［校］潘元凱：本志卷二《寧夏總鎮·人物·國朝·流寓》作"潘原凱"。
③ 參見本志卷二《寧夏總鎮·人物·國朝·流寓》。

主人鳴琴客起舞，兒童拍手呼神仙。
仙耶人耶呼不醒，梨雲壓夢衣裳冷。
夢中吹徹玉參差，夜半寒香飄雪影。
南枝開盡北枝開，錦囊秀句更新裁。
明朝我欲敲門去，莫遣山童掃綠苔。
便須急喚酒一斗，東閣西湖興何有。
先拚爛醉如爛泥，與君重題詩百首。

賀蘭九歌
西有山兮鬱巑岏，虜呼駁色曰賀蘭。
壁立萬仞羅巖巒，形勢蜿蜒如龍蟠。
高低遠近雪漫漫，六月峯頭猶苦寒。
嗚呼一歌兮歌未闌，征人早已淚闌干。

黃河西來幾千里，濁浪如山日夕起。
晝夜不舍向東流，滾滾滔滔不暫止。
吁哉一水隔中原，戍客思鄉愁欲死。
嗚呼二歌兮歌聲悲，未知何日是歸期。

漢唐渠水流瀰瀰，冬則涸兮夏則溢。
不知何代興屯田，千載人勞至今日。
獨憐貧戶無牛耕，納稅輸官賣家室。
嗚呼三歌兮歌聲哀，輪臺之詔幾時來。

黑山嵯峨列烽火，往來官軍日巡邏。
胡寇出沒本無常，守卒朝昏不敢惰。
山頭遙望白雲飛，慈親舍在江之左。
嗚呼四歌兮歌悠悠，孝子思親何日休。

十月嚴寒雪花墮，空中片片如掌大。
衣單不耐朔風吹，三十年來渾碎破。

得錢市酒飲數觥，酒酣激烈歌楚些。
嗚呼五歌兮歌孔多，窮通由命奈爾何。

黃沙磧裏本無春，此語看來却是真。
要知何日歲華新，但看斗柄回指寅。
桃紅李白見無因，極目衰草膡荆蓁。
嗚呼六歌兮歌酸辛，邊人征戍難具陳。

塞下由來非樂土，況復城中多斥鹵。
四衛居人二萬戶，衣鐵操戈禦驕虜。
一夜軍書傳檄羽，平明出戰聞鉦鼓。
嗚呼七歌兮歌轉苦，南望鄉關淚如雨。

季冬歲事已闌珊，回首家鄉涕汍瀾。
音書無由報平安，思親痛切摧心肝。
籍居營伍身屬官，敢辭從軍行役難。
嗚呼八歌兮歌欲殘，仰天南望還長嘆。

八月風高天氣凉，寒衣不見來家鄉。
行行征雁向南翔，書成無由寄北堂。
憑高矯首雲茫茫，關河阻隔遥且長。
嗚呼九歌兮歌已闋，倦客思歸欲愁絕。

古塚謠　　樗齋

賀蘭山下古塚稠，高下有如浮水漚。
道逢古老向我告，云是昔時王與侯。
當年拓地廣千里，舞榭歌樓競華侈。
彊兵健卒長養成，眇視中原謀不軌。
豈知瞑目都成夢，百萬衣冠爲祖送。
珠襦玉匣相後先，簫鼓聲中雜悲慟。
世更年遠迹已陳，苗裔縱存猶路人。

麥飯疇爲作寒食，悲風空自吹黃塵。
怪鴟薄暮喧孤樹，四顧茫然使人懼。
天地黯慘愁雲浮，遥想精靈此時聚。
君不聞，人生得意須高歌，芳罇莫惜朱顏酡。
百年空作守錢虜，以古視今還若何。

登宜秋樓　　凝真

亭皋木落水空流，隴首雲飛又早秋。
白草西風沙塞下，不堪吟倚夕陽樓。
樓頭悵望久躊躇，目送征鴻向南去。
黃沙漫漫日將傾，總是江南客愁處。

巡撫難　　廣陽　馮清　巡撫都御史。

巡撫難，巡撫難，華階峻地非崇觀。
徽音御墨帝躬製，使華千里來飛翰。
君不見，紫薇堂上冠裳集，芻粮之外餘非干。
又不見，臬司要地擅風紀，四時凛凛霜威寒。
郡邑牧愛切，閫衛兵戎繁。
中貴攝方鎮，元戎坐將壇。
職司隸一事，何如巡撫難。
百寮庶府綱維地，春榮秋肅歸毫端。
鑑之空，揚清激濁；矢之直，禁弊除奸。
安内則黎元綏輯，攘外則夷虜摧殘。
權總兵民之任，位尊股肱之官。
心宅惟公惟恕，政涖宜猛宜寬。
九秋鶚薦，萬里鵬搏。
恩覃浩浩，威振桓桓。
芟除稂莠，培植芝蘭。
臣木支厦，砥柱回瀾。
周師伊召，宋齊范韓。
知名中外，增采衣冠。

傾心士服，仰面人看。
風恬俗羙，物阜民安。
九重慰望，四野騰歡。
傳芳今古，肖像青丹。
如是斯名稱職，如是斯免素餐。
濯菴居士，地撫彈丸。
風生豸角，光炫金鞶。
幸知明主，自愧儒酸。
任繁責重，力薄才單。
感遭逢之不偶，喜心力之可殫。
美玉執手，盈水捧盤。
商鉞虔秉，舜琴笑彈。
冰霜肅肅，雨露溿溿。
河流蕩漾，山勢巑岏。
威宣沙漠，頭梟可汗。
瑶空翔鳳，紫誥回鸞。
功業是戀，恩澤斯漙。
仰瞻俯察，心廣體胖。
静思炳日，迅掃驚湍。
顓頊夫知言同志君子，愧不能形容巡撫之難。

邊人苦　　前人

嗟予迂且腐，念切邊人苦。
邊事耳頻聞，邊情目親睹。
歷邊頗有年，窮邊悉可數。
邊患每縈心，邊差亂如縷。
余夫輸邊糧，壯夫隸邊伍。
邊戍歲無休，邊征身何怙。
脩邊妨耕鋤，巡邊歷沙鹵。
邊兒解兵戎，邊女廢織組。
邊婦嘆室廬，邊夫賦屺岵。

邊衣氈褐裘，邊技刀弓弩。
乏產集邊商，冒險行邊賈。
茫茫邊草秋，赳赳邊軍武。
凌漢邊墩孤，剝雨邊城古。
邊堠苦寒涼，邊俗雜夷虜。
邊弊繭抽絲，邊雪旱思雨。
逃亡度邊關，攜扶棄邊土。
撫鎮寄邊陲，功勳乏邊補。
邊地極偏西，邊日喜停午。
邊疾養參苓，邊骭籍斤斧。
牧邊廣牛羊，藝邊豐黍稌。
儲富足邊氓，彊兵雪邊侮。
籌邊愧前賢，安邊慰明主。
雨露沛邊方，草木蕃邊圃。
獻貢充邊庭。絃歌動邊廡。
邊罹臣職修，邊沐君恩溥。
邊固擅坤隅，邊實運丹府。
邊苦知當甘，嗟予迂且腐。

琴意軒　　吳謙　　廬州人。
雲間高士長裾客，愛向蘭山結幽屋。
窗前閑日一張琴，簾外清風數竿竹。
竹聲琴韻協金玉，老鶴能招丹鳳宿。
誰言俗士少知音，來對此君聽一曲。

蠡山疊翠　　劉昉[①]　　左長史，永平人。[②]
蠡山雨洗高嵯峨，群峯疊翠攢青蠡。[③]

---

① ［校］劉昉：原作"劉牧"，據《正統寧志》卷下《題詠》載《蠡山疊翠》《白塔晨煙》二詩作者名改。

② ［校］永平：《正統寧志》卷下《題詠·蠡山疊翠》作"平灤"。

③ ［校］青蠡：《正統寧志》卷下《題詠·蠡山疊翠》作"青螺"。

我來信馬上山去，馬上觀看頻吟哦。
平生愛此嘉山水，愛山不得住山裏。
到家移入畫軸中，掛向茅堂對書几。

白塔晨煙　　前人
白塔去州六十里，清晨長視炊煙起。
太平久不見烽煙，客行道路如流水。
方今大一統華夷，昔人還宿舊招提。
會看居上人煙賸，① 雞鳴犬吠聞邊陲。

夏宮秋草　　王遜　　見《流寓》。②
壞宮秋草滿，猶說李王朝。
鴛瓦埋兵碎，龍墀沒火焦。
霜摧晨慘慘，雨腐夜迢迢。
知有英雄在，爲螢弔寂寥。

黑水故城　　前人
築城當黑水，想像赫連時。
用力疲蒸土，勞心校入錐。
一朝歸輦轂，千載穴狐狸。
斗絕誰過此，惟增謫戍悲。

漢渠春水　　前人
崑崙萬古雪，③ 作水注黃河。
大漢爲渠久，中原決處多。
瞻天慳夏雨，謫戍賴春波。
歲歲豐糜粟，宜聞擊壤歌。

---

① ［校］上：《正統寧志》卷下《題詠·白塔晨煙》作"止"。
② 參見本志卷二《寧夏總鎮·人物·國朝·流寓》。
③ ［校］雪：原作"靈"，據《正統寧志》卷下《題詠·漢渠春水》改。

良田晚照　　前人
斜日照良田，關心匪少年。
纔看離若木，又歎薄虞泉。
人老餘光際，牛耕寸晷邊。
似傷韉佃意，欲沒更留連。

長塔鐘聲　　前人
鳴鐘長塔寺，不見昔年僧。
聲寂三千界，音銷十二層。
廢基妻塚在，陳蹟牧兒登。
有待莊嚴日，無常驗智興。

官橋柳色　　前人
官橋千樹柳，一路照征袍。
色可黃金比，絲非綠繭繰。①
春容知不愧，客意歎徒勞。
送別青青眼，何時見我曹。

塞垣秋思　　樗齋
炎威渾幾許，物色釀秋情。
楊柳和煙淡，《蒹葭》感候鳴。
遠山新黛掃，初月玉鈎橫。
愧乏安仁思，援毫賦未成。

夏臺秋感②　　唐鑑　　見《流寓》。③
養素存吾拙，經時不下堂。
坐觀人事改，似與俗情忘。

---

① [校] 繰：原作"綠"，據《正統寧志》卷下《題詠·官橋柳色》改。
② 《正統寧志》卷下《題詠》詩題作《秋感》。
③ 參見本志卷二《寧夏總鎮·人物·國朝·流寓》。

葉落知秋感，蛩吟覺夜長。
此身渾是寄，何必問他鄉。

東郊賞蓮　　馮清
蓮塘方幾許，一鑑湛天光。
櫂發舟分錦，筵登座滿香。
品題詩在卷，釀會酒盈觴。
懿秀誇君子，清姿羨六郎。
風前翻蛺蝶，雨後戲鴛鴦。
不讀濂溪說，誰知獨擅芳。

別贈張都閫武　　保勳　征西將軍。
中丞張夫子，兩朝負重名。
天子念西北，遂總三鎮兵。
雷厲行陣間，收箠勞研精。
都尉被指授，器使期有成。
一日走馬來，歷歷詢邊城。
邊城二三年，四時戈槍鳴。
黃河困飛鞔，沃野無春耕。
坐談歲云徂，天地開新正。
新陽翳陰靄，東風作秋聲。
王者宰物命，邊鄙皆蒼生。
如何轉移間，虛心延公卿。
休征自應止，四夷何足平。
明日都尉去，行行重行行。

梅所　　承廣　見《流寓》。①
客以梅爲所，移梅取次栽。
花枝向南發，山色自西來。

---

① 參見本志卷二《寧夏總鎮·人物·國朝·流寓》。

清影孤窗月，黃昏一酒盃。
揚州有何遜，東閣待誰開。

登韋州城北擁翠亭　　凝真
天際風雲起，山椒結夕陰。①
園林含暝色，笳管動哀音。
邊報軍書急，南來雁信沉。
病懷與秋思，憀慄苦難禁。

鹽池　　周澄　　左長史，四川人。
凝華兼積潤，一望夕陽中。
素影搖銀海，寒光炫碧空。
調和偏有味，生産自無窮。
若使移南國，黃金價可同。

鹽池道中　　馮清
南薰搖憲節，暑雨袖生凉。
絶塞烽煙净，新恩雨露香。
雙明隨野色，一碧湛天光。
景象呈佳麗，詩成興未央。

鹽池　　前人
鹽池方幾許，經始不知年。
天地自然利，軍民無種田。
征輸宜減薄，奸弊貴窮研。
調鼎仍憑藉，誰云祇實邊。

靈州道中二首　　前人
路入靈州界，風光迥不同。

----

① ［校］山椒：《正統寧志》卷下《題詠·登韋州城北擁翠亭》作"山樹"。

河流清匝地，禾稼碧連空。
部伍兵威肅，忠貞士氣雄。
塵消時雨後，西顧慰宸衷。

恩命渙頒日下，旌旗搖曳天涯。
謾道荒涼風景，南薰開遍山花。

王宏堡道中二首　　前人
一葦渡黃河，雙旌指西夏。
膴原茁牛羊，時雨豐禾稼。
恩露沛臺端，腥風清塞下。
行行詩興生，懷抱一傾瀉。

雄鎮壓羌胡，我來時仲夏。
三軍夙蓄威，二麥欲登稼。
昭代勢方昌，昔時風自下。
車書萬國同，西顧衷懷瀉。

漢渠春漲　　凝真
神河浩浩來天際，別絡分流號漢渠。
萬頃腴田憑灌溉，千家禾黍足耕鋤。
三春雪水桃花泛，二月和風柳眼舒。
追憶前人疏鑿後，於今利澤福吾居。

黃沙古渡　　前人
黃沙漠漠浩無垠，古渡年來客問津。
萬里邊夷朝帝闕，一方冠蓋接咸秦。
風生灘渚波光渺，雨打汀洲草色新。[1]
西望河源天際闊，濁流滾滾自崑崙。

---

[1] ［校］雨打：《正統寧志》卷下《題詠·黃沙古渡》作"雨過"。

黑水故城　　前人

日落荒郊蔓草寒，遺城猶在對殘陽。
秋風百雉蘚苔碧，夜月重關玉露涼。
枯木有巢棲野雀，斷碑留篆卧頹墻。
遶城黑水西流去，不管興亡事短長。

月湖夕照　　陳德武

百頃平湖月樣圓，光涵倒影欲黃昏。
天邊烏兔端相望，水底魚龍不敢吞。
近見釣耕方輟業，遠看樵牧已歸村。
老夫願覩昇平景，野處人家不閉門。

黑水故城　　前人

一灣黑水尚流東，①　陽有頹垣草莽中。
不務養人歸市德，徒勞蒸土校錐功。
冤骸白露泥中雨，燐火青吹月下風。
顧彼亡胡何足惜，可憐司馬沒英雄。

官橋柳色　　前人

邊城寒苦惜春遲，三月方看柳展眉。
金搭畫闌黃尚淺，② 絲淹流水綠初垂。
染增新色綠煙雨，折減長條爲別離。
可幸嬌鶯飛不到，等閑烏鵲鬧爭枝。③

西夏重陽　　王遜

作縣幾時同志苦，投荒萬里倍情真。
功名炊黍尋常夢，怪事書空感激人。

---

① ［校］灣：《正統寧志》卷下《題詠·黑水故城》作"浮"。
② ［校］畫闌：《正統寧志》卷下《題詠·官橋柳色》作"畫欄"。
③ ［校］烏鵲：《正統寧志》卷下《題詠·官橋柳色》作"鳥鵲"。

擊柝徒吟胡地月，屯田也食漢渠春。
艱難薄俗猶多事，漂泊南冠愧此身。

賡韻慶藩惠示雙橘① 　　郭原　　見《流寓》。②
凝真齋所聽高談，內使筠籠命賜柑。
不遣聽鶯攜亦可，如蒙授簡賦還堪。
黃金鑄顆紋雙皺，白玉為漿味獨甘。
塞上承恩誰與並，先生應不想江南。

西夏重九③ 　　唐鑑
彊整烏紗只自羞，此身流落嘆邊州。
試斟白酒澆閑悶，倦對黃花憶舊游。
塞雁一聲天地肅，嶺雲千點古今愁。
還家不負登臨約，笑把茱萸插滿頭。

西夏漫興④ 　　林季　　見《流寓》。⑤
水光山色滿沙洲，舉目關河一古丘。
玉露凋成紅葉景，金風吹老碧梧秋。
雲橫雁陣書難寄，日落猿聲淚易流。
甘載邊陲羈倦客，⑥戎衣添却去年愁。

將至寧夏望見賀蘭山　　金幼孜　　見《朝使》。⑦
匹馬何時出帝關，今晨初見賀蘭山。

---

① 《正統寧志》卷下《題詠》詩題作《賡韻雙柑》。
② 參見本志卷二《寧夏總鎮·人物·國朝·流寓》。
③ ［校］西夏重九：《正統寧志》卷下《題詠》詩題為《丙戌重九》。"丙戌"，永樂四年（1406）。
④ 《正統寧志》卷下《題詠》詩題作《漫興》。
⑤ ［校］林季：原作"林季芳"，本志卷二《寧夏總鎮·人物·國朝·流寓》載："林季字桂芳。"據改。
⑥ ［校］甘載：據詩意，疑當作"廿載"，指時間。
⑦ 參見本志卷二《寧夏總鎮·宦蹟·國朝·朝使》。

風沙近塞居人少，斥候連雲邏卒閒。
白海堆鹽封磧外，黃河引水注田間。
邊城按堵全無警，聖德於今徧百蠻。

至寧夏　　前人
駔騎初秋別帝京，使旌今喜至邊城。
衣冠盡向花前合，車馬還從柳外迎。
藩府感恩心倍切，朝廷冊命禮非輕。
極知白首蒙恩遇，謬忝皇華愧老成。

撫臨寧夏二首　　馮清
解慍南薰雨後來，鳳書千里下蓬萊。
時當仲夏臨西夏，恩拜都臺自外臺。按察使陞今官。
寶劍光寒星斗燦，牙旗影動瘴嵐開。
兵閑介冑民耕耨，西顧憂紓亦快哉。

使華千里日邊來，恩露傳宣被草萊。
幸際風雲昂豸角，願驅民物入春臺。
天空萬里塵襟豁，烟淨三邊倦眼開。
帶遠屏圍山水麗，清時氣象總奇哉。

〔庭槐〕　　馮清
　　行臺堦下原植三槐，故巡撫張紀常正德壬申正月剪伐其一，① 寸幹無存。閏五月初十日，予適撫臨。越旬日，前槐苗復出土，月轉盛茂，再月餘而柯肄喬聳，葉蔽雲屯，凌空之勢勃然莫遏。噫，槐一物也，厚積昌發，乃爾氣數遭際之盛，造化生育之功，夫豈徒然而已哉。是用謾成小詩，以紀其實，傳告將來云。
誰把庭槐浪剪除，源頭生意自贏餘。
肄叢故柢戈矛立，葉護重陰傘蓋舒。
間世瑞靈鍾厚載，新晴蒼翠接清虛。
涼氛謖謖祛煩暑，王氏禎祥史續書。

---

① 正德壬申：正德七年（1512）。

九日宴麗景園　　金幼孜

偶客夏臺逢九日，賢王促召宴名園。
柳間雜遝來鞍馬，花裏追陪倒酒尊。
白露滿地荷葉净，凉飆入樹鳥聲繁。
綺筵寶瑟真佳會，傾倒何妨笑語誼。①

出郊觀獵至賀蘭山　　前人

賀蘭之山五百里，極目長空高插天。
斷峯迤邐煙雲闊，古塞微茫紫翠連。
野曠旌旗明曉日，風高鷹隼下長川。②
昔年僭偽俱塵土，猶有荒阡在目前。

遊三清觀　　前人

乘閒偶過三清觀，幽絶都無塵俗情。
入户喜見青松色，遠户還聞流水聲。
鹿過瑶壇秋草合，鶴歸幽徑晚煙生。
可是道人偏愛客，焚香還與坐吹笙。

塞垣秋興　　承廣

江山如畫幾興亡，天際秋雲自夕陽。
栗里陶潛書甲子，長沙賈誼愛文章。
雁將南去驚寒意，菊爲誰開作晚香。
不有醉狂書爛熳，老懷何處間時光。

睡足軒　　李幹　翰林待詔，壽州人。

幽人心境出塵寰，一笑驚開夢覺關。
慨我獨醒非是醉，憐渠多事不如閒。
落花啼鳥春風外，逝水浮雲夕照間。

---

① ［校］笑語：《正統寧志》卷下《題詠·九日宴麗景園》作"語笑"。
② ［校］隼：原作"準"，據《正統寧志》卷下《題詠·出郊觀獵至賀蘭山》改。

借問槁梧誰復據，謾誇勳業等丘山。

白鷹　　張克敬　儒學教授。
金眸鉤爪玉為毛，異質英姿總俊豪。
抱素迥然超等類，鍾奇瑞足壓群曹。
雲飛天外孤騰遠，雪點山前獨立高。
自是林泉留不得，終歸上苑任翔翱。

麗景園避暑　　凝真
避暑高樓此日登，山川感慨客懷增。
地連紫塞三千里，水映朱闌十二層。
布設催耕聲度柳，游魚吹浪影穿菱。
盈篇珠玉嗟難和，章草尤慙寫不能。

麗景園冬日步王忍辱韻　　前人
澤冰未見腹全堅，溶洩流澌瀉冷泉。
木落易窺行客徑，風寒難棹釣魚船。
人間世外由來別，塞北江南自昔傳。
十載邊城行樂處，優游聊以度流年。

鎮守西園小會　　馮清
市城數畝小蓬萊，賓主乘閒偶一來。
渠過女墻分活水，堤培古木護蒼苔。
謾敲詩句聲摩漢，笑撚花枝影泛盃。
不信軍門諸士卒，室家恨未戍邊回。

和張都憲夏日遊麗景園　　樗齋
東郊長夏草初薰，霽景偏宜曙色分。
官樹倚天張翠葆，好花傍檻閃紅雲。
舟移蘭棹波光蕩，宴列紅亭樂調聞。
芳歲背人何易去，尊前莫問夕陽曛。

秋曉過長湖　　前人

浩蕩煙波玉一灣，孤村相映綠楊間。
數行沙鳥衝人起，一葉漁舟艤岸閑。
天際遠山橫翠靄，隄旁野潦沁紅營。
客懷吟思殊無極，征騎匆匆又促還。

蘭山懷古　　前人

風前臨眺豁吟眸，萬馬騰驤勢轉悠。
戈甲氣銷山色在，綺羅人去輦痕留。
文殊有殿存遺址，拜寺無僧話舊遊。
紫塞正憐同晻晝，可堪回首暮雲稠。

觀黃河[1]　　前人

西來天塹隔遐荒，雪練橫拖若沸湯。
兩岸浪花時噴薄，一行桿影遠微茫。
負圖龍馬人文著，取石星槎歲月長。
欲對秋風重吊古，無情隙景易斜陽。

又

百折洪波萬里秋，天潢宛轉是同儔。
青青煙草汀洲合，衮衮魚龍日夜浮。
嘉瑞已為當代應，濁流還帶昔人愁。
澄清本亦吾徒事，便欲崑崙頂上遊。

高臺寺八詠　　前人[2]

---

[1] 《觀黃河》詩共2首。
[2] [校] 前人：《高臺寺八詠》詩共8首，原在每首詩詩題下有"前人"二字，整理者改置此處。

兰皐秋容
西山佳致最宜秋，疊巘峨峨映遠陬。
涼雨一番通夕過，翠嵐千頃接天浮。
落霞孤鶩斜陽淡，錦樹西風暮景幽。
我輩韜光惟謝客，招賢誰賦桂枝樛。

大河春浪
河流險閟赫連都，雪練無窮若畫圖。
雨益晴波洪渺莽，風搖細浪遠糢糊。
魚龍隱隱乘時奮，樓堞依依倒影孤。
壯志疇能同博望，遡源取石訪牛夫。

廢壘寒煙
目極頹垣落照邊，伯圖寂寞慘寒煙。
淒淒半混苔痕合，漠漠遙同野色連。
啼鳥不知亡國恨，晚花猶乞過人憐。
彊兵戰勝今何在，贏得虛名入史編。

漁村夕照
村居多以漁爲業，得采歸來喜不窮。
黃柳巧穿行斷續，綠蓑斜荷語從容。
蕭蕭岸葦篩晴日，獵獵汀蒲怯勁風。
共易清酤沉醉後，回看斷晻夕陽紅。

渠上良田
天塹分流引作渠，一方擅利溉膏腴。
魚游淺碧東風細，花漲殘紅暮雨餘。
千頃良田馮富足，萬家編戶獲安居。
亢陽任爾爲驕雪，稔歲何妨史氏書。

庄前丛柳
田家植柳護衡門，到處青青入望頻。
媚眼多情眠白晝，纖腰無力舞黃昏。
卑枝不聽流鶯語，僻地難招望帝魂。
氓叟不關興廢事，密陰深處戲兒孫。

古寺晨钟
曙雞三唱月將沉，早聽鯨聲出紺林。
盼國使興催馬足，祝釐僧集振潮音。
一言洞顯真機熟，九地潛資滯魄深。
最是河西征戍客，幾人聞此碎鄉心。

秋郊晚笛
碧天西壁掛斜陽，郊野凄風作嫩涼。
秋色滿前橫莽蒼，笛聲何處助悠揚。
駸駸載道征駒驟，蕭蕭投林倦鳥翔。
獨有望鄉遷客苦，梅花落處斷柔腸。

蓮池小舟雅集　　馮清
井梧葉下報新秋，十里東郊作勝遊。
筒酒數莖敦古俗，蓮舟一葉泛中流。
一人有慶三邊靖，四序惟康百穀收。
後樂也知明訓在，應思蟋蟀詠休休。

和慶藩遊麗景園韻　　路昇　儀賓。
煌煌玉仗映晴暾，曉出清和第一門。
百姓盡瞻龍袞貴，群花都讓牡丹尊。
留人好鳥啼深樹，挾雨孤雲入遠村。
三十餘年陪宴賞，不才何以答深恩。

野亭柬諸同志　　前人

綠樹陰中構小亭，捲簾吟對晚山青。
管弦未許排歌扇，詩酒常教聚德星。
荷鍤人歸村犬吠，捕魚舡過水雲腥。
明年三月春如錦，有約還來欹竹扃。

〔感楊忠等事〕　　馮清

寧夏都指揮楊忠、李睿，百戶張欽遭逆賊何錦等之變，詈罵不屈，伏義而死。朝廷諭祭進官，賜以忠烈忠節，表其門第。是固足以慰英魂於地下，闡大節於生前，亦可以無憾矣。予聞而有感，詩以輓之。

往古來今年復年，浩然正氣幾人全。
一腔忠赤乾坤在，兩字褒榮日月懸。
故秩崇增延後世，英魂昭格慰重泉。
題詩庸紀當年事，留俟清朝太史編。

〔感咸寧伯仇鉞事〕　　馮清

正德庚午，① 寧夏值逆賊何錦等之變，毒延上下，先遊擊將軍仇公鉞乃能用計取捷，不日平之。皇上褒崇，進爵咸寧伯，蓋酬不世之功也。噫，戡定禍亂，仇公豈在古名將之下耶。是用表章，以勵後世。

速亡賊子孽當年，怒奮神人沸百川。
爲念蒼生忠貫日，不勞赤刃力回天。
簪纓繼世君恩重，勳業騰芳國史傳。
天理民彝誰不具，咸寧未許讓凌煙。

三清觀閒步　　路昇

化人靈境塞城南，暇日來遊一駐驂。
花點石屏苔欲破，池開萍影樹長涵。
無心閒看雲歸洞，有意還將草結菴。
念我平生慕僊道，坎离玄妙向誰談。

---

① 正德庚午：正德五年（1510）。

上曲中丞　　保勳

西蜀歌謳載簡書，北臺丰采振瓊琚。
寇公作鎮名偏重，范老行邊計不疎。
一道冰天初見日，四郊甘雨每隨車。
黃河網罟收餘績，又恐當衡入殿廬。

蘆溝煙雨　　胡官升　　中衛戍籍。

暖風晴日草如茵，景入蘆溝總是春。
夾谷嬌鶯留醉客，隔山啼鳥喚遊人。
杏花帶雨胭脂濕，楊柳吹煙翡翠新。
願得琴書身外樂，海鷗洲鷺自相親。

東湖春漲　　凝真

三月東湖景始饒，水光天色遠相招。
魚衝急雨牽浮藻，鶯逐顛風過斷橋。
華落乍疑金谷地，浪痕初認海門潮。
臨隄盡日忘歸去，為惜餘春護寂寥。

石溝道中　　馮清

沙井石溝誰說險，古今豪傑幾經行。
塹壕謾訝防邊遠，烽堠尤嚴接報明。
自信將家曾慣戰，應慚儒者未諳兵。
范韓聞亦經生輩，千載何為獨擅名。

鹽池驛　　前人

南來百里憇鹽池，解慍南薰夏仲時。
舊壘梁間巢紫燕，新聲枝上囀黃鸝。
千年寵荷三生幸，萬慮忠貞一寸私。
物與民胞均付託，內脩今古重邊陲。

沙井道中　　前人
馬足凌兢一逕斜，曉來天際爛雲霞。
石溝雨過苔生石，沙井風旋草壓沙。
犬馬感恩期報國，兵民縈念竟忘家。
春陽誰說窮邊後，隴麥青青遍吐華。

望賀蘭山　　建安　徐鏈　　户部郎中。
華夷天限有斯峯，萬仞巍巍障碧空。
芳草綠楊新塞堡，野花黃蝶舊離宮。
裔裾地古千年鎮，唐漢渠分一水通。
幾度政餘閑眺處，翠屏高照夕陽紅。

蠡山秋色　　前人
獨上高城興寂寥，西風吹冷景蕭蕭。
山容霜落峯巒秀，天氣秋深草木凋。
翠獻倚空霄漢遠，白雲流水市廛遙。
逸人幽谷容招隱，桂樹新詞好與招。

韋州　　王越　　總制都御史。
韋州原是舊韋州，古往今聰來恨未休。
有酒不澆元昊骨，無詩可吊杜陵愁。
秦川形勢通西夏，河朔襟喉控上流。
借問蠡山山下路，幾人曾此覓封侯。

夜宿韋州　　劉長春　　行人，四川人。
塞下陰雲一色秋，龍沙瀼瀼接韋州。
囊空唯有牀頭劍，衣薄緣無篋裏裘。
庭樹鳥啼聲愈切，紙窗燈暗淚頻流。
年年辛苦王家事，誰爲知心解我愁。

韋州故宮　　路昇
故宮風物太淒涼，惆悵當年此建王。
繡戶不開金鎖合，珠絲低拂畫簷長。
玉阶寂寂人蹤滅，白草離離輦路荒。
落盡井梧秋不管，半輪新月照昏黃。

花馬池　　馮清
南藩全陝北防胡，百雉崇墉萬里孤。
荒草望窮天遠接，流沙踏遍地深鋪。
除凶每切平生恨，雪耻應先內治圖。
逸以待勞兵略在，從來攻守不殊途。

過安邊營憩劉隱士山庄　　保勳
城上春風啼野鶯，城邊流水石橋橫。
紅隨車馬囂塵暗，綠遠門墻野柳平。
山屐叩詩非俗客，園蔬作飯本人情。
石床一枕黑甜穩，犬吠鷄鳴總不驚。

贈都閫史公冢嗣榮中武舉　　前人
武場早得走盤珠，千里驊騮似不迂。
邊計今猶懸上策，子將何以待殊途。
馬隆車轍留沙漠，充國屯田載版圖。
此去河西樹功業，要令番部識孫吳。

邊墻形勝　　傅釗　協同。
危垣迢遞枕雄邊，勢壓金城鐵壁堅。
中國有憑堪保障，外夷無計可踰穿。
英公才大難同駕，道濟謀深未許肩。
不是眉山豪傑出，誰能經始向當年。

賀蘭山後大捷　　王越　　總制。
兵事驅人老未閒，啣枚夜度幾重關。
地空虎穴藏勍掠，天運神機破大奸。
殺氣平吞湖海水，威聲高壓賀蘭山。
凱歌齊唱紅旗舞，報道元戎得勝還。

寧夏射圃　　楊一清　　提學副使。
蒼茫遺緒有師承，一髮千鈞尚可憑。
萬古綱常隨地在，百年禮樂待人興。
太羹玄酒知應幾，落日頹波挽未能。
稍喜諸生能揖讓，何須鸛雀兆升騰。

行臺視事　　王珣　　巡撫都御史。
皇皇寵命重安邊，憲節春風路五千。
靈武山河多險隘，賀蘭雲石共鈎連。
渠分唐漢江南景，地鎮華夷塞北天。
韓范功名青史在，肯將實學付徒然。

開靖虜渠　　前人
滾滾河流勢險哉，平分一派傍山來。
經營本爲防胡計，屯守兼因裕國裁。
此日勞民非我願，千年樂土爲誰開。
老臣喜得金湯固，幕府空間衛霍材。

擬造石壩　　前人
河流兩派遶邊城，保障平當一半兵。
不爲板橋頻建置，肯將石閘創經營。
百年敢信居民逸，此日應知水患平。
渠道漢唐依舊是，山川形勝總生成。

兩壩重修　　馮清
東風兩壩喜重修，一脉滔滔接上流。
原隰利分均上下，漢唐澤溥自春秋。
四時謝絕商霖檮，萬代評將禹續儔。
扞禦足兵緣足食，兌除千古志應酬。

石溝道中　　馬中錫　　提學副使，河間人。
瘦馬凌兢度石溝，酸風如箭射雙眸。
途中節感黃楊閏，塞外寒驚白草秋。
憂國每慚嫠婦娣，報君誰斬月支頭。
從來燕額書生爾，投筆能封萬里侯。

石溝驛次韻[①]　　**馮清**
孤城百尺護深溝，駐節天空豁壯眸。
日下方臨三伏暑，雨餘先得一堂秋。
恩光浩蕩來天上，山色青蒼送馬頭。
自古禦戎無上策，運籌千載重留侯。

又
雨過平川水泛溝，塵消萬里豁吟眸。
村農笠斜禾鋤午，田婦裳褰麥餉秋。
恩露濫叨頒闕下，功勳黽勉勒邊頭。
願言內治烽烟絕，殺伐慵封萬戶侯。

靈州再次前韻　　前人
活水澆田出淺溝，清清一脉快雙眸。
民風有感醇猶古，憲度無情肅似秋。
萬丈雲屏開漢表，一方雨脚閣山頭。

[①]　《石溝驛次韻》詩共2首。

古今邊鎮知多少，八陣疇能繼武侯。

次前韻　　上蔡　李遜學　　提學副使。
抖擻塵衣憩石溝，飛雲嘘冷逼雙眸。
雨敲荀鶴郵亭夜，霜點馮唐客鬢秋。
末路直驅天北角，老懷空切殿東頭。
疎窗敗壁青燈暗，謾遣心情付墨侯。

寧夏　　周澄　　慶府長史，四川人。
邊城一望思悠悠，白草黄雲古塞州。
人去人來經歲月，花開花落自春秋。
蘭山西峙攢空秀，河水東奔遶郡流。
最喜群公能鎮靜，萬家烟火樂無憂。

靈州道中　　馬中錫
曉入靈州舊塞城，元戎小隊出郊迎。
貔貅雲擁容尤肅，篳篥風回調更清。
沙苑喜聞無鬼哭，山田常見有人耕。
書生亦有安邊計，盛世於今不用兵。

興武營[1]　　楊一清
簇簇青山隱戍樓，暫時登眺使人愁。
西風畫角孤城曉，落日晴沙萬里秋。
甲士解鞍休戰馬，農兒持券買耕牛。
翻思未築邊牆日，[2] 曾得清平似此不。

興武營次韻　　馮清
籌邊竊喜一登樓，破虜應消萬古愁。

---

① [校] 興武營：《朔方新志》卷五《詞翰》題作《興武暫憩》，《乾隆陝志》卷九六、《御選明詩》卷七六、《明詩綜》卷二八皆題作《孤山堡》。

② [校] 翻思：《乾隆陝志》卷九六、《御選明詩》卷七六、《明詩綜》卷二八《孤山堡》皆作"回思"。

白草驚看霜信早，黃雲遥落雁聲秋。
憲旌影動摩霄漢，寶鋏光寒射斗牛。
樵牧滿川耕遍野，窮邊不信是還不。

興武營東傅協參　　丘璐　　陝西參議，蘭陽縣人。
沙磧茫茫忽見城，相傳原是李王營。
皇家建閫屯千騎，軍國經儲積萬楹。
稼穡寡秋人重粒，牛羊多息野無苹。
來游莫訝人烟少，舊斬樓蘭有傅卿。

新設靈州　　王珣　　巡撫都御史。
靈州元屬古西秦，老我經營爲爾民。
地接賀蘭封域壯，人耕火石版圖新。
百年又見絃歌日，千里均霑雨露春。
幾度巡行頻眺望，皇風穆穆蕩無垠。

新開金積渠　　前人
山名金積舊相傳，峽口神功不計年。
滾滾西來經異域，滔滔東去繞窮邊。
渠分一派清流水，井授千家沃壤田。
淺薄敢誇經略計，兵民安輯荷堯天。

巡視東路　　前人
驄馬行邊八月秋，靈州東望翠雲浮。
天池一帶桑麻地，河套千重沙漠洲。
破虜高名誇小范，禦戎上策說成周。
北門鎖鑰從來重，經略封疆豈浪遊。

高橋望寧夏　　王弘　　行人，六合縣人。
匹馬行行此極邊，依稀風物似中天。

東西處處人栽樹,① 遠近家家水灌田。
雨露一般唐郡縣,乾坤萬里漢山川。
平生儻有安邦畧,誰肯忠良祕莫傳。

靈州道中　　前人
邊塵一道馬頭開,烽火無煙但有臺。
地勢騰騰隨北上,山行箇箇徃西來。
生人何計薰胡俗,造化分明孕此胎。
見說中州文教在,衣冠珍重濟時才。

靈州　　前人
都憲王公請復靈州,且開梁備邊,灌田數百里,廣饋糧,免轉輸之勞,喜而有作。
低頭前日拜都堂,爲說安邊策最良。
民物總新唐郡縣,山川依舊漢封疆。
多方設險尊中夏,千里屯田廣饋糧。
欲把心情何處寫,我公遺愛比《甘棠》。②

寧夏寫懷③　　前人
馬首西來更向西,賀蘭山色與雲齊。
三邊保障新添險,萬里長城舊設隄。
漢地有人留鎖鑰,胡兒何處許攀躋。
欲知閫外將軍令,細柳營中聽鼓鼙。

又
滿路渾無半點埃,雨餘紅軟馬蹄開。
王城萬里封西夏,霄漢多年望上台。

---

① [校] 處處:下一"處"字原爲空格,據《嘉靖寧志》卷七《文苑·詩·高橋望寧夏》補。
② 甘棠:即《詩經·國風·召南·甘棠》。
③ 《寧夏寫懷》詩共2首。

藥裹且收身尚健，賢勞真愧我何才。
邊城四月寒猶在，帶得清風一道來。

送歐陽繡衣① 　　保勳
衣塵汗透拂青泥，行役勞勞東復西。
雁度關山書未達，雲隨征旆馬頻嘶。
沙痕雨後留新轍，驛壁苔生沒舊題。
此去朝端行政術，事功望與古人齊。

又
見說星軺馳北地，瓊琚風韻自珊珊。
虹收瘴雨千山霽，霜拂旌旗萬馬寒。
紫塞未應留去轍，黃河有望定狂瀾。
邊氓憔悴行相泣，封事煩勞及治安。

又
丹心激烈火初然，一擔綱常已在肩。
柱下儀刑貞百度，淮南風來按三邊。
方當擾攘收群策，肯向驅馳取自便。
一路清霜秋意晚，行行雲氣上衣鮮。

又
元精直氣愜神明，秋月寒潭恁地清。
鐵面初臨三路重，豸冠一正百寮驚。
心懸民隱知何限，夢繞天閽更幾重。
天與忠良佐天子，人心思見太階平。

大壩登眺　　保定　韓文　　巡撫都御史。
武剛千乘自還營，萬竈貔貅夜不驚。

---

① 《送歐陽繡衣》詩共4首。

多筭兵家惟善守，能攻老將戒輕行。
虜酋喪膽聞風遁，農父懽心帶月耕。
獨倚戍樓凝望眼，長河東注水澄清。

感懷　　前人
百歲功名嘆白頭，嘆他頭白爲民憂。
輕裘緩帶巡邊塞。乘月裁詩倚戍樓。
日每惟謀平虜策，生來不理釣漁鉤。
何時拂袖東籬下，笑對南山豁醉眸。

行臺閑詠　真定　石玠　巡按御史。
清於池水净於苔，會府潭潭暫作臺。
夜月半庭人未宿，春雲滿眼杏將開。
榆關道路猶堪走，麟閣功勳豈易陪。
莫信蓬萊相離遠，塞鴻多自日邊來。

萌城道中　　馮清
雨後山城肅似秋，曉天嵐霧望中收。
蒿茅一色連空遠，山水翻花遠澗流。
堡寨沿邊屯虎豹，鄉村隨處牧羊牛。
瞳瞳霽日雲霄上，咫尺清光一舉頭。

萌城夜坐　　薄彥徽　行人，太原人。
山城展轉望萌城，燈火如流逼漢星。
鉦鼓弄聲清夜月，旌旗揮色列寒營。
龍飛北極知清武，鼠竊西邊尚構兵。
坐久餘懷當此夕，愁聞譙角奏深更。

郊望　　王崇文　户部主事，巡撫公珣之子也。
遠近人家四野連，風光誰信是窮邊。
黄花爭發酬佳節，綠水分流稱力田。

烽火報稀增樂事，河山景好落銀箋。
時平又得新渠利，會有民謠入管絃。

賀蘭山　　前人
山名舊熟史編中，勝覽分明五嶽同。
遙嶺蜿蜒通紫塞，秀峯斗絕倚蒼穹。
地宜耕牧神明衛，渠阻羌戎道路窮。
半醉偶然成獨笑，太平無用勒奇功。

賀蘭山　　馮清
險設名山志賀蘭，華夷界限勢巑岏。
千尋西北屏幛轉，萬代東南袵席安。
眩目晴光天染碧，入簾清氣坐生寒。
乾坤有意開圖畫，一度乘閑一笑看。

寧夏　　玉田　孟逵　按察僉事。
百萬貔貅善守攻，胡塵靖掃草茸蒙。
威加朔漠龍沙外，人在春臺玉燭中。
山限華夷天地設，渠分唐漢古今同。
聖君賢相調元日，塞北江南文教通。

黃河　　前人
九眼泉通是發踪，衝開星宿水行東。
三門七井非能阻，萬派千流自會同。
砥柱屹然爲倚障，禹功昭揭莫終窮。
朝宗有日收無洩，西迄流沙東日紅。

過田州城　　胡璉　恩封主事。
漠漠寒沙雨浥平，青山淡淡野雲輕。
孤城盡日鳴笳鼓，流水長年起稻秔。
春暖灝風消凍路，夜深燐火照荒營。

題詩欲吊英雄骨，把筆無言恨轉生。

題寧夏　　駱用卿　　舉人。
塞北江南幾今古，登臨風物落詩邊。
山長西北雲藏寺，河曲東南水接天。
元昊霸圖唯破碣，赫連荒壘只秋煙。
今逢四海爲家日，嘆聽陴樓起誦絃。

寧夏　　李遜學
一帶山河萬里牆，華夷天限隔封彊。
樓高有客籌邊計，戈偃無人吊戰場。
壁壘春深抽草莽，隰原日落下牛羊。
我來幸遇昇平樂，倚馬尋詩遍朔方。

池上感秋　　保勳
池上秋聲到樹間，主人默默對秋山。
清霜入塞弓刀勁，野水滿川鷗鷺閑。
遊子醉扶何處去，邊人戍向幾時還。
殘胡未靜寒暄變，黃葉西風感鬢顏。

奉和曲都憲韻①　　歐陽雲　　監察御史，廬陵人。
慕藺瞻韓蓋有年，自從親炙仰彌堅。
笑培國脉春舒脚，怒斫酋肢柳貫鮮。
大勇不煩歐冶劍，真清曾卻會稽錢。
他時縱步沙堤上，要網鸞鳳報九天。

又　　前人
追趨忘勢且忘年，礪石難磨許國堅。
鳥弄山花紅的歷，馬嘶塞草綠蕃鮮。

---

① 《奉和曲都憲韻》詩共 2 首。

憲臣執矩當年汲，儒者知兵異代錢。
盛夏飛霜羌膽破，聲騰桂海暨冰天。

都臺肅政堂二首　　馮清
霜臺數仞出層霄，規度翬飛仰百寮。
西北山環屏倚背，東南河遠帶橫腰。
四時恩露常沾沃，八面威風不動搖。
更喜一方高地位，九天日月寵光饒。

萬里邊城百尺堂，縱橫位次鎮乾方。
規模景仰群寮肅，號令敷宣百度張。
咫尺中天昭鑒假，瞻依北斗正光鋩。
於今聖澤寬如海，鳳敕時聞御墨香。

初到寧夏　　李守中　　典簿，江西人。
黃河一曲抱孤城，九月天寒水欲冰。
紫塞風沙時陣陣，黑山霜雪曉層層。
霓裳北散天魔女，霞毯西來寶藏僧。
卻憶江南秋半老，橙黃橘綠氣和平。

石空古寺　　楊郁　　西安左衛千戶。
勞生不了謾匆匆，匹馬衝寒過石空。
古洞仰觀山擁北，洪濤俯瞰水流東。
一方有賴藩籬固，千里無虞道路通。
倚徧危闌情未已，淡煙衰草夕陽中。

陳總兵鎮守四川　　馮清
捷報畿藩藉甫平，蜀川又喜寄於城。
好將韜略全生術，再拯瘡痍待斃氓。
八陣遺蹤先聖訣，六花奇法後人程。
帝心簡在須珍重，麟閣名勳謾自評。

夏城坐雨　　**李夢陽**　　戶部主事。
河外孤城枕草萊，絕邊風雨送愁來。
一秋穿塹兵多死，十月燒荒將未回。
往事空餘元昊骨，壯心思上李陵臺。
朝廷遣使吾何補，白面慚非濟世才。

賞牡丹　　**張勛**　　巡撫都御史。
擁出雕闌二尺饒，嬌紅嫩白照金袍。
薰風細細香偏別，仙苑沉沉價自高。
老歲豈堪逢異品，群芳應是避奢豪。
遊觀會得花神意，只許高軒駐節旄。

和靜菴賞牡丹韻　　**保勛**
春工未許便闌珊，且放清光護粉丹。
錦幛不須遮日薄，羅衣猶自怯風酸。
柳間門户橫金鎖，花下神儒服豸冠。
勝地莫辭頻宴集，明年須識此欄干。

〔欽差巡撫寧夏地方都察院右僉都御史十六字韻〕　　**馮清**
奉命撫巡，愧艱負荷，閑中以此命題，仍析其字爲韻，共得一十六首，用寓警勉之意。
帝命親承若徃欽，須知寸土重於金。
外攘內治殫常職，不負忠貞一寸心。欽字韻。

長城西夏喜榮差，譾劣應慚陟峻階。
物與民胞仁一念，春榮佇看遍陰崖。差字韻。

遠唧天語代西巡，萍梗飄搖笑此身。
靡及皇華詩有詠，民風遍訪謾敷陳。巡字韻。

赤子瘡痍藉綏撫，膏粱誰解邊軍苦。

天空雲净日中天，怙冒恩光遍西土。撫字韻。

一統車書萬國寧，分明天語重叮嚀。
文修武備須經意，桀虜傾心貢不庭。寧字韻。

登車仗劍臨西夏，愧負未能工騎射。
小范胸填十萬兵，兇除千古誰齊駕。夏字韻。

物庶民繁名勝地，古來雄鎮書圖志。
金湯險阻自天成，永鎮山河秦百二。地字韻。

賀蘭山險鎮乾方，帶遶黃河萬里長。
時若雨暘民事足，富彊應喜慰吾皇。方字韻。

綸命輝煌下帝都，干城何事寄踈迂。
傾陽葵藿丹心壯，造化潛回品類蘇。都字韻。

才劣應慚諳六察，清時幸際勞甄拔。
太阿匣出正光鋩，芟刈荊榛蘭蕙茁。察字韻。

塵氛無地窺深院，清肅四時如集霰。
百度維新庶職修，太平有象民風變。院字韻。

勝水名山環左右，坎離位次分前後。
年來烽堠警無聞，清夜時聞絃管奏。右字韻。

西夏名藩物議僉，撫巡重寄我應慚。
車攻吉日昭明鑒，訓閱兵戎日戒嚴。僉字韻。

憲旌來自古西都，魂魄風聞喪羯奴。
謾訝浮踪萍水似，丈夫志喜慰桑弧。都字韻。

朽索冰兢良馬御，剛不吐兮柔不茹。
一德柔嘉帝降同，崧高千載騰芳譽。御字韻。

萬世權衡公太史，古今英俊難專美。
彌綸參贊亦吾人，豪傑天生豈徒爾。史字韻。

晚登韋州樓　　凝真
炊煙幾處起荒城，柳外遊絲百尺縈。
把筆登樓謾回顧，夕陽流水總關情。

石溝驛　　前人
山圍城郭野煙中，亭館蕭然對晚風。
山下紅塵是非路，星軺日夜自西東。

夜宿鴛鴦湖聞雁聲①　　前人
月朗星稀夜景清，② 水寒沙冷若爲生。
嘎嘎似說南歸意，感我窮邊久住情。

總兵營　　前人
故壘荒餘草漸平，路人猶識總兵營。
旌旗寂寞埋金甲，風雨還疑鼓角聲。

故宮秋感　　唐鑑
古木空山落照邊，墓園無主起寒煙。
年年三月東風裏，忍聽枝頭叫杜鵑。

杏塢朝霞　　釋靜明
扶桑雲散日瞳矓，一片紅霞映曉風。③

---

① ［校］夜宿鴛鴦湖聞雁聲《正統寧志》卷下《題詠》詩題作《夜宿鴛鴦湖聞雁聲作》。
② ［校］月朗：《正統寧志》卷下《題詠·夜宿鴛鴦湖聞雁聲作》作"月明"。
③ ［校］映：《正統寧志》卷下《題詠·杏塢朝霞》作"漾"。

有景莫教虛度却，人生憂樂古難同。

金波湖棹歌　　前人
畫船搖向藕花西，一片歌聲唱和齊。
黃鳥也知人意樂，時時來向柳間啼。

東湖泛舟　　劉鼎　　寧夏等衛學生。
載酒東湖作勝遊，魚吹桃浪泛蘭舟。
杜陵野老今何處，細柳新蒲綠滿洲。

中衛遇陳參戎輝　　戴珊　　提學副使，江西人。
黃河一曲渡秋晴，稻隴花畦水遶城。
珍重故人新節鉞，堯天舜日虞塵清。

登鎮守西園樓　　都穆　　禮部郎中。
賀蘭山色照吟眸，難得登臨在早秋。
百尺元龍何足數，直須呼作靖邊樓。

次韻二首　　馮清
萬里乾坤豁壯眸，西成處處報新秋。
胸慚十萬無兵甲，今日先登德裕樓。

水色山光縱遠眸，佳期計日屬中秋。
月宮舊屬經遊地，不羨當年百尺樓。

〔詞〕

浪淘沙·塞垣秋思[①]　　凝真
塞下景荒涼，淡薄秋光，金風淅淅透衣裳。讀罷安仁秋興賦，慘慄

---

① ［校］塞垣秋思：《正統寧志》卷下《詞》作"秋"。

悲傷。

　　廿載住邊疆，兩鬢成霜，天邊鴻雁又南翔。借問夏城屯戍客，是否思鄉？

鷓鴣天·冬日漫興① 前人

　　天闊雲低散玉花，茫茫四野少人家。嚴寒凜凜侵肌骨，貂帽隨風一任斜。

　　沙似雪，雪如沙，謾斟綠醑聽琵琶。瓊樓玉宇今何在？天上人間道路賒。

長相思·秋眺 前人

　　水悠悠，路悠悠，隱隱遙山天盡頭，關河又阻脩。

　　古興州，古靈州，白草黃雲都是愁，勸君休倚樓。

風流子·秋日書懷 前人

　　樓頭思往事，猶如夢，迴首總堪傷。想童草山東，臂鷹走馬，弱齡河外，開國封王。老來也，一身成痼疾，雙鬢點清霜。江左舊遊，塞邊久住，憶朝京輦，愁在氈鄉。

　　倚闌凝眸處，園林正搖落，雁陣南翔。天際暮雲凝碧，衰草添黃。更秋容淡薄，遙山隱隱，野煙漠漠，風景淒涼。惆悵悶懷無語，獨對斜陽。

春雲怨·與吳謙　謙時客塞下。 前人

　　龍沙三月，尚不見桃杏、紅芳顏色。鎮日惡風頻起，柳困欲眠眠不得。夕陽啣山，② 暮雲橫嶺。憔悴江南倦遊客。鄉國他年，關河今日，到此欲愁絕。

　　可憐孤負佳時節，正清明禁火，幽懷縈結。怕聽胡笳韻悲咽。古道紅塵，旅館清煙，酒旗高揭。一曲詞成，九迴腸斷，矯首賀蘭巀嶪。

---

　　① ［校］冬日漫興：《正統寧志》卷下《詞》無此四字。
　　② ［校］夕陽：《正統寧志》卷下《詞·春雲怨·與吳謙》作"夕照"。

搗練子·西夏漫興① 　　前人

風陣陣，雨潺潺，五月猶如十月寒。塞上從來偏節令，倦遊南客憶鄉關。

菩薩蠻·歸思 　　前人

涼風淅淅涼雲濕，羈懷何事歸思急。秋氣入單衣，偏增久客悲。

賀蘭三百里，只隔黃河水。何日是歸程，中秋正月明。

臨江仙② 　　避暑韋州，行有日矣，喜而賦此。　　前人

塞上冰霜三十載，新來華髮盈顛。韋城風景自堪憐，螺峯初雪霽，月榭淡籠煙。

想得靈州城下路，綠楊芳草依然。黃驪蹀躞杏花天，丙辰初日出，南上渡頭船。

朝中措·賀蘭懷古 　　樗齋

朝嵐掃黛半陰晴，涼透葛衣輕。野黍離離，水禽唶唶，隴麥青青。

百年遺址埋煙草，此日又重經。浮生幾許，可堪回首，觸處牽情。

浪淘沙·除夕偶成 　　馮清　　巡撫都御史。

鼓角數寒更，香嬝燈明，笙簫沸鼎雜歌聲，繞膝兒孫歡笑處，椒酒頻傾。

臘去莫相驚，便是新正，歲華終始片時爭，塞柳江梅傳信到，萬物春榮。

風入松·元旦偶成 　　前人

土牛綵燕送春來，淑氣初回。畫堂簾幕東風軟，平安竹爆春雷。喉應青陽律轉，日當黃道天開。

銀幡花勝總奇哉，柏酒金罍。曆增歲月人增壽，喜新恩遍及蒿萊。正

---

① ［校］西夏漫興：《正統寧志》卷下《詞》無此四字。

② ［校］《臨江仙》一詞原位於下首詞《朝中措·賀蘭懷古》之後，本志編者原以爲係安塞宣靖王樗齋作，實誤，據《正統寧志》卷下《詞》及本志書例改置於此。

是太平時節，萬方歌舞春臺。

好事近·上元夜作　　前人
輕暖布東風，燈月千門如晝。畫角吹老寒梅，隨水聲清漏。
瑞煙九陌逐香塵，人影紛如簇。正是春滿乾坤，樂太平時候。

謁金門·人日漫成① 　　**前人**
正月七，客邸節逢人日。候應陽春回玉律，喜四方寧謐。
瑞氣祥光繞室，恰是太陽初出。牆外梅花呈錦瑟，應徵年事吉。

〔祭文〕

諭祭總兵官張泰文

維成化十年，歲次甲午，六月甲寅朔越九日壬戌，皇帝遣陝西布政司右參政孫仁，賜祭於故致仕都督同知張泰曰：

爾爲將臣，歷躋通顯，鎮守邊陲，克效勞勤。辭榮歸老，亦既有年，胡爲一疾，溘然長逝。訃音遠聞，良用悼傷。特命有司，爲塋葬祭，爾靈不昧，尚克承之。

賜祭慶莊王文

維弘治五年，歲次壬子，某月某朔某日，皇帝遣懷寧侯孫泰，賜祭於慶王曰：

惟王國之至親，榮膺封爵，宜享富貴，以隆藩屏。胡不永壽，遽焉云薨，訃音來聞，良用傷悼，茲特謚曰莊。遣官致祭，仍用有司塋葬，以表親親之誼，靈其有知，尚克歆服。

〔**諭祭都指揮僉事李睿文**〕

維正德六年，歲次辛未，某月某朔某日，皇帝遣本布政司官，諭祭都指揮僉事李睿曰：

――――――――――

① ［校］《謁金門·人日漫成》一詞原在下文《諭祭都指揮僉事李睿文》後，據本志書例移至此。

惟爾性資英毅，蔭叙早承。出入邊方，屢效勞勳。屬有大變，闔城蒼黃。爾念世勳，忠憤激烈，疾趨赴敵，自分捐軀，扣門大呼，抗聲詬罵。倉卒被害。來徃悼傷，守臣表聞，特頒卹恩，遣官諭祭，賞延後人，仍表門閭，以勵臣節，爾靈如在，尚克承之。

寧夏新志卷之八終

寧夏新志後序

　　志，記也；史，事也。有經緯之體，有詳汎之用，有譜系之真，有案牘之實，此昔人所以爲難、今人所以爲易者，今不如昔也。歲弘治庚申，①適邊氓安堵，巡撫寧夏都憲王公進庠之諸生謂曰："地郡之有志，猶家之有譜系也，猶公曹之有案牘也。考興亡，辨是非，求隱賾，即小可以占大，據政可以知德。由紀載之粗近，可以窺性道之本根，是宜以易易視之哉？比觀寧夏舊志，乃慶先靖王所作，固無容議。然歲久而事遺，人俗、政治之趨革，而舊志難以株據。欲作新志，以表裹之，今昔美事也。"諸生領教唯唯。②且以予陋劣，而憂服已闋，俾總其事，辭弗獲。呵筆如椎，翻紙如雲。越辛酉春稿成，③而謬固觸目，乃請校於陝憲僉李公。公夙學也，忘爾我。公批摘稿既脫，諸生奉獻王公。公閱而喜曰："可以板行矣。"公自序於首，囑予以後序。

　　予生長茲土，愧學力之孔卑，憾識見之云陋，剽遺編之斷苴，資故老之緒論。功寔嚴乎三月，志僅成乎七卷。④是誠可思也，又重以序，重其過也。寧夏今昔，事具於志，不贅於言。王公總憲於茲，百凡政務攸萃，在綿力者不遑於掩救，志不志，何暇問哉？蓋其醞藉於中也大，設施於外也明，推究於治理也真而切，故餘力不勞而美事攸舉。顧予不攻於史，不知昔人之所以難，而寔坐今人之所以妄。易也謬且固，簿會而無文飾，何足以當公之盛心哉。序非所能，以應公命也。

　　弘治辛酉夏四月既望，後學胡汝礪謹序。

---

　① 弘治庚申：弘治十三年（1500）。
　② ［校］諸生：《嘉靖寧志》附胡汝礪序誤作"諸臣"。
　③ 辛酉：弘治十四年（1501）。
　④ ［校］七：《嘉靖寧志》附胡汝礪序作"八"。據本志《目錄》可知，其第七卷爲《文章》。傳世本無第七卷內容，可能在傳世過程中佚失，也可能胡汝礪未編成本卷就離任寧夏了。

參考文獻

一 古代文獻

（一）陝甘寧舊志

《陝西通志》：（明）馬理、呂柟等纂，華東師範大學圖書館藏明嘉靖二十一年（1542）刻本；三秦出版社2006年版董健橋等校注本。簡稱《嘉靖陝志》。

《陝西通志》：（清）賈漢復、李楷等纂，中國國家圖書館藏清康熙六年至七年（1667—1668）刻本。簡稱《康熙陝志》。

《甘肅通志》：（清）許容等修撰，中國國家圖書館藏乾隆元年（1736）刻本。簡稱《乾隆甘志》。

《寧夏志》：（明）朱栴撰，日本國立國會圖書館藏明萬曆二十九年（1601）重刻本；寧夏人民出版社1996年版吳忠禮箋證本；中國社會科學出版社2015年版胡玉冰、孫瑜校注本。簡稱《正統寧志》。

《弘治寧夏新志》：（明）胡汝礪撰，《天一閣藏明代方志選刊續編》影印明朝弘治刻本，上海書店1990年版；寧夏人民出版社2010年版范宗興整理本。簡稱《弘治寧志》。

《嘉靖寧夏新志》：（明）管律等修，《天一閣藏明代方志選刊》影印明嘉靖刻本，上海古籍書店1961年版；寧夏人民出版社1982年版陳明猷校勘本；中國社會科學出版社2015年版邵敏校注本。簡稱《嘉靖寧志》。

《萬曆朔方新志》：（明）楊壽編，《故宮珍本叢刊》影印明萬曆刻本，海南出版社2001年版；中國社會科學出版社2015年版胡玉冰校注本。簡稱《朔方新志》。

《銀川小志》：（清）汪繹辰纂，南京圖書館藏乾隆二十年（1755）稿本；寧夏人民出版社2000年版張鍾和、許懷然整理本；中國社會科學出版社2015年版柳玉宏校注本。

《寧夏府志》：中國國家圖書館藏乾隆四十五年（1780）刻本；寧夏人民出版社1992年版陳明猷整理本；中國社會科學出版社2015年版胡玉冰、韓超校注本。

（二）經部

《尚書正義》：（漢）孔安國傳，（唐）孔穎達等正義，北京大學出版社2000年版。

《毛詩正義》：（漢）鄭玄箋，（唐）孔穎達等正義，北京大學出版社2000年版。

《周禮注疏》：（漢）鄭玄注，（唐）賈公彥疏，北京大學出版社2000年版。

《廣雅疏證》：（清）王念孫撰，中華書局1983年版。

（三）史部

《史記》：（漢）司馬遷撰，中華書局2013年版。

《漢書》：（漢）班固撰，中華書局1962年版；上海古籍出版社、上海書店1986年版《二十五史》影印本。

《晉書》：（唐）房玄齡等撰，中華書局1974年版。

《魏書》：（北齊）魏收撰，中華書局1974年版。

《隋書》：（唐）魏徵等撰，中華書局1973年版。

《舊唐書》：（後晉）劉昫等撰，中華書局1975年版。

《新唐書》：（宋）歐陽修、宋祁撰，中華書局1975年版。

《新五代史》：（宋）歐陽修撰，徐無黨注，中華書局1974年版。

《宋史》：（元）脫脫等撰，中華書局1977年版；影印文淵閣《四庫全書》本，（臺北）商務印書館1986年版。

《金史》：（元）脫脫等撰，中華書局1975年版。

《元史》：（明）宋濂等撰，中華書局1976年版。

《明史》：（清）張廷玉等撰，中華書局1974年版。

《清史稿》：（近代）趙爾巽等撰，中華書局1977年版。

《資治通鑒》：（宋）司馬光編著，中華書局1956年版。

《九朝編年備要》：（宋）陳均撰，影印文淵閣《四庫全書》本，（臺北）

商務印書館 1986 年版。

《稽古錄》：（宋）司馬光撰，吉書時點校，北京師範大學出版社 1988 年版。

《續資治通鑒長編》：（宋）李燾撰，中華書局 2004 年第 2 版；影印文淵閣《四庫全書》本，（臺北）商務印書館 1986 年版。簡稱《長編》。

《資治通鑒綱目》：（宋）朱熹撰，影印本，北京圖書館出版社 2005 年版。

《續資治通鑒綱目》：（明）商輅等撰，〔日本〕國立公文書館藏。簡稱《續綱目》。

《宋史紀事本末》：（明）陳邦瞻撰，中華書局 1977 年版。

《明史紀事本末》：（清）谷應泰撰，中華書局 1997 年版。

《隆平集》：（宋）曾鞏撰，哈佛大學燕京圖書館藏萬曆二十六年（1598）刻本、康熙四十年（1701）刻本；影印文淵閣《四庫全書》本，（臺北）商務印書館 1986 年版。

《通志》：（宋）鄭樵撰，浙江古籍出版社 2000 年版。

《東都事略》：（宋）王稱撰，影印文淵閣《四庫全書》本，（臺北）商務印書館 1986 年版。

《太平治蹟統類》：（宋）彭百川撰，影印文淵閣《四庫全書》本，（臺北）商務印書館 1986 年版。簡稱《治蹟統類》。

《明實錄》：臺灣"中研院"歷史語言研究所校印，1962 年版。

《清實錄》：中華書局 1985 年版。

《名臣碑傳琬琰集》：（宋）杜大珪撰，趙鐵寒主編《宋史資料萃編》第二輯，（臺北）文海出版社 1969 年版。簡稱《琬琰集》。

《宋朝諸臣奏議》：（宋）趙汝愚撰，上海古籍出版社 1999 年版；影印文淵閣《四庫全書》本，（臺北）商務印書館 1986 年版。

《慶王壙志》：寧夏博物館藏。

《明清歷科進士題名碑錄》：（清）李周望撰，據美國夏威夷大學藏清刻本影印，（臺北）華文書局 1969 年版。

《十六國春秋》：①影印文淵閣《四庫全書》本，（臺北）商務印書館 1986 年版。

---

① 《四庫全書總目》卷六六《史部·載記類·十六國春秋》提要曰："舊本題魏崔鴻撰，實則明嘉興屠喬孫、項琳之偽本也。"

《西夏書事校證》：（清）吳廣成撰，龔世俊等校證，甘肅文化出版社1995年版。

《大明清類天文分野之書》：（明）劉基等撰，《續修四庫全書》據南京圖書館藏明刻本影印，上海古籍出版社2002年版。

《元和郡縣圖志》：（唐）李吉甫撰，賀次君點校，中華書局1983年版。

《元豐九域志》：（宋）王存撰，王文楚、魏嵩山點校，中華書局1984年版。

《輿地廣記》：（宋）歐陽忞撰，李勇先、王小紅校注，四川大學出版社2003年版。

《大明一統志》：（明）李賢等撰，影印明天順監刻本，三秦出版社1990年版。

《大清一統志》：影印文淵閣《四庫全書》本，（臺北）商務印書館1986年版。

《江南通志》：（清）趙宏恩等監修，影印文淵閣《四庫全書》本，（臺北）商務印書館1986年版。

《河南通志》：（清）王士俊等監修，影印文淵閣《四庫全書》本，（臺北）商務印書館1986年版。

《水經注校證》：（北魏）酈道元注，陳橋驛校證，中華書局2007年版。

《唐六典》：（唐）李隆基撰，（唐）李林甫等注，陳仲夫點校，中華書局1992年版。

《唐會要》：（宋）王溥撰，中華書局1955年版；影印文淵閣《四庫全書》本，（臺北）商務印書館1986年版。

《文獻通考》：（元）馬端臨撰，浙江古籍出版社1988年版。

《宋會要輯稿》：（清）徐松輯，中華書局1957年版。簡稱《宋會要》。

《明會典》：（明）李東陽等修，影印文淵閣《四庫全書》本，（臺北）商務印書館1986年版。

《天盛改舊新定律令》：史金波、聶鴻音、白濱譯注，法律出版社2000年版。

《直齋書錄解題》：（宋）陳振孫撰，《中國歷代書目叢刊》第一輯，現代出版社1987年版。

《古今書刻》：（明）周弘祖撰，上海古籍出版社2005年版。

《萬卷堂書目》：（明）朱睦㮮撰，《續修四庫全書》本，上海古籍出版社

2002年版。

《四庫全書總目》：（清）永瑢等撰，中華書局1965年版。

《千頃堂書目》：（清）黃虞稷撰，瞿鳳起、潘景鄭整理，上海古籍出版社2007年版。

《天一閣書目》：（清）范邦甸撰，《續修四庫全書》本，上海古籍出版社2002年版。

（四）子部

《武經總要》：（宋）曾公亮撰，《中國兵書集成》影印明金陵書林唐富春刻本，解放軍出版社、遼沈書社1988年版；影印文淵閣《四庫全書》本，（臺北）商務印書館1986年版。

《救荒本草》：（明）朱橚撰，影印文淵閣《四庫全書》本，（臺北）商務印書館1986年版。

《農政全書》：（明）徐光啟撰，影印文淵閣《四庫全書》本，（臺北）商務印書館1986年版。

《容齋隨筆》：（宋）洪邁撰，孔凡禮點校，中華書局2005年版。

《真珠船》：（明）胡侍撰，《四庫未收書輯刊》影印本，羅琳主編，北京出版社2000年版。

《近事會元》：（宋）李上交撰，影印文淵閣《四庫全書》本，（臺北）商務印書館1986年版。

《東原錄》：（宋）龔鼎臣撰，《叢書集成初編》據《藝海珠塵》本排印，中華書局1985年版。

《新校正夢溪筆談》：（宋）沈括撰，胡道靜校注，中華書局1957年版。

《夢溪筆談》：（宋）沈括撰，金良年整理，上海書店出版社2003年版。

《東坡志林》：（宋）蘇軾撰，影印文淵閣《四庫全書》本，（臺北）商務印書館1986年版。

《東坡志林·仇池筆記》：（宋）蘇軾撰，華東師範大學古籍所點校，華東師範大學出版社1983年版。

《春明退朝錄》：（宋）宋敏求撰，誠剛點校，中華書局1980年版。

《類說》：（宋）曾慥編，影印文淵閣《四庫全書》本，（臺北）商務印書館1986年版。

《自警編》：（宋）趙善璙撰，影印文淵閣《四庫全書》本，（臺北）商務印書館 1986 年版。
《太平御覽》：（宋）李昉等修撰，夏劍欽等校點，河北教育出版社 1994 年版。
《册府元龜》：（宋）王欽若等撰，中華書局 1960 年版。
《玉海》：（宋）王應麟撰，江蘇古籍出版社、上海書店 1987 年版。
《世說新語校箋》（修訂本）：（南朝宋）劉義慶撰，（梁）劉孝標注，楊勇校箋，中華書局 2006 年版。
《涑水記聞》：（宋）司馬光撰，鄧廣銘、張希清點校，中華書局 1989 年版。
《桯史》：（宋）岳珂撰，吳企明點校，中華書局 1981 年版。

（五）集部

《皇甫冉詩集》：（唐）皇甫冉撰，《四部叢刊三集》影印常熟瞿氏鐵琴銅劍樓藏明刊本，商務印書館 1936 年版。
《張司業集》：（唐）張籍撰，影印文淵閣《四庫全書》本，（臺北）商務印書館 1986 年版。
《長江集新校》：（唐）賈島撰，李嘉言新校，上海古籍出版社 1983 年版。
《韓魏公集》：（宋）韓琦撰，《叢書集成初編》據《正誼堂全書》本排印，中華書局 1985 年版。
《范太史集》：（宋）范祖禹撰，影印文淵閣《四庫全書》本，（臺北）商務印書館 1986 年版。
《范文正公集》：（宋）范仲淹撰，《四部叢刊初編》影印明覆元刻本，商務印書館 1929 年版。
《畫墁集》：（宋）張舜民撰，《叢書集成初編》據《知不足齋叢書》本排印，中華書局 1985 年版。
《淮海集箋注》：（宋）秦觀撰，徐培均箋注，上海古籍出版社 2000 年版。
《道園學古錄》：（元）虞集撰，《四部叢刊初編》影印明景泰覆元小字本，商務印書館 1929 年版。
《玩齋集》：（元）貢泰父撰，影印文淵閣《四庫全書》本，（臺北）商務印書館 1986 年版。
《文苑英華》：（宋）李昉等編，中華書局 1966 年版。
《宋文鑒》：（宋）呂祖謙撰，齊治平點校，中華書局 1992 年版。

《崇古文訣》：（宋）樓昉編，影印文淵閣《四庫全書》本，（臺北）商務印書館 1986 年版。

《唐僧弘秀集》：（宋）李龏編，影印文淵閣《四庫全書》本，（臺北）商務印書館 1986 年版。

《元文類》：（元）蘇天爵撰，商務印書館 1958 年版。

《唐百家詩選》：舊題（宋）王安石編，影印《四庫全書》本，（臺北）商務印書館 1986 年版。

《唐詩品彙》：（明）高棅編選，影印明朝汪宗尼校訂本，上海古籍出版社 1982 年；影印文淵閣《四庫全書》本，（臺北）商務印書館 1986 年版。

《全唐詩》：（清）彭定求等編，中華書局 1960 年版。

《御定歷代題畫詩類》：（清）康熙御定、編修，陳邦彥編校，影印文淵閣《四庫全書》本，（臺北）商務印書館 1986 年版。

《御選明詩》：影印文淵閣《四庫全書》本，（臺北）商務印書館 1986 年版。

《明詩綜》：（清）朱彝尊編，影印文淵閣《四庫全書》本，（臺北）商務印書館 1986 年版。

二　現當代文獻

（一）著作

《隴右方志錄》：張維編，《中國西北文獻叢書》據北平大北印刷局 1934 年版影印，蘭州古籍書店 1990 年版。

《寧夏方志述略》：高樹榆等編著，吉林省圖書館學會 1985 年內部發行。

《中國地方志聯合目錄》：中國科學院北京天文臺編，中華書局 1985 年版。

《寧夏地方文獻聯合目錄》：寧夏圖書館協作委員會編，寧夏人民出版社 1992 年版。

《中國地方志總目提要》：金恩暉、胡述兆編，（臺北）漢美圖書有限公司 1996 年版。

《甘肅省圖書館藏地方志目錄》：甘肅省圖書館編，蘭州大學出版社 1996 年版。

《天一閣藏明代方志考錄》：駱兆平著，書目文獻出版社 1982 年版。

《明代文物和長城》：鍾侃撰，寧夏人民出版社 1980 年版。

《西夏陵墓出土殘碑粹編》：李範文著，文物出版社 1984 年版。

《明清進士題名碑錄索引》：朱保炯、謝沛霖，上海古籍出版社 1989 年版。

《寧夏歷史地理考》：魯人勇等編著，寧夏人民出版社 1993 年版。

《寧夏歷史人物研究文集》：胡迅雷著，寧夏人民出版社 1993 年版。

《寧夏出版志》（徵求意見稿）：寧夏人民出版社 2000 年 5 月內部發行。

《西夏地理研究》：王天順主編，甘肅文化出版社 2002 年版。

《西夏通史》：李範文主編，人民出版社、寧夏人民出版社 2005 年版。

《寧夏人地關係演化研究》：汪一鳴著，寧夏人民出版社 2005 年版。

《傳統典籍中漢文西夏文獻研究》：胡玉冰著，中國社會科學出版社 2007 年版。

《寧夏歷代碑刻集》：銀川美術館編，寧夏人民出版社 2007 年版。

《寧夏歷史地理變遷》：吳忠禮、魯人勇、吳曉紅著，寧夏人民出版社 2008 年版。

《方志與寧夏》：范宗興等著，寧夏人民出版社 2008 年版。

《寧夏地方志研究》：胡玉冰著，中國社會科學出版社 2012 年版。

（二）論文

《寧夏同心縣出土明慶王壙志》：牛達生撰，《考古與文物》1981 年第 4 期。

《〈慶王壙志〉與朱棣"靖難之變"》：牛達生撰，《人文雜誌》1981 年第 6 期。

《〈弘治寧夏志〉校訂十八則》：豫蔡撰，《寧夏史志研究》1985 年第 2 期。

《臺灣本明代〈寧夏新志〉偽作考》：吳忠禮撰，《寧夏社會科學》1986 年第 4 期。

《明太祖皇子朱㮵的名次問題》：任昉撰，《中原文物》1986 年第 4 期。

《明代王陵區出土三盒墓志疏證》：許成、吳峯雲撰，《寧夏文史》1987 年第 4 期。

《〈弘治寧夏志校訂十八則〉之辯證》：龍天撰，《寧夏史志研究》1987 年第 1 期。

《〈弘治寧夏新志〉成書年代考》：胡迅雷撰，《寧夏大學學報》1988 年第 4 期。

《胡汝礪與〈弘治寧夏新志〉》：胡迅雷撰，載《寧夏歷史人物研究文集》，寧夏人民出版社 1993 年版。

《從〈宋史·夏國傳〉譯音二題看西夏語輔音韻尾問題》：聶鴻音撰，《寧夏社會科學》1995 年第 4 期。

《〈弘治寧夏新志〉考》：陳健玲撰，《寧夏社會科學》2002 年第 6 期。

《內蒙古烏審旗發現的五代至北宋夏州拓拔部李氏家族墓志銘考釋》：鄧輝、白慶元撰，《唐研究》2002 年第 8 卷，北京大學出版社 2002 年版。

《西夏紀年綜考》：李華瑞撰，《國家圖書館學刊》2002 年增刊《西夏研究專號》。

《國立故宮博物院圖書文獻處藏清代輿圖的初步整理與認識》：李孝聰撰，《故宮學術季刊》2007 年第 1 期。

《靈州，初曰"靈洲"——建議中華書局修改〈漢書〉一字之誤》：白述禮撰，《寧夏史志》2011 年第 3 期。

《西夏六號陵陵主考》：孫昌盛撰，《西夏研究》2012 年第 3 期。